KB039042

홍콩의 정치와 민주주의

이 도서의 국립중앙도서관 출판예정도서목록(CIP)은 서지정보유통지원시스템 홈페이지(http://seoji.nl.go.kr)와
국가자료종합목록 구축시스템(http://kolis-net.nl.go.kr)에서 이용하실 수 있습니다.
CIP제어번호 : CIP2019040067

중국과 맞서고 있는 자유도시, 홍콩

홍콩의 정치와 민주주의

지은이
구라다 도루 · 장위민

옮긴이
이용빈

한울

HONG KONG CHUGOKU TO MUKIAU JIYUTOSHI
by Toru Kurata, Cheung Yukman

Originally published in 2015 by Iwanami Shoten, Publishers, Tokyo
This Korean edition published 2019
by HanulMPlus Inc., Gyeonggi-do
by arrangement with Iwanami Shoten, Publishers, Tokyo

경제적인 자유이든, 정치적인 자유이든
홍콩인은 자신의 '자유'를 강하게 추구하는 사람들이다.
바로 이곳으로부터 전 세계의 그 누구도 알지 못했던
'자유'의 형태가 언젠가 발생하게 될지도 모른다.

일러두기

1. 외래어 표기는 국립국어원의 규정을 따랐다. 다만 일반적으로 쓰이는 관용어는 그대로 사용했다.
2. 중국 및 홍콩의 지명地名 및 인명人名은 표준어普通話를 기준으로 표기하되, 홍콩의 인명은 광둥어廣東話의 영어 표기를 병기했다. 다만 홍콩 정부의 수반首班 및 주요 관료의 명칭은 관례에 따라 광둥어 표기를 우선시했다.
3. 옮긴이가 작성한 각주에는 '옮긴이 주' 표시를 달았다.

차례

1 한국어판 서문

저와 장위민張彧暋, *Cheung Yuk Man*의 공저 『홍콩의 정치와 민주주의』의 한국어판이 출간된다고 하는 매우 기쁜 소식을 전해 들었던 것은 2019년 7월이었습니다. 이 무렵 홍콩에서는 엄청난 민주화 운동이 발생했습니다. '범죄인 송환법逃亡犯條例' 개정에 반대하는 홍콩 시민들이 6월 9일(주최자 측 발표 103만 명 참가)과 6월 16일(주최자 측 발표 200만 명 참가) 거대한 시위를 실행에 옮겼던 것입니다.

솔직히 말해서, 저는 2019년에 이처럼 거대한 정치 운동이 홍콩에서 일어나게 될 것이라고는 전혀 예상하지 못했습니다. 2014년의 '우산운동' 이후 앞날에 대한 자결과 홍콩의 독립을 주장하는 청년들에 대해 정부는 선거 출마 자격의 박탈, (당선된) 의원 자격의 박탈, 정치단체 결성 금지 등의 수단으로 타격을 가했습니다. 또한 입법회의 의사규칙議事規則을 개정하여 질문과 심의 시간을 제한함으로써, 민주파의 행동을 막았습니다. 이로써 2018년에는 정부의 정책 및 법안이 순조롭게 가결되고, 반대파는 무력감에 빠지는 상황이 만들어졌습니다. 이러한 가운데 홍콩 역사상 최대 규모의 저항 운동이 갑자기 발생했습니다. 이 글을 쓰고 있는 지금도 민주화 운동은 수습되지 않고 있습니다. 중국의 중앙정부도 홍콩 정부도 그리고 저도, 홍콩인들이 보여주고 있는 저항의 강력함을 제대로 파악하지 못했던 것입니다.

이 책의 원서는 2015년에 출간된 것이므로 2019년의 민주화 운동에 대해서는 직접 언급하고 있지 않습니다. 하지만 2019년 민주화 운동이 대규모가 된 원인을 고려해보면 결국 이 책에서 저와 장위민이 강조했던 것은 틀리지 않았다고 말할 수 있습니다. 즉, 홍콩은 실로 '자유도시自由都市'이며, 자유에 대한 위협을 느꼈을 때 사람들은 최대한으로 저항하는 것입니다. 장위민이 마지막 장을 마무리하면서 "이것은 단지 시작일 뿐이다"라고 했던 말은 정확한 예언이었습니다. 외부에서 홍콩을 관찰하고 있는 많은 사람들은 우산운동이 '홍콩에서 자유의 종언'을 의미하는 것이라고 보았습니다. 하지만 실제로 그것은 오히려 그로부터 5년 후 민주화 운동의 시작이었던 것입니다.

저는 준엄한 민주화 운동을 경험한 한국의 국민들이 홍콩인들의 심리를 일본인 이상으로 잘 이해하지 않을까 생각합니다. '광주사건'을 다룬 한국의 영화 〈택시운전사〉는 우산운동 이후의 홍콩인들에게 큰 감명을 주었으며, '범죄인 송환법' 개정을 반대하는 홍콩의 시위 현장에는 한국의 배우 김의성 씨가 방문하여 시위 참가자들에게 큰 환영을 받은 바 있습니다.

한일 관계가 어려운 상황인 가운데 이 책을 한국의 독자들에게 소개해준 한울엠플러스(주)와 옮긴이 이용빈 연구원에게 감사의 말씀을 전합니다. 공저자로서 이 책에 대한 한국 독자들의 이야기를 전해들을 수 있다면, 더할 나위 없이 기쁠 것입니다.

2019년 9월
구라다 도루 倉田徹

2 한국어판 서문

시간은 불가사의합니다. 이 책은 애당초 2014년 9월부터 시작된 홍콩 '우산운동'이 발발하기 전에 계획되었던 것입니다. 2014년 봄의 일이었습니다. 1997년 7월 1일, 홍콩의 주권이 대영제국에서 중화인민공화국으로 이행된 이래, 일본의 학계 및 출판계에서는 홍콩에 대한 연구 및 저작이 거의 없었고, 현대 홍콩 정치의 민주화를 전문으로 연구하는 학자는 구라다 도루밖에 없었습니다. 저는 홍콩인이며 일본 지역을 전문으로 하는 문화·역사사회학자로 민족주의의 관점에서 일본의 철도사 및 애니메이션 등을 연구하고 있습니다. 이 책의 공저자인 구라다 도루와는 예전부터 서로 알고 지내왔으며, 그와 논의하는 과정에서 일본에 현대 홍콩을 소개하는 해설서가 필요하다는 데 서로 공감하게 되었습니다.

인류학에서는 상식이지만, 다른 사회를 연구하기 위해서는 해당 사회 내부의 시각과 문화에 대한 상식*common sense*이 반드시 필요합니다. 하지만 당사자에게 설명이 불필요한 상식은 타자가 좀처럼 이해하기 어렵습니다. 외부의 인간이 타자의 사회를 이해하는 것은 단순한 언어상의 통역만으로는 불가능합니다. 전문가는 그러한 사회의 언어적·지역적 문맥을 숙지하고 또한 자신의 사회적 문맥에 입각해 해석을 진행합니다. 이 책의 공저자인 구라다 도루는 이 역할을 수행했습니다.

이 책(의 원서)에서 구라다 도루는 홍콩의 최근 사정을 자세하게 전달하며 이해하기 쉽게 해설하고 있습니다. 이와 함께 홍콩인인 저는 모어母語가 아닌 일본어로 자신의 문화를 설명하고자 노력했습니다. 미숙한 언어 구사였지만, 자신의 사회를 되돌아볼 수 있는 기회였습니다. 사회학 용어를 빌려 논하자면, 일종의 '재귀적*reflexive*'인 작위作為였습니다.

저는 2014년의 '우산운동'이 2019년 '유수혁명流水革命'(정식으로 명칭이 붙여진 것은 아니며, 민주화를 요구하는 시위는 아직 끝나지 않았습니다)의 서막이라고 '예언'한 바 있습니다. 물론 당시 저의 예언은 점령중환 현장에서 사소한 것을 느끼고 인터넷에서 발견한 말들을 검색하며 마음속에 자라나기 시작한 변화를 그 나름대로 관찰하고 파악했던 것인지도 모릅니다. 하지만 2019년 6월 9일의 100만 명 시위는 일종의 장례식 같았고 당시에는 절망적인 분위기로 가득했습니다. 6월 12일에 '우리는 되돌아올 것이다*We will be back*'라고 적힌 풍선 배너가 시위 현장의 상공에 출현했는데, 그 이후 홍콩 시민들이 죽음을 두려워하지 않고 투쟁했던 것도, 결국 '범죄인 송환법'이 철회된 것도, 저를 크게 놀라게 만들었습니다. 2019년에 되돌아왔던 것은 우산운동의 참가자들뿐만이 아니라 홍콩의 새로운 청년들에 의한 홍콩의 새로운 희망이었던 것입니다.

저는 '문화'를 물(사물)이 아니라 일(사건)로서 파악합니다. 문화란 인간의 생활양식을 전달하는, 상징적인 과정이므로 문화적 의미의 체험도 일종의 시간 체험이며 역사 그 자체입니다. 바로 문화가 있기에, 인류 사회는 다양해질 수 있고 변화도 가능합니다. 그것은 문화를 번역하고, 시간을 초월하여 다른 의미와 체험을 타인에게 전달하며, 시차로부터 초래되는 간극을 메웁니다. 이 책이 몇 가지의 문화적 시점을 초월하여 한국의 독자들에게 전해지기까지 많은 이들의 노고가 존재했을 것입니다. 이에 대해 이 책의 공저자로서 감사의 말씀을 전하고자 합니다. 문화의 전달 과정에서는 의미의 마찰과 시차가 수반되기 마련입니다. 그럼에도 읽고자 하는 의지가 있는 독자들에게 감사의 뜻을 표하고자 합니다. 이것은 최근 홍콩인들이 한국의 민주화 운동과 민족주의를 알고 싶어 하는 열정이 높아지고 있는 것과도 비슷하다고 할 수 있습니다. 만약 한국의 독자들이 이 책을 읽고 나서 문화 및 시각의 간극을 초월하는 감동을 느낀다면, 그것은 인류 보편의 무언가가 존재한다는 증표일 것입니다.

2019년 9월

장위민 張彧暋, *Cheung Yuk Man*

서론

난해한 책

"홍콩은 한 권의 이해하기 어려운 책이다香港是一本難懂的書."

이 말은 2002년까지 중국 정부의 홍콩 파출기관인 '중앙인민정부 주駐홍콩특별행정구연락판공실中央人民政府駐香港特別行政區聯絡辦公室'(약칭 홍콩중련판香港中聯辦의 초대 주임主任을 맡았던 장언주姜恩柱•가 남긴 명언이다. 외교관으로서 영국 대사의 경험도 있고, 홍콩에서 중국공산당의 사실상 일인자 지위까지 차지했던 장언주의 입에서 나온 이 발언은 '홍콩이란 무엇인가?'라는 주제 아래 홍콩 연구를 생업으로 하는 필자(구라다 도루)의 머릿속에도 매일 맴돌곤 한다.

홍콩은 국가인가, 지역인가, 도시인가? 영국적인가, 중국적인가, 아시

• ——— 1938년 출생했고, 미국 하버드대학교 등에서 유학했으며, 주영駐英 중국 대사 등을 역임했다. 2000년 1월 '홍콩중련판'의 초대 주임이 되었다. 그 이후 중국 전국인민대표대회(전국인대) 외사위원회外事委員會 부주임副主任 위원, 주임 위원, 전국인대 상무위원 등을 역임했다. _옮긴이 주

아적인가? 글로벌global한가, 지역적local인가? 친중親中인가, 반중反中인가? 친일親日인가, 반일反日인가? 경제도시인가, 정치도시인가? 이런 거의 모든 질문에 대해 필자는 '예스yes도 아니고, 노no도 아니다'라고밖에 달리 대답할 방도가 없다.

정치 체제를 예로 든다면 일본 외무성外務省의 웹사이트에서는 각국 데이터의 페이지에서 홍콩을 북한, 대만, 팔레스타인 자치정부, 마카오, 북극, 남극과 나란히 '기타 지역'으로 다루고 있다. 같은 사이트의 '정체政體' 항목과 관련해서는 예를 들면 한국이 '민주공화국', 중국이 '인민민주공화제', 대만은 '삼민주의三民主義(민족독립, 민권신장, 민생안정)에 기초한 민주공화제'라고 기록되어 있는 것에 반해, 홍콩은 '중화인민공화국 홍콩특별행정구'로 기재되어 있다. 말할 필요도 없이 이는 홍콩의 '정식 명칭'을 그대로 표기한 것에 불과하고 '정체'를 표시하는 용어는 아니다. 즉, 홍콩의 정치 체제에는 정치학적인 분류의 용어가 제대로 적용되지 않고 있는 것이다.

그렇다면 도대체 홍콩이란 무엇인가?

중국의 일부인가?

이 질문에 대한 가장 간단한 대답은 '홍콩은 중국의 일부이다'라는 것이 된다. 홍콩은 중국 남부 연해 지역에 있으며 광둥성廣東省의 일부로 간주되어왔다. 1840~1842년의 아편전쟁 이래 홍콩은 처음으로 '영국의 일부'가 되었는데 1997년의 반환이 중국 혹은 홍콩에서도 '회귀'라고 칭해지는 바와 같이, 현재 홍콩은 명실공히 중국의 일부로 되돌아왔다. 인구

조사에 의하면 홍콩 인구의 90% 이상이 '화인華人'이다. 길거리에는 한자 간판이 넘쳐나고 최고급 중화요리를 즐긴다. 홍콩 '쿵푸 영화'의 영웅 브루스 리의 결정적인 대사는 "중국인은 동아시아의 환자가 아니다!"이며, 역사 문제에서 일본에 항의하고, 센카쿠 열도尖閣列島는 중국의 것이라고 주장하며 선박을 보낸다. 토지, 역사, 사람의 측면에서, 홍콩은 중국의 일부인 것처럼 보인다.

그러나 홍콩은 명백히 중국과는 다른 많은 특징을 지니고 있다. 중국의 정치와 사회에 관한 다양한 형용사가 무릇 홍콩에 해당되지 않는 것이다. 중국은 공산당의 일당 지배 체제인데, 홍콩 정부 안에는 (공식적으로는) 중국공산당이 존재하지 않는다. ≪인민일보人民日報≫와 CCTV中央電視台는 물론이고 모든 대륙의 미디어는 홍콩에 대부분 들어와 있지 않다. 홍콩에서는 해외 정보에 대한 인터넷 접속에 제한이 없으며, 중국 정부에 대한 비판도 문제없이 보도되며, 야당이 정부에 대한 공격을 반복한다. 중국공산당 통치의 틀 또는 중국 대륙에서 사람들에 대한 관리管理를 논하고 있는 중국 정치 및 사회 분야의 훌륭한 교과서를 읽더라도 홍콩을 이해하기란 전혀 불가능한 일이다.

필자가 일본인 학생에게 홍콩에 대해서 말할 때 가장 먼저 흔히 받는 질문은 '홍콩에 한 자녀 정책은 없습니까?'이다. 한 자녀 정책은 물론이거니와 저출산·고령화가 진전되고 있는 홍콩에서는 과거에 도널드 창*Donald Tsang*, 曾蔭權• 행정장관이 한 쌍의 부부가 아이 3명을 낳도록 장려했던 일

• ——— 1944년 홍콩에서 태어났고, 홍콩특별행정구의 제2대 및 제3대 행정장관行政長官(2005

도 있다. 홍콩을 잘 아는 이에게 이런 질문은 상상할 수도 없는 것이지만 상당수의 학생이 매년 반복해서 이 질문을 하고 있음을 감안하면 '홍콩은 중국의 일부'라고 하는 이해가 상당히 일반화되어 있는 것처럼 보인다.

그러나 난해한 책인 홍콩을 단순히 '중국의 일부'로서 이해하고자 하면, 커다란 난관에 봉착하게 된다. 홍콩의 '난해함'에 감탄했던 장언주는 재임 중에는 언행을 삼가며 신중한 처신으로 일관했고 전혀 존재감이 없었다. 장언주는 '난해한 책'을 베개 옆에 두고 잠을 잤는데, 오히려 홍콩 사회에서 그의 불간섭 자세는 칭찬받았다. 그렇지만 그의 후임자가 모두 그렇지는 않았다.

2013년 네 번째 '홍콩중련판'의 주임••으로서 베이징北京으로부터 부임한 장샤오밍張曉明•••은 법학자 출신으로 그때까지도 베이징에서 홍콩을 담당하는 부서인 국무원 홍콩·마카오판공실國務院港澳事務辦公室(약칭 항오판港澳辦)의 부주임을 장기간 역임했던 인물이다. "홍콩·마카오 관계의 업무를 매우 선호했기 때문에 항오판에 들어갔다"라고 자칭하는, 자타 공인의 '홍콩통香港通'이다.

그러한 장샤오밍이 홍콩에 부임하자마자 홍콩 친정부파의 입법회立法會(홍콩의 의회) 의원들과 식사 자리에 임했다. 보도에 의하면, 그때 장샤

년 6월 21일~2012년 6월 30일)을 역임했다. _옮긴이 주

•• ——— 홍콩중련판의 역대 주임은 다음과 같다. 제1대 장언주(2000년 1월~2002년 8월), 제2대 가오쓰런高祀仁(2002년 8월~2009년 5월), 제3대 펑칭화彭清華(2009년 5월~2012년 12월), 제4대 장샤오밍(2012년 12월~2017년 9월), 제5대 왕즈민王志民(2017년 9월~). _옮긴이 주

••• ——— 1963년 장쑤성江蘇省 타이저우시泰州市에서 출생했고, 중국인민대학中國人民大學에서 법학 석사 학위를 취득했다. 중국공산당 제18기 중앙후보위원, 제19기 중앙위원이다. _옮긴이 주

오밍은 홍콩에서 매일 평균 20건, 연간 700건에 달하는 시위와 집회가 발생하고 있는 것에 대해 언급한 뒤에 "왜 이렇게 많은 것인가?"라고 자리에 있는 의원들에게 물었다. '홍콩의 우위성은 주변 지역에 넘어가고 홍콩 사회는 속속 정치화하여 투쟁이 증가하고 있다', '홍콩인香港人은 경제의 개선에 더욱 시간을 사용하도록 자세를 고쳐야 한다'고 장샤오밍은 주장했다고 한다.

이론異論은 인정하지 않으며 경제 발전에 매진해야 한다는 전형적인 중국공산당 식의 통치 이념이다. 필자는 이러한 장샤오밍의 발언을 들었을 때, 일본 학생에게 '홍콩에 한 자녀 정책은 없습니까?'라는 질문을 들었을 때와 마찬가지의 기분을 느꼈다. 이 인물은 홍콩이라는 책을 단순히 '중국의 일부'로, 완전히 오독誤讀하고 있던 것은 아닌가?

선거에 의한 민주주의가 불완전한 홍콩에서 시위와 집회가 그것을 보완하는 '정치 참가'의 수단으로서 정착되고 있다는 것은 상식에 속하는 일이다. 홍콩에서는 2003년에 '50만 명 시위'라고 하는 반反정부 시위도 발생했고, 훗날 둥치화董建華, *Tung Chee-hwa*• 행정장관의 사임에 이르게 되는 정치 변동의 시금석을 가져왔다. '과격한' 정치 집회도 진귀하지 않다. 톈안먼天安門 사건 25주년인 2014년 6월 4일 홍콩 주룽반도九龍半島의 선단부先端部에 있는 침사추이尖沙咀, *Tsim Sha Tsui*의 해안 부근 광장에서는 '홍콩인의 6·4 집회'가 개최되었다. 한결같이 검은 복장을 한 참가자들은 일

• ——— 1937년 상하이上海에서 출생했고, 제1대 및 제2대 홍콩 행정장관(1997년 7월 1일~2005년 3월 12일)을 역임했다. 현재 중국인민정치협상회의中國人民政治協商會議 전국위원회 부주석이다. _옮긴이 주

제히 '공산당 타도! 공산당 타도!'라는 선전 구호를 내세웠고, 단상의 주최자들은 버너를 손에 들고 붉은색 바탕에 노란색의 낫과 망치가 그려져 있는 중국공산당 당기黨旗를 불태웠던 것이다.

물론 이와 같은 항의 활동은 중국에서 완전히 금지되어 있으며, 마찬가지 일은 베이징이나 상하이는 물론이거니와 이곳 침사추이로부터 전차로 20분 남짓의 선전시深圳市에서도 절대로 일어날 수가 없다. 그렇지만 홍콩에서 이 집회는 완전히 합법으로 행해졌으며, 주최 측 발표 7000명, 경찰 측 발표(즉, 경찰이 경비에 나서며 통계를 작성하여 발표한 것에 해당) 3060명이 참가했다. 합법적인 집회인 이상, 단속은 일절 없다. 이러한 것에 익숙하지 않은 대륙 출신자는 손쉽게 금기를 범하는 이 집회에 공포를 느끼고 있는 듯도 하다. 중국 대륙에서 온 여러 관광객은 조금 떨어져 있는 해안에서 벌어지고 있던 집회에 별로 흥미를 느끼지 않는 듯한 모습으로 건너편 쪽에 있는 홍콩섬의 야경을 바라보았다.

비유해서 말하자면 베이징에서 '아주 좋아하는' 홍콩이라는 책을 애독해왔던 장샤오밍은 그 사이에 아마도 광둥어廣東語, 번체자繁體字로 적힌 이 책을 베이징어北京語, 간체자簡體字로 번역하여 오독했던 것이라고 할 수 있다. 하지만 이러한 '중국은 목숨을 걸고 경제 발전에 매진하고 있음에도 홍콩은 무익한 정치적 논쟁만 반복하는 덜떨어진 장소'라고 여기는 태도가 장샤오밍의 전유물이라고만은 할 수 없다. 개혁·개방 이래 30년 이상의 고도 성장을 실현하고 경제력에서 홍콩을 '역전'해버린 중국에서는 오히려 현재 홍콩에 대한 보편적인 이해라고 할 수 있을 것이다.

우산운동

장샤오밍의 발언으로부터 홍콩 정치가 대혼란에 빠지기까지 상당한 시간은 걸리지 않았다. 2014년 가을의 홍콩 민주화를 둘러싼 '우산운동雨傘運動'의 발생이다.

2014년 8월 31일 중국 전국인대 상무위원회는 2017년에 예정된 홍콩 최초의 정부 수반인 행정장관의 보통 선거에서 베이징을 지지하는 성향의 인물로 확정된 '지명위원회指名委員會'•가 선거에 앞서 후보자를 심사하도록 하여 베이징과 대립하는 민주파가 출마하는 것을 사실상 불가능케 하는 제도의 도입을 결정했다. 반환 이전부터 중국이 장래의 실시를 약속하고 적어도 시민이 사반세기 이상에 걸쳐 기대해왔던 행정장관의 보통 선거가 '친親베이징파 A', '친베이징파 B', '친베이징파 C' 중에서 한 사람을 뽑는 '가짜 보통 선거'가 된다는 결정에 대해 민주파와 학생은 불만과 분노를 갖게 되었다. 민주파는 도로 점거의 결행을 예고하고 학생단체는 수업 보이콧으로 항의 의사를 보였다. 9월 28일 정부 본청사 주변에서 열린 민주파와 학생의 집회에는 참가자가 쇄도하고 경찰의 유도 실패도 있어서 결국 도로에 시민이 넘쳐났다. 경찰은 군중을 향해서 87발의 최루탄을 발사했는데 오히려 시민이 이것을 보도를 통해 알게 되고 분노하여 대거 현장에 몰려드는, 불에 기름을 퍼붓는 결과가 되었다. 경찰은 결국 해산시키는 것을 단념하고 철수했으며 이런 혼란을 틈타서 학생과 시민은 정부 본청사 주변의 진중金鐘, *Admiralty* 지구地區뿐만 아니라 홍

• 공식 명칭은 '제명위원회提名委員會, Nominating committee'이다. _옮긴이 주

콩섬 최대의 번화가인 퉁뤄만銅鑼灣, *Causeway Bay*, 주룽반도의 번화가인 몽콕旺角, *Mong Kok*•에서도 도로를 점거했다. 최종적으로 경찰에 의해 완전히 해산되는 12월 15일까지 민주파는 79일간에 걸쳐서 운동을 전개했다. 최루탄에 맞서 우산으로 버티는 시민의 모습에서 이 운동은 '우산운동'으로 불리기도 했다.

이것은 1997년 7월 1일의 중국 반환 이래 오랫동안 홍콩의 정치 정세가 일본의 미디어에 의해 크게 다루어진 사건이었다. 이 운동은 왜 세계적으로 주목을 받았을까? 그 이유의 한 가지는 중국 요인要因일 것이다. 홍콩은 정치적으로는 중국의 일부이다. 민주화를 하지 않는 상태의 '강대국'이 된 중국은 톈안먼 사건을 교훈 삼아 그 재발을 피하고자 활동가를 구속하거나 시위와 집회의 정보를 파악하여 미연에 개최를 저지하든지 교묘하게 민주화에 대한 압력을 피해왔다. 그런데 중국에서 과거 수십 년 동안 거의 경험하지 못한 사태가 발생했던 것이다. ≪타임*Time*≫(아시아판)은 2주 연속으로 '우산운동'을 표지에 게재했고, ≪이코노미스트*Economist*≫는 중국공산당에게 '톈안먼 사건 이래 최대의 시련'이라고 보도했다. 이때 홍콩은 명백히 '중국과 맞서는' 존재가 되었다. 어떤 의미에서 그것은 홍콩이 중국의 일부이기 때문이며, 어떤 의미에서 그것은 홍콩이 중국의 일부가 아니기 때문이기도 했다.

세계는 당황하여 벌떡 일어나서는 베개 밑에 두고 잠들어버렸던 '홍콩'이라는 난해한 책을 다시 펼쳐보게 되었던 것이다.

• ——— 중국의 표준어普通話로는 '왕쟈오'로 표기된다. _옮긴이 주

전환하는 홍콩

홍콩은 왜 난해한 것인가? 홍콩이 항상 굉장한 속도로 변화하고 있다는 점도 그 원인 중 하나라고 할 수 있다. 홍콩을 여행하는 사람들이 동일하게 느끼는 인상은 활기, 혼잡, 색채, 속도감 등과 같은 것이라고 할 수 있다. 굉장히 많은 사람들이 주야 불문 동분서주하는 대도시이기 때문에, 그 결과 홍콩은 항상 변화하고 있다. 식민지로부터 특별행정구로, 난민도시에서 글로벌 도시로, 중계 무역항에서 공업 기지를 거쳐 금융센터로, 홍콩의 프로필은 변화를 계속하고 있다. 난해한 책 한 권을 모두 읽었을 무렵에 같은 정도의 두꺼운 속편이 출현한다는 것이 '홍콩'이라는 이야기를 읽는 데 따르는 숙명인 것이다.

그럼에도 특히 일반 외국인(일본인 포함)의 홍콩에 대한 이해는 이러한 흐름에 맞추어 제대로 진화하고 있다고 생각하기 어렵다. 반환 이전, 일본인은 이국적이며 혼란스러운 홍콩에 대해서 커다란 관심을 갖고, 동경했다. 반환 직전에는 '최후의 홍콩 투어'라고 칭하며 대량의 일본인 관광객이 홍콩을 방문했다. 홍콩의 반환은 역사적 뉴스로서 일본의 TV 방송국에서 대대적으로 보도되었다. 하지만 반환과 동시에 일본인의 대다수는 홍콩을 '망각'해버렸다. 이미 홍콩은 완전히 변해버렸고, 단순히 중국의 일개 도시가 되어버렸다고 간주하든지, 거꾸로 과거에 보았던 영화나 반환 이전에 갔던 여행의 인상으로 지금도 홍콩을 이미지화하고 있는 사람이 상당수에 달하지 않을까? '이와나미 신서岩波新書'에서 '홍콩'을 주제로 한 책이 출간되는 것은 2015년 기준으로 30년 만의 일인 듯하다.• 그 이외에도 21세기에 들어서 홍콩을 테마로 한 일본어 신서新書는 출판되지 않고 있다.

당연하지만 그동안에도 홍콩은 계속 변화했다. 일본인의 홍콩 이미지의 중심에 있는 '재키 찬'은 홍콩에서는 완전히 과거의 사람으로 취급되고 있다. 그것은 그가 홍콩인의 가치관 변화에 맞추어 나아가지 못했기(나아가지 않았기) 때문이다. 홍콩의 사람들은 돈 벌기밖에는 흥미가 없고, 중국공산당은 싫어해도 중국에 대한 애국심은 강하다는 이미지 역시 중년 이상의 자들에게만 해당될 뿐이다. 반환 전후로 홍콩에 거주하고, 주룽의 아랫마을인 삼수이포深水埗, *Sham Shui Po*에서 보냈던 농밀한 시간을 묘사한 호시노 히로미星野博美••의 논픽션 소설•••의 제목처럼 실로 '움직이는 홍콩에는 이끼가 끼지 않는다'.

반환 이후의 홍콩이라는, 보지 못하고 놓친 연속 드라마 중에서 이전 줄거리를 알지 못하고 '우산혁명'이라는 클라이맥스를 이해하는 것은 물론 불가능하다.

자유를 무기로 삼아 중국에 맞서다

이처럼 복잡하고 기괴하며 변화무쌍한 홍콩에 만고불역萬古不易의 원리는 존재할까? 이 책의 두 필자가 도달한 한 가지 답은 '자유'였다. 식민지 시기에서 현재까지 홍콩은 '자유도시'였다. '자유'에 내포되어 있는 의미

• ——— 언급되고 있는 책은 오카다 아키라岡田晃, 『홍콩: 과거, 현재, 장래香港: 過去·現在·將来』(岩波新書, 1985)인데, '이와나미 신서'에서 홍콩을 주제로 출간된 첫 번째 책은 오구라 히로카쓰小椋広勝, 『홍콩香港』(岩波新書, 1942)이다. _옮긴이 주

•• ——— 1966년 도쿄도東京都에서 출생했고, 여성 사진가로 활동 중이다. _옮긴이 주

••• ——— 『転がる香港に苔は生えない』(情報センター出版局, 2000)를 지칭한다. _옮긴이 주

는 시기에 따라 변화하며, 자유에 대한 위협도 항상 있었다. 하지만 홍콩의 사람들은 자유를 마음껏 사용하고, 아이디어에 의해 비즈니스를 만들어내고, 지혜에 의해 강권強權과 맞서며 씩씩하게 계속 살아왔다. 홍콩을 이해하기 위해서는 이 '자유'의 본질에 접근할 필요가 있다.

장샤오밍은 왜 홍콩을 '오독'했을까? 그것에 대한 열쇠는, 시위가 수없이 발생하는 것에 대해 의원들에게 질문했던, 다음과 같은 그의 말 속에 들어 있다.

홍콩이 정말 그렇게 자유롭단 말인가? 香港眞的那麽自由?

실로 홍콩은 놀랄 만큼 자유로운 것이다.

이 책은 '자유'를 테마로 이 '난해한 책'을 독해하고자 가능한 한 새롭고 이해하기 쉬운 '주석서注釋書'를 지향한다. '홍콩 정치' 연구자인 구라다 도루가 일본인의 관점에서 본 홍콩 정치의 불가사의한 점과 흥미로운 점을 파헤친다. 그리고 '일본 사회'를 연구하는 홍콩인 장위민은 사회학과 일본 사회의 지식을 동원해서 일본인이 알 수 있는 말로 일본인이 알지 못하는 홍콩을 말한다.

제1장부터 제3장은 구라다 도루가 홍콩의 정치를 분석한다.

원래 홍콩이란 무엇인가? 올림픽에 대표를 보내고, 독자적인 통화를 발행하는 홍콩은 하나의 국가와 같은 지위를 지니고 있는 측면이 있다. 한편 중화인민공화국의 특별행정구인 홍콩은 틀림없는 중국의 일부이기도 하다. 왜 홍콩은 '중국과 맞서는' 존재라고 할 수 있을까? 제1장에서는 이에 대해 설명한다.

그러한 홍콩은 역사상 중국 대륙을 어떤 이유에서든 탈출한 사람들이 모여 있는, 일종의 '피난소'였다. 홍콩에서 영국의 식민지 통치는 정치 체제상 대단히 폐쇄적인 독재체제로 홍콩이 무릇 자유가 꽃을 피웠던 장소라고는 볼 수 없다. 하지만 역사의 우연은 홍콩에 독특한 자유의 공간을 만들어냈다. 영국의 식민지 통치가 무엇을 남겼는지에 대해서는 제2장에서 다룬다.

'자유도시' 홍콩은 1997년 7월 1일 중국에 반환되었다. 반환 이후의 홍콩은 중국이 주권을 획득한 것과, 경제력을 확대함에 따라 부단히 '중국화'에 노정되었다. 홍콩 시민에게 반환 이후는 '중국화'가 가져온 경제적 이익과, 자유에 대한 위협 사이에서 중국과 맞서는 방법을 목숨 걸고 모색하는 나날이 되었다. 제3장은 반환 이후 홍콩의 정치 및 사회의 변화를 '중국화'를 축으로 하여 검토한다.

제4장과 제5장은 장위민이 홍콩의 사회와 문화를 논한다.

제4장은 자유의 공간인 홍콩에서 꽃을 피운 문화를 추적함으로써 홍콩 사회 및 홍콩인의 정체성을 가늠한다. 중국이기도 하고, 영국이기도 한 홍콩에 사람들이 자유롭게 묘사한 다양한 문화는 홍콩을 어떻게 정의하고 있을까? 서양인, 대륙의 중국인, 홍콩인의 홍콩 문화 및 사회론의 정수精髓, 고급문화*high culture*에서 대중문화大衆文化, *popular culture*까지 소설과 드라마 등의 세계관을 다루면서 묘사한다.

제5장은 자유의 '사용 방법'이 테마이다. 2014년의 우산운동은 공도公道를 2개월 반이나 점거했다. 이와 같은 일이 왜 '가능'했으며 '허락'되었

홍콩 전도

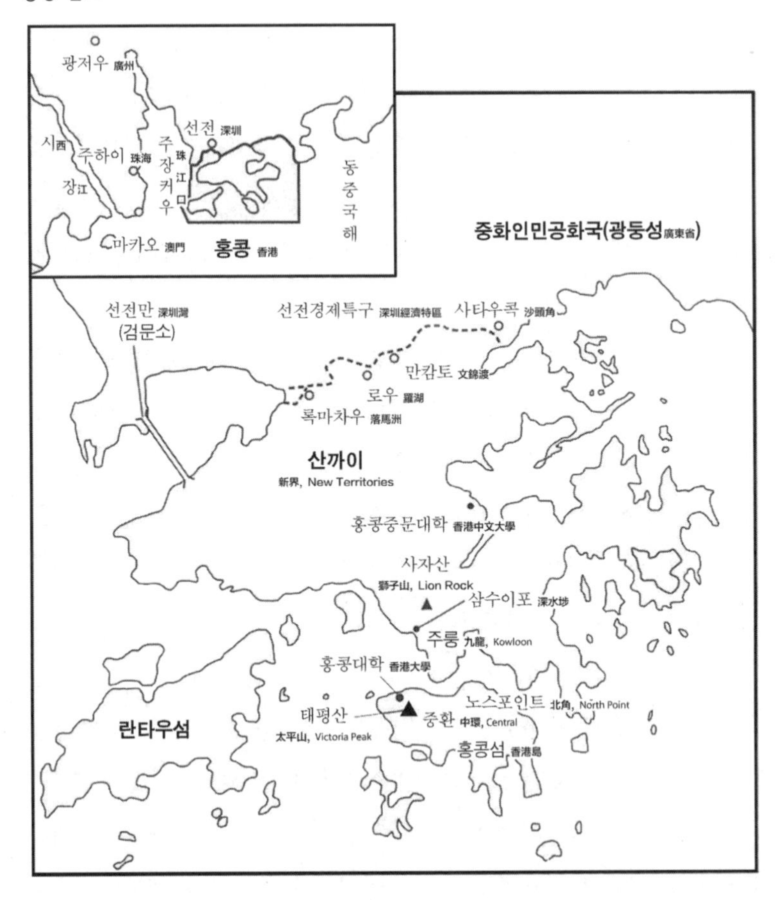

광저우 廣州
선전 深圳
시西
주하이 珠海
장江
주장커우
珠江口
동중국해
마카오 澳門
홍콩 香港
중화인민공화국(광둥성廣東省)
선전만 深圳灣
(검문소)
선전경제특구 深圳經濟特區
사타우콕 沙頭角
만캄토 文錦渡
로우 羅湖
록마차우 落馬洲
산까이
新界, New Territories
홍콩중문대학 香港中文大學
사자산
獅子山, Lion Rock
삼수이포 深水埗
주룽 九龍, Kowloon
홍콩대학 香港大學
노스포인트 北角, North Point
태평산
太平山, Victoria Peak
중환 中環, Central
란타우섬
홍콩섬 香港島

홍콩 중심부

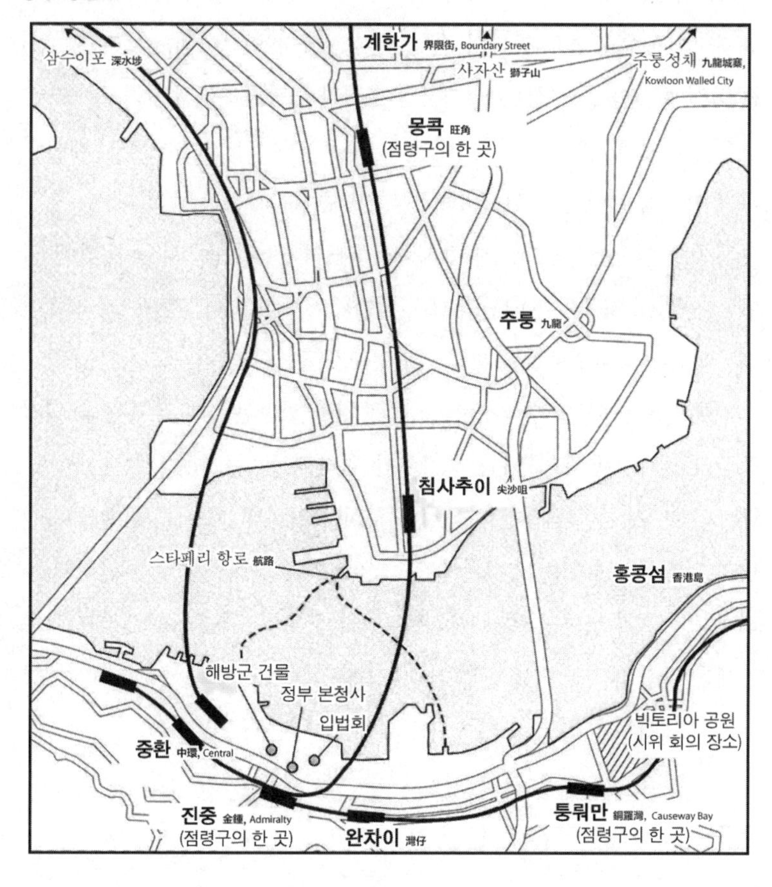

계한가 界限街, Boundary Street
삼수이포 深水埗
사자산 獅子山
주룽성채 九龍城寨, Kowloon Walled City
몽콕 旺角
(점령구의 한 곳)
주룽 九龍
침사추이 尖沙咀
스타페리 항로 航路
홍콩섬 香港島
해방군 건물
정부 본청사
입법회
빅토리아 공원
(시위 회의 장소)
중환 中環, Central
진중 金鐘, Admiralty
(점령구의 한 곳)
완차이 灣仔
퉁뤄만 銅鑼灣, Causeway Bay
(점령구의 한 곳)

을까? 지니고 있는 자유를 마음껏 '사용하지' 못한다면 이런 운동은 일어날 수 없다. 주룽반도 몽콕의 점거 구역 가까이에 거주하는 필자(장위민)는 직접 이 운동을 체험했다. 최루탄 공격과 도망치려고 우왕좌왕하는 군중을 멀리서 바라보는 해외 미디어의 시각이 아니라, 점거 구역의 개인이 각자 어떻게 이 운동을 만들었는가를 일인칭 시점으로 증언한다.

홍콩은 자유를 향수享受하고 자유를 사랑하며 자유에 대한 속박에 저항한다. 바로 자유이기 때문에 모든 것이기도 하다. 한편 자유이기 때문에 일본에서는 상식으로서 존재하는 무언가가 홍콩에는 존재하지 않는다.

일본인은 난해한 책의 정독精讀을 포기하고 반환 이후의 홍콩을 그저 중국의 일개 '지방도시'라는 시각에만 입각해서 말해왔던 것은 아닐까? 중국의 부상浮上이 세계를 변화시킬 것이라고 하며 그 거친 물결을 가장 먼저 뒤집어쓰는 위치에서 살고 있는 일본인은 그러한 중국을 단호히 물리치고 있으며 또한 중국을 변화시킬 힘을 지니고 있는 홍콩이라는 작은 존재를 다시 살펴볼 필요가 있는 것은 아닐까?

제1장

'일국양제'하의 홍콩

1. '일국양제'란 무엇인가?
2. '준국가'로서의 홍콩
3. 지방으로서의 홍콩

1. '일국양제'란 무엇인가?

식민지 홍콩이 안고 있는 모순

홍콩은 중국 남부 주강珠江의 하구河口 동안東岸에 위치해 있다. 광둥성 선전시와 인접해 있고, 주강을 사이에 두고 마카오와 마주하고 있다. 도쿄도의 절반 정도 면적에 700만 명 남짓이 살고 있는 대도시다.

이 홍콩에 대해서 뭔가 집필하고자 할 때, 필자가 항상 직면하는 것은 도대체 '홍콩이란 무엇인가?'라는 근본적인 질문이다. 홍콩의 정식 명칭은 '중화인민공화국 홍콩특별행정구'이다. '홍콩국香港國'이 아니고 중국 광둥성이나 푸젠성福建省 등과 같은 '홍콩성香港省'도 아니며, 베이징시北京市나 상하이시上海市와 같은 '홍콩시香港市'도 아니다. 중국의 특별행정구란, 홍콩 외에는 마카오만 '특별'한 지구이며, 그래서 비교 대상을 정하기도 어렵다.

사회주의국가 중국에서 자본주의 체제를 유지한다고 하는 '일국양제一國兩制'의 정치 체제도 특수하다. 왜 사회주의 중국에서 홍콩과 마카오만은 자본주의 정치 체제를 유지하는 것일까? 여기에는 식민지화에서 중국으로의 반환까지 홍콩의 역사가 중요한 요인이 되고 있다.

1842년 아편전쟁에 패한 청국清國은 '난징조약南京條約'에 의해 홍콩섬을 영국에 할양하고, 1860년에는 애로호 전쟁에서 다시 영국에 패배하여 '베이징조약北京條約'으로 주룽반도를 할양했다. 1898년에 영국은 청조清朝와 '신계조차조약新界租借條約'을 체결하고 산까이新界, *New Territories*를 1999년까지 기한을 붙여 조차租借했다. 이리하여 현재 홍콩특별행정구에 상당하는 지역이 영국의 통치하에 놓여졌다.

이것은 말할 필요도 없이 20세기까지 아시아에서 전개되었던, 열강에 의한 침략과 식민지화의 역사이다. 구舊식민지의 대부분은 제2차 세계대전 후에 독립을 이루었다. 그렇지만 홍콩은 제2차 세계대전 중 일본의 점령을 거쳐 전후에도 영국의 통치하에 놓였다. 그리고 식민지로서 이민족 지배 아래에 놓인 홍콩은 오히려 그동안 어느 면에서는 본국 이상으로 큰 발전을 했던 것이다. 19세기 중반까지 중국 남부 변경의 흔한 농어촌이었던 홍콩은 영국의 통치에 의해 무역항으로서 발전했다. 아편전쟁이 폭력적인 침략 전쟁이었던 것은 부정할 수 없는 사실이지만, 한편 그 결과로서 식민지화가 없었다면 오늘날 홍콩의 발전이 있을 수 없었을 것이라는 점은 아마 그 누구도 인정할 수밖에 없을 것이다.

홍콩을 돌려받았을 때, 중국도 이런 사실에 직면하지 않을 수 없었다. 정치적으로는 식민자·침략자가 홍콩을 돌려주지 않는다면 선조 및 10억 명의 중국 인민과 그 자손 및 제3세계 사람들에게 얼굴을 들 수 없다고 말했다. 그렇지만 홍콩이 중국 대륙의 사회주의와는 상용相容되지 않는 자본주의라고 하는 제도에 의해 발전했던 점, 홍콩 주민이 조국 중국을 대단히 두려워하고 혐오하고 있는 점 또한 현실이었다. 이 같은 이념과 현실의 괴리는 중국과 홍콩이 서로 어떻게 마주할 것인가 하는 문제를 복잡하게 만든다.

'사회주의 시장경제'라는 차이점

무엇보다 중국의 '사회주의와 자본주의의 공존'이 그다지 진귀한 것이 아니라고 느끼는 독자가 많을지도 모른다. '개혁·개방'으로의 전환 이래 중국 경제의 성장은 시장원리의 도입에 의거하고 있다. 1993년 이래는 중국 정부가 스스로 '사회주의 시장경제'를 공식 견해로 삼고 있고, 어떤 의미에서 중국 전체가 사회주의와 자본주의가 공존하는 '일국양제'가 된 현재, 홍콩의 '일국양제'와 중국의 '사회주의 시장경제'의 상위相違는 어디에 있을까?

오히려 현재 중국 입장에서 홍콩의 특수성은 경제보다 정치에 있다고 말할 수 있을지 모른다. 물론 경제 면에서도 대륙과 홍콩 간에는 정부의 역할에 큰 차이가 있다. 특히 금융과 에너지, 중공업 등에서 국영기업의 비율이 높고 2015년 상하이 주식시장에 대한 개입처럼 정부가 시장의 주요한 역할을 담당하는('국가 자본주의'라고 불림) 중국 경제에 반해서, '적극적 불간섭주의(정부가 시장에 대한 불간섭의 방침을 무위무책無爲無策이 아니라 자신의 의사로 적극적으로 채택한다는 의미)'의 정책을 표방하는 홍콩에서는 정부가 시장에 대한 개입을 최대한 회피해왔다. 미국 헤리티지 재단 *Heritage Foundation*의 2015년도판 '경제의 자유도 지수'에서 홍콩은 21년 연속으로 세계 제1위의 평가를 받고 있다. 한편 중국은 조사 대상 178개국 및 지역 중에서 제139위로 중국과 홍콩 간의 경제의 자유도에는 큰 차이가 있다. 그럼에도 만약 중국 경제가 '국가 자본주의'가 된다면 양자의 차이는 최종적으로 '정도의 차이'라는 것이 된다.

그렇지만 정치 체제의 상위는 더욱 본질적이다. 개혁·개방의 진전 및 경제의 급성장과는 대조적으로 덩샤오핑鄧小平 시대 이후에도 중국 정치 체제의 변화는 매우 적다. 중국공산당이 중화인민공화국 정부와 사실상 일체화한 '당국黨國 체제'하에서 중국공산당은 일당 독재체제를 계속하고 있다. 경제에서는 서방 측의 경험을 적극적으로 도입했지만 정치 면에서 중국은 서방 국가들의 민주주의 체제를 계속 비판하며 도입을 거부하고 있다. 한편 홍콩의 정치 체제는 '현상유지'의 방침 아래 영국 식민지 시기의 체제 틀이 기본적으로 유지되고 있다. 영국은 민주화를 완성시키지 않고 홍콩에서 철수했는데, 현재는 부분적으로 민주화가 진전되고 사법이 독립하고 복수의 정당 및 여러 종류의 미디어가 정부를 감시하는 틀이 정비되고 있다. 기본적으로 홍콩은 영국형 정치 체제의 아류로 보일 것이다. 홍콩의 정치·경제 체제는 개혁·개방 이후의 중국이나 '도이모이(쇄신)' 실시 후의 베트남 등 '사회주의 정치 체제 아래에서 시장원리를 도입했던 체제'와는 근본적으로 다르다.

이 정도로까지 성질이 다른 두 가지의 정치 체제가 한 국가의 틀에 공존하고 있는 시스템은 세계적으로 유례가 대단히 드문 것임에 틀림없다.

2. '준국가'로서의 홍콩

그렇다면 애당초 이처럼 특수한 홍콩을 무엇이라고 생각하면 좋은 것일까?

하나의 견해는 '준국가準國家'라는 위치 설정일 것이다. 홍콩은 반환 이후 지금도 통상적으로는 국가에게만 허락되는 다양하고도 독자적인 권한을 갖고 있고, 중국 대륙과는 동일한 국가 간에는 통상 존재하지 않는 분리 상태가 유지되고 있으며, 또한 양자 간에는 하나의 국가로서 대단히 큰 격차나 상위가 존재한다. 이 때문에 몇 가지 면에서 홍콩은 단순한 중국의 일개 지방이라고 말하기 어려운, 국가와 나란히 하는 존재감을 보여주고 있다.

'미니 헌법'으로서의 홍콩 기본법

우선 홍콩은 정치 체제의 기초로서 독자적인 '미니 헌법'과 같은 '홍콩특별행정구 기본법'을 지니고 있다. 1984년 중국과 영국의 교섭이 타결됨으로써 1997년 홍콩 반환이 결정되자, 1985년부터 중국 정부는 기본법의 기초起草 작업에 들어가, 1990년 4월 4일에 중국 전국인대에서 채택되었다. 그런데 기본법은 중국이 제정한 '중국법'이지만 기초를 담당했던 '기본법 기초위원회'와 의견을 제공했던 '기본법 자문위원회'에는 홍콩 시민이 위원으로 초대되었으며, 영국 정부도 막후에서 기초에 관여했다.

기본법 조문 가운데 홍콩에 국가와 동등한 권한을 부여한다는 내용을 발췌한 것이 〈표 1-1〉이다.

<표 1-1> 기본법이 정하고 있는 홍콩의 '국가와 동등한 권한'

조항	내용
제2조	고도의 자치 실시, 행정관리권·입법권·독립된 사법권과 종심권終審權
제3조	행정·입법기관은 홍콩 영주민으로 구성
제5조	사회주의 제도와 정책은 실시하지 않으며, 종래의 자본주의 제도와 생활 방식은 50년간 변하지 않는다.
제6조	법에 기초한 사유 재산권의 보호
제8조	보통법common law 외에는 종래의 법률 유지
제22조	중앙·지방정부의 홍콩 정부가 관리하는 사항에 대한 간섭 금지

제99조	공무원은 홍콩 영주민으로부터 임용(일부 외국인도 가능)
제106조	재정의 독립, 중앙정부에 상납하지 않으며, 중앙정부는 홍콩에서 징세하지 않음
제108조	독자적인 세제稅制
제110조	화폐·금융 제도는 홍콩에서 독자적으로 정함
제111조	홍콩 달러HKD의 발권 및 유통
제116조	독립된 관세구關稅區
제117조	원산지 증명서의 발행
제124조	독자적인 해운海運 관리 제도의 계속
제125조	'중국·홍콩中國香港' 명의로의 선박 등기
제130조	독자적인 항공 관리 제도의 계속
제136조	종래의 교육 제도 유지, 독자적인 교육정책 제정
제137조	독자적인 교직원 채용 및 교재 선정권選定權, 종교 교육의 허가
제138조	독자적인 의료 제도
제142조	독자적인 전문자격 제도
제145조	독자적인 사회복지 제도
제147조	독자적인 노동 정책
제148조	교육, 과학, 기술, 문화, 예술, 스포츠, 전문직, 의료 위생, 노동, 사회복지, 사회 활동의 단체는 대륙의 관련 단체에 예속되지 않으며, 상호 간에 간섭하지 않음
제149조	각종 단체는 '중국·홍콩' 명의로 국제적 관련 단체에 참가 가능함
제151조	경제, 무역, 금융, 운수, 통신, 관광, 문화, 스포츠의 영역에서 '중국·홍콩' 명의로 세계 각국 및 국제 조직과 관계를 맺고 각종 협의를 체결할 수 있음
제152조	국가 이외의 멤버가 참가하는 국제 조직 및 국제 회의에 '중국·홍콩' 명의로 참가할 수 있음
제154조	독자적인 여권의 발급
제155조	독자적인 사증 면제 협정의 체결권
제156조	외국에 정부의 경제무역 기관을 설치할 수 있음

국가와 동등한 권한

그렇다면 이 기본법에 기초하여 설계된 홍콩의 정치·사회 제도는 어떤 내용인지를 구체적으로 살펴보도록 하겠다.

우선 말할 수 있는 것은 홍콩은 이러한 규정으로부터 통상적으로 국가가 지니게 되는 다양한 권한을 부여받았다는 점이다. 그중 최대의 것은 통화通貨와 여권의 발행권이라고 할 수 있다.

홍콩의 통화 및 홍콩 달러는 영국 통치 시대의 것이 여전히 유통되고 있다. 1983년 반환 교섭이 난항에 직면하여 홍콩 달러가 불안정해졌던 것을 감안하여 당국은 미국 1달러*USD*를 약 7.8 홍콩 달러에 고정하는 페그제를 도입했다. 환언하자면 홍콩의 통화는 중국의 인민폐人民幣, *RMB*가 아니라 미국 달러인 것이다. 한 국가에 복수의 통화가 존재하는 예는 영국령 제도諸島에서 발행되고 있는 맨섬 파운드*Manx pound* 등의 매우 한정된 사례밖에 없다.

게다가 홍콩 달러는 국제적으로 보더라도 주요 통화의 지위를 구축하고 있다. 국제은행간통신협회*SWIFT*에 의하면, 2015년 5월의 국제 결제 통화로서 홍콩 달러는 세계 제9위의 비중을 갖고 있다. 한 국가에서 이만큼 질적으로 다른 법정法定 통화가 대규모로 유통되고 있는 장소는 존재하지 않는다. 자본 거래도 포함하여 국제 거래가 자유로운 홍콩 달러는 홍콩의 국제금융센터로서의 지위를 밑받침한다.

홍콩특별행정구 여권은 '홍콩에 영주권을 갖고 있는 중국 공민公民'을 대상으로 발급되며, 2015년 7월 기준으로 152개국 및 지역이 홍콩특별행정구 여권에 대해 무비자 또는 도착 비자에 의한 입국을 허가하고 있다. 일본도 2004년부터 홍콩특별행정구 여권에 대한 사증査證 면제를 실시했다. 중화인민공화국 여권을 지니고 일본을 방문하는 데는 비자가 필수이기 때문에 일본에 오기 위해서는 홍콩특별행정구 여권 쪽이 압도적으로 편리하다.

<그림 1-1> 홍콩 여권과 BNO 여권

촬영: 장위민.

'일본 법무성法務省 입국 관리 통계표'에 의하면 2014년 일본으로의 입국자 수는 중국 253만 6571명에 반해서 홍콩 90만 2408명으로 총인구가 중국의 1%가 되지 않는 홍콩으로부터의 일본 방문자 수가 중국에서 방문한 자의 30% 이상에 달하고 있다. 여권 표지의 중국어 표기는 '중화인민공화국'의 큰 문자 아래에 '홍콩특별행정구'라고 작게 부기되어 있는 형태인데, 영어 표기는 'HONG KONG'의 문자가 'China'보다 크게 표시되어 있다.

고도의 자치

통화와 여권의 발행권도 포함해서 중국 정부는 홍콩에 '고도의 자치'를 부여하고 있는 것으로 간주되는데, 그 조건하에서 홍콩의 정치 체제는 중국 대륙과 크게 다르다.

홍콩 정부의 수장首長은 행정장관, 입법기관은 입법회라고 불린다. 행정장관이 주재하고 고관高官 및 민간 멤버로 구성되는 행정회의行政會議가 각의閣議와 비슷한 역할을 수행한다. 행정장관은 식민지 시대의 총독, 입법회는 입법평의회立法評議會, 행정회의는 행정평의회行政評議會 기능의 대부분을 계승하고 있으며, 모두 중국 대륙의 정치 시스템과는 전혀 별개의 존재이다. 입법회는 전체 의석이 선거로 선출되며, 반수半數의 의석에 대해서는 18세 이상의 영주민에 의한 보통 선거가 실시되고 있다. 또한 홍콩에는 정당이 복수로 존재하며 그중에서도 중앙정부에 반항적인 민주파의 정당이 존재할 수 있는 것은 중국공산당과 그 위성 정당 외의 존재를 허락하지 않고 있는 중국 대륙과 구별되는 커다란 차이점이다.

반환 이전의 법률은 영국식 보통법이며 영국의 철수에 따른 일부 수정 및 폐지를 제외하면 그대로 유지되고 있고, 재판소에 대해서도 반환에 따른 종심권이 런던에서 홍콩으로 이전되었기 때문에 종심 재판소가 설치된 것 외에는 기본적으로 영국 시대의 틀이 그대로 남아 있으며, 외국인 판사도 있다. 법 체계는 기본적으로 영미법이며, 사법의 독립이 보장되는 중에 정부에 불리한 판결이나 사법 판단도 일상적으로 나오고 있다. 이는 행정과 사법이 일체화되어 있고 정치적 판결이 일상적인 중국 대륙과는 전혀 다른 것이다. 그런데 홍콩에서는 1966년 이래 사형의 집행이 이루어지지 않고 있으며 1993년에는 사형이 폐지되었다.

중국 대륙과의 '분단'

또한 홍콩과 중국 대륙 사이에는 과거의 중영中英 국경의 분단이 여전히 유지되고 있으며 지금은 국경이라고 부르지는 않지만 사실상 '유사 국경'으로서 기능을 계속하고 있다.

과거에 중영 국경은 자유 왕래가 인정되고 대륙의 주민은 무제한으로 홍콩에 들어갈 수 있었다. 1937년에 일어난 중일전쟁 당시 대륙 주민이 전화戰火가 미치지 않는 홍콩에 난민으로 몰려들자, 홍콩 정청政廳은 입경入境(홍콩은 국가가 아니기 때문에 '입국'이라는 말을 사용하지 않음) 규제를 행했는데, 1941년 일본의 점령을 거쳐 1945년 11월 통치를 회복한 후 이 규제를 철폐했다. 하지만 중국공산당 정권이 수립된 후인 1950년 5월, 홍콩 정청은 국경을 봉쇄했다. 냉전하에서 홍콩은 '동방의 베를린'으로 불렸는데, 중영 국경은 베를린의 장벽이나 한반도의 판문점처럼 긴장된 냉전의 최전선 가운데 하나로서 존재했던 것이다.

그 이래 입경 관리 제도는 다양한 변천을 거쳤는데, 반환 이후에도 왕래는 자유롭지 않은 상황이다. 홍콩과 중국 광둥성 선전시의 경계선 상에는 로우羅湖, *Lo Wu*, 록마차우落馬洲, *Lok Ma Chau*, 만캄토文錦渡, *Man Kam To*, 사타우콕沙頭角, *Sha Tau Kok*, 선전만深圳灣의 5개소에 검문소가 있으며, 이들 모든 곳에서는 출입경 수속을 밟지 않으면 왕래가 허가되지 않는다. 일본인 등의 외국인이라면 여권의 제시가 요구되며, 홍콩 시민의 대륙 방문 및 대륙 주민의 홍콩 방문이라면 모두 각각의 '통행증'을 요구받는다.

이 유사 국경 상에서 다양한 사람, 물건, 돈, 정보의 흐름이 분단되고 있다. 사람의 측면에서 말하자면 통치 조직의 분단을 들 수 있다. 중국공산당의 정치 체제에서 지방정부의 일인자는 상급의 정부에 의해 임명되기 때문에 상하이시 및 광둥성의 수장 등과 같은 성급省級의 고관은 중앙정부 또는 다른 지방으로부터 파견된다. 하지만 홍콩 정부는 '홍콩인에 의한 홍콩 통치'의 원칙 아래에서 대륙의 관리는 임관任官하지 않는다. 또한 홍콩에는 공산당이 '존재하지 않는다'. 1949년 5월에 제정된 '사단조례社團條例'는 홍콩 역외의 정치적 조직과 관계를 지닌 단체를 사실상 금지했다. 이 규정은 공산당과 국민당을 동시에 비합법화하는 것이며, 냉전 시기의 홍콩이 중립을 지키기 위한 방법이었는데, 현재도 공산당은 홍콩에는 등록되어 있지 않다. 또한 돈에 관해서는 물류가 대외 무역으로 간주되고 자본의 이동이 외자의 투자로서 규정되고 있는 것 외에 홍콩의 정부 재정은 독립되어 있으며 윤택한 재정 잉여금을 유지하고 있는데, 중앙정부에 일절 상납하지 않고 있다. 정보에 대해 많은 규제를 부과하고 있는 중국 대륙에서는 유사 국경 상에서 홍콩의 서적, 신문, 잡지 등을 가지고 들어가는 것을 금지하는 것 외에, 인터넷에서도 홍콩 미디어 등의 일부 사이트를 대륙에서 열람할 수 없으며, 홍콩은 기본적으로 대륙과 다른 번체자 및 광둥어 미디어가 보급되어 있다.

국제기구 가입과 경제무역대표부의 설치

또한 홍콩은 세계무역기구*WTO*, 국제통화기금*IMF*, 아시아태평양경제협력회의*APEC* 등의 일부 국제기구에 국가와 마찬가지 대우로 가맹加盟해 있다. 올림픽에서도 홍콩은 '중국·홍콩'이라는 명의 아래 독자의 팀을 결성하며 중국 팀에는 속해 있지 않다. 2004년 아테네 올림픽 당시 홍콩에서 큰 화제가 된 것은 동 대회에서 홍콩의 유일한 메달 경기였던 탁구 남자복식 가오리쩌高禮澤, *Ko Lai Chak*·리징李靜, *Li Ching* 팀의 활약이었다. 이들은 결승에서 애석하게 패배해 은메달에 머물렀지만, 결승전의 상대는 중국의 마린馬琳·천치陳玘 팀이었다.

홍콩 정부는 도쿄를 포함한 세계 11개소에 홍콩경제무역대표부를 설치하고 있다.• 도쿄의 대표부는 일본과 한국을 관할하며, 정부와의 연락

• ———— 홍콩경제무역대표부Hong Kong Economic and Trade Office: HKETO는 2019년 8월 기준으로 약 17개 정도가 전 세계적으로 설치되어 있다. _옮긴이 주

및 문화 교류 등의 직책을 담당하고 있다. 중국 대륙에는 광저우廣州, 상하이, 청두成都, 우한武漢에 마찬가지의 대표부를 설치하고 있는 것 외에, 주駐베이징 사무소도 설치되어 있는데 대사관에 가까운 기능을 수행하고 있다.

'준국가' 홍콩의 프로필

이처럼 홍콩을 하나의 '국가'로 가정하고 국가로서의 중국과 마찬가지의 데이터를 비교해서 살펴보면, 양자 간에는 다양한 면에서 대조적이라고 말할 수 있을 정도의 상위가 존재한다는 것이 명백해진다. 〈표 1-2〉는 세계은행*World Bank*의 세계개발지표*World Development Indicator*에 포함되어 있는 중국과 홍콩의 각종 통계 데이터 중에서 두 곳의 특징을 알기 쉽게 대비할 수 있도록 발췌·정리한 것이다.

〈표 1-2〉의 데이터로부터 중국과 홍콩의 대단히 다른 프로필이 부각된다.

- 중국은 인구에서 세계 제1위, 면적에서 세계 제2위(세계개발지표의 계산, 지표에 따라서는 세계 제3위 내지 제4위가 되는 통계도 있음)의 강대국이다. 홍콩의 총인구 724만 명은 파푸아뉴기니 또는 불가리아에 가까운 규모이며 세계의 국가 전체 중에서는 중급 정도다. 한편 면적에서 홍콩은 도쿄도의 절반 넓이밖에 안 되며, 대단히 협소하다.
- 중국의 도시화는 진전되고 있지만, 도시 인구율은 결국 50%를 넘었다. 한편 홍콩은 전체가 하나의 거대도시를 형성하고 있으며, 통계상 농촌 인

<표 1-2> 중국과 홍콩의 통계 비교(세계은행 및 세계개발지표에 의함)

		중국(연도)	홍콩(연도)
인구·면적	총인구 수	1364270000(2014)	7241700(2014)
	면적(km^2)	9388211(2014)	1050(2014)
	인구 밀도(1km^2당)	145.3(2014)	6896.9(2014)
	농촌 인구의 비율	45.6%(2014)	0%(2014)
	0~14세 인구의 비율	18.1%(2014)	11.7%(2014)
	15~64세 인구의 비율	72.8%(2014)	73.8%(2014)
	65세 이상 인구의 비율	9.1%(2014)	14.5%(2014)
	인구 증가율	0.51%(2014)	0.75%(2014)
	대체적 출생률(1000명당 출생률)	12.1(2013)	7.9(2013)
	합계 특수 출생률(여성 1인당)	1.7(2013)	1.1(2013)
	평균 수명(여성)	76.7(2013)	86.7(2013)
	평균 수명(남성)	74.1(2013)	81.1(2013)
	평균 수명(합계)	75.4(2013)	83.8(2013)
경제	GDP(100만 미국 달러)	10360104(2014)	290896(2014)
	1인당 GDP(미국 달러)	7593.9(2014)	40169.6(2014)
	농업의 고용자 수 비중	34.8%(2011)	-
	공업의 고용자 수 비중	29.5%(2011)	11.6%(2012)
	서비스업의 고용자 수 비중	35.7%(2011)	87.7%(2012)
	농업이 GDP에서 차지하는 비중	9.2%(2014)	0.1%(2013)
	공업이 GDP에서 차지하는 비중	42.64%(2014)	7.2%(2013)
	서비스업의 GDP에서 비중	48.19%(2014)	92.7%(2013)
	가계 최종 소비 지출이 GDP에서 차지하는 비중	36.0%(2013)	66.4%(2014)
	에너지의 수입률	12.7%(2012)	99.2%(2013)
	연구 개발비의 GDP에서 비중	1.98%(2012)	0.75%(2010)
	'100만 명'당 연구 개발자의 수	1019.6(2012)	2925.3(2012)
	총 세율	64.6%(2014)	22.8%(2014)
	단순 평균 실행 관세율	7.8%(2011)	0.0%(2013)
	비즈니스 수월성 지표 순위	제90위(2014)	제3위(2014)
통신	고정 브로드 밴드 가입률(100명당)	13.6(2013)	31.2(2014)
	고정 전화 가입률(100명당)	17.9(2014)	61.1(2014)
	인터넷 이용자(100명당)	49.3(2014)	74.6(2014)
	휴대전화 가입률(100명당)	92.3(2014)	239.3(2014)
교육	초등 교육의 대체적 취학률	126.4%(2013)	104.5%(2013)
	중등 교육의 대체적 취학률	92.4%(2013)	99.3%(2013)
	고등 교육의 대체적 취학률	29.7%(2013)	66.8%(2013)

자료: 세계은행 웹사이트 데이터에 기초해 구라다 도루가 작성, http://databank.worldbank.org/data/download/WDI_excel.zip(2015년 8월 3일 검색).

구는 존재하지 않는다.

- '한 자녀 정책'이 실시되어왔던 중국은 향후 급속한 저출산·고령화에 직면하게 될 것으로 예상되는데, 현시점에서 고령화율은 9.1%이다. 이에 반해 '한 자녀 정책'이 실시되지 않고 있는 홍콩의 고령화율은 이미 14.5%에 도달했고, 출생율도 중국 쪽이 높다. 중국의 평균 수명은 선진국에 미치지 못한다. 홍콩의 평균 수명은 세계 최고 수준이다.
- 중국은 2009년 일본을 제치고 세계 제2위의 경제 규모에 도달했다. 홍콩의 GDP(국내총생산)는 2011년의 데이터가 존재하는 172개의 국가 및 지역 중에서 제37위이며, 이집트와 필리핀, 핀란드, 파키스탄 등을 상회한다. 경제 규모만을 본다면 홍콩은 '대국'의 범주에 들어간다고 말할 수 있다. 당연한 것이지만 중국의 0.5% 인구밖에 되지 않는 홍콩의 1인당 GDP는 중국의 5배 이상이다.
- 중국의 제1차, 제2차, 제3차 산업의 노동자 수는 거의 균등하며 경제 규모에서는 제2차, 제3차 산업에 각각 40% 이상이 종사하고 있다. 홍콩에는 농업이 거의 존재하지 않으며 탈脫공업화도 진행되고 있고, 압도적으로 서비스업에 특화된 경제이다.
- 개인 소비는 홍콩에서 GDP의 60% 이상에 달하는데, 중국에서는 30% 남짓이다.
- 공장의 대다수가 대륙으로 이전해버렸기 때문에 홍콩의 연구 개발 투자는 저조하지만, 연구자의 대對인구비는 중국의 약 3배에 가깝다. 홍콩은 아시아에서 최첨단을 걷고 있고, 세계에서도 톱 클래스의 대학이 여럿 있으며, 유학생을 포함해서 다수의 연구자를 받아들이고 있다.

◦ 홍콩은 낮은 세율稅率을 취지로 삼으며 관세도 징수하지 않는다. 세계은행에 의한 '사업하기 편한 지수*Ease of doing business index*'도 규제가 적은 홍콩을 높게 평가하고 있다. 한편 중국의 지수는 조사 대상 189개국 및 지역 중에서 중등 정도이다.• 일본은 제29위였다.

◦ 홍콩의 고정 전화·브로드 밴드의 가입률은 중국의 3배에 달한다. 휴대전화는 홍콩에서 1인 2대 이상에 달하며, 조사 대상 가운데 마카오에 다음가는 세계 제2위이다.

◦ 대체적 취학률은 전체 취학자 수를 취학 적령기 인구 수로 나눈 수치이다. 미달 혹은 늦게 입학하는 등의 경우가 많아지면 대체적 취학률이 100%를 넘는 경우도 있다. 중국은 초등 교육의 대체적 취학률이 높고, 초등학교를 소정의 연령까지 졸업할 수 없는 사례가 많다는 것을 살펴볼 수 있다. 한편 중등 교육 이상의 취학률은 홍콩이 상회하며 고등 교육에서는 2배 이상의 격차가 있다.

이러한 데이터로부터 명백해지는 것은 홍콩이 중국보다도 훨씬 선진국형·도시형의 경제 및 사회를 갖추고 있다는 점이다. 이 정도로 발전 수준에 차이가 있으면, 당연하지만 중국에서 국가적인 과제의 대다수가 홍콩에서는 관계가 없는 문제가 된다. 이것은 사람들의 의식 면에서도 홍콩을 중국에 통합할 때 방해하는 요인이 된다.

• ———— 이 책에서 인용된 관련 지수는 2015년 기준으로 홍콩은 제3위, 중국은 제90위였으며, 한국은 제5위였다. _옮긴이 주

3. 지방으로서의 홍콩

이처럼 홍콩은 다양한 면에서 하나의 국가에 가까운 규모와 요소를 갖고 있는 한편, 중국의 한 지방이라고 하는 또 하나의 얼굴을 지니고 있다. '기본법'은 홍콩을 중국에 복귀·통합시키기 위한 법률이며, 당연하지만 그 조문에는 홍콩을 중국의 일부로 규정하기 위한 다양한 내용이 규정되어 있다. 그 발췌 내용이 〈표 1-3〉이다.

<표 1-3> **홍콩을 중국의 지방으로 규정하고 있는 '기본법'의 규정**

제1조	홍콩특별행정구는 중화인민공화국의 불가분의 일부임
제10조	중화인민공화국의 국기國旗, 국장國章을 게시함
제12조	홍콩특별행정구는 고도의 자치를 향유하는 중화인민공화국의 지방 행정구역이며, 중앙정부가 직할함
제13조	중앙정부가 홍콩에 관한 외교 사무를 관리
제14조	중앙정부가 홍콩의 국방을 책임지며, 주둔하는 군의 경비는 중앙정부가 부담
제15조	중앙정부에 행정장관, 고관의 임명권이 있음
제17조	전국인대 상무위원회에 홍콩 법률의 환송 권한이 있음
제18조	긴급 사태 시에는 홍콩에서 '전국법全國法'을 실행함
제21조	홍콩 주민 중 중국 공민은 국가 사무에 참가할 수 있음
제23조	국가 반역, 국가 분열, 반란 선동, 중앙정부 전복, 국가기밀 절취, 외국 조직의 정치 활동을 금지하는 입법을 홍콩에 의무화함
제61조	고관은 중국 국적의 보유가 필요함
제90조	종심終審 법원, 고등 법원의 수석 재판관은 중국 국적의 보유가 필요함
제126조	외국 군용 선박의 홍콩 입항에는 중앙정부의 허가를 요함
제129조	외국 국적 항공기의 홍콩 진입에는 중앙정부의 허가를 요함
제132조	대륙 출발, 홍콩 경유 또는 홍콩 출발, 대륙 경유 비행편의 민간항공 협정은 중앙정부가 체결함
제150조	홍콩과 관련된 중국의 외교 교섭에 홍콩은 중국 대표단의 멤버로서 참가함
제153조	중국이 체결한 국제 협의를 홍콩에 적용할지의 여부는 중앙정부가 결정함
제157조	외국 정부가 홍콩에 영사領事 기구 등을 설립할 때는 중앙정부의 허가가 필요함
제158조	'기본법'의 해석권은 중앙정부에 속함
제159조	'기본법'의 개정권改正權은 중앙정부에 속함

'중국의 일부'로서의 홍콩

홍콩의 정식 명칭은 '중화인민공화국 홍콩특별행정구'이며, 고도의 자치가 인정되고 있고 중국의 정치 체제에서는 베이징시와 광둥성, 티베트 자치구 등과 동격의 '1급 행정구'로 규정되어 있는 분명한 지방정부이다. 예를 들면 중국이 2004년부터 실시하고 있는 남부의 9개 성省과 홍콩·마카오 두 특별행정구에 의한 '범汎주강 델타 협력'의 포럼에 홍콩과 마카오는 다른 9개 성과 동격의 멤버로서 참가하고 있다. 아시아태평양경제협력회의의 장에서 중국 국가주석, 미국 대통령, 일본 총리와 나란히 기념촬영에 참가하는 홍콩의 행정장관은 이 회합에서는 광둥성 및 쓰촨성四川省 등의 성장省長들과 함께 사진에 찍힌다.

또한 홍콩은 다른 성과 마찬가지로 전국인대에 홍콩이 선출한 대표를 보낼 수 있다. 홍콩에서 선출된 전국인대 멤버는 36명이며, '선거회의選擧會議'라는 1200명 남짓의 한정된 멤버에 의해 선거로 선출된다. 전국인대 대표라는 직책은 중국 대륙에서는 커다란 명예이며, 홍콩에서도 많은 친중파 인물이 이 직책을 원하고 있다. 하지만 홍콩에서 선출된 전국인대 대표가 그 직책으로 홍콩의 정치에 대해서 발휘할 수 있는 실권은 거의 없다. 그들의 직무는 매년 봄 베이징에서 열리는 전국인대 회의에 참가하는 것인데, 홍콩의 입법기관은 인민대표대회가 아니라 입법회이며, 홍콩에 의원으로서의 전국인대 대표의 직무는 존재하지 않는다. 또한 홍콩의 '고도의 자치'를 존중할 필요로부터 중앙정부도 홍콩에서 선출된 전국인대 대표의 홍콩에서의 활발한 활동에는 신중한 자세를 보이고 있으며, 홍콩에 전국인대 대표가 사무소를 설치하는 것도 계속 거부하고 있다.

홍콩인의 국적

또한 홍콩은 국가가 아니기 때문에 홍콩 국적은 존재하지 않는다. 1980년에 처음으로 중국이 제정한 '국적법國籍法'은 혈통주의를 취하고 있기 때문에 중국으로의 반환에서 종래에는 무국적에 가까운 상태에 놓였던 중국계 홍콩 시민은 동법의 규정에 기초해서 중국 국적을 얻게 되었다.

원래 홍콩의 거주권은 국적과는 관계가 없다. 외국인이라고 해도 유효한 체재 허가를 얻어 7년 동안 계속 거주한다면 영주권을 얻을 수 있기 때문에 비즈니스 등의 이유로 홍콩에 장기간 체재하고 홍콩 영주권을 얻는 일본인 등의 외국인도 많다. 홍콩 주민인가 아닌가를 구별하는 기준은 국적보다도 오히려 합법적인 주민에게 발급되는 신분증이다. 관공서 관련 수속으로부터 가라오케 점포의 입점까지 홍콩에서는 다양한 장면에서 신분증의 제시가 요구되는데 신분증을 지니고 있는 자는 모두 '홍콩인'으로 취급된다. 영주권마저 있다면 국적을 불문하고 교육, 의료, 복지에서 선거의 투표권까지 홍콩 주민으로서 평등한 대우를 받을 수 있다. 이 때문에 홍콩에서 일상생활을 보내는 한, 국적을 의식하는 장면은 별로 없다. 그렇지만 기본법은 고관과 의원 등에 국적 조항을 설치하여 홍콩 시민 중에 중국 공민을 명확하게 준별할 필요가 있었던 것이다.

여기에서 문제가 되는 것은 영국 해외 시민*British National(Overseas): BNO* 신분을 유지하는 홍콩 시민의 취급이다. BNO는 영국이 홍콩 반환 문제에 대응하기 위해서 1986년에 설정한 새로운 '국적'이다. 이 신분을 가진 자는 영국 거주권을 부여받지 못하지만 영국 국민이며, 영국의 영사 보호를 받는 것도 가능하다. 이 신분은 자녀에게는 상속되지 않지만, 종신 유효하며 반환 후에도 BNO 여권은 홍콩 주재 영국 영사관에서 갱신 등의 신청을 할 수 있다. 다만 중국은 이중 국적을 금지하고 있다. 이 때문에 중국은 BNO 소지자도 중국의 혈통을 갖고 있는 한에는 중국 공민이며 홍콩과 중국 대륙에서 그들이 영국의 영사 보호를 받을 수 없다고 규정했다. 이에 따라 BNO 여권을 지닌 중국계 홍콩 시민은 홍콩을 포함한 중국 국내에서 중국인으로 취급되는데, 이 여권으로 해외를 여행할 때는 영국의 영사 보호를 받는다고 하는, 변칙적인 이중 국적을 구분하여 사용하게 되었다. 또한 BNO 여권 소지자가 동시에 '특별행정구 여권'을 지니는 것도 가능하다.

'고도의 자치'의 한계

홍콩에는 '고도의 자치'가 부여되고 있는데, 이것은 '완전한 자치'나 '독립'과는 다르다. 정부의 권한 중 일부는 중앙정부의 관할 아래 놓여 있다.

외교는 중앙정부의 관할 사항이며, 국제 조직 중에서 가맹을 국가에 한정하고 있는 유엔 등에는 홍콩이 가맹할 수 없다. 또한 홍콩특별행정구 여권의 소지자는 외국에서 중화인민공화국 외교부에 의한 영사 보호를 받는다. 2010년 8월 23일, 필리핀 마닐라에서 홍콩인 단체 관광객을 태운 버스가 탈취되었는데 필리핀 경찰의 서투른 대처도 있어, 8명의 인질이 살해되었다. 이 사건에 대해서 당시 도널드 창 홍콩 행정장관은 필리핀의 베니그노 3세 아키노 대통령과 직접 대화하지 못하고, 홍콩 정부가 필리핀에서 조사를 행하는 것도 다양한 장애에 직면하여 중국 외교부를 중개해서 교섭해야 했다. 이 사건으로 홍콩은 외교상의 지위를 통감케 되었다.

군사 영역에서도 관할권은 중앙정부에 있으며 인민해방군人民解放軍 주駐홍콩 부대가 주둔하고 있다. 영국군의 사령부를 이어받은 주홍콩 부대 빌딩은 홍콩의 심장부인 센트럴 지구의 중심가, 빅토리아항에 면한 위치에 있다. 높은 빌딩은 아니지만 홍콩을 상징하는 주룽반도로부터 바다를 사이에 두고 바라보는 홍콩 빌딩 숲의 경치는 독특한 위압감을 준다. 2014년에 이 빌딩은 외벽을 새로 고쳐, 붉은 별 모양의 거대한 군軍의 휘장徽章이 드리워지게 되었다. 무엇보다 해방군 병사는 홍콩에서는 외출이 거의 허락되지 않으며 군복 차림으로 거리를 걷는 것도 금지되어 있기 때문에, 중국 대륙에서와 같이 거리에서 군복 차림의 병사가 목격되는 일은 없다.

또한 정부의 인사권도 일부는 중앙정부에 있다. 정부의 일인자에 해당하는 행정장관, 2인자~4인자에 해당하는 정무, 재정, 법무의 세 장관長官, 정책 결정에 관여하는 각 국局의 국장局長, 염정공서廉政公署(반부패 수사기관)의 장長, 회계검사서장會計檢查署長, 경무처장警務處長, 입경사무처장入境事務處長, 관세장關稅長에 대해서는 중앙정부가 임명권을 지니고 있다. 일정한 직급의 간부까지는 리스트를 작성하고 중앙정부가 임명한다는 틀은 대륙에서 실시되고 있는 당黨에 의한 간부의 관리(노멘클라투라) 제도와 유사하다. 문제는 이 중에 행정장관에 대해서는 홍콩에서 선거가 이루어져 중앙정부가 임명하는 형태로 선출과 임명의 권한이 별도의 주체에게 부여되어 있다는 점이다. 만약 홍콩에서 선출된 행정장관을 중앙정부가 받아들이지 않았을 경우, 정치적 위기가 발생하게 된다는 지적은 반환 이전부터 이루어져 왔으며, 이 사안은 '홍콩의 민주화' 문제의 본질적인 모순의 원천이 되고 있다.

그리고 기본법의 해석권과 개정권은 중앙정부가 장악하고 있다. 반환 이후 2015년 8월까지, 전국인대 상무위원회는 기본법의 해석을 네 차례 행했다. 1999년 6월 26일에 처음으로 행한 법 해석은 홍콩인이 대륙에서 낳은 자녀에 대해 폭넓은 홍콩 거주권을 부여한다고 하는 종심 법원의 같은 해 1월의 판결을 뒤집고 거류권居留權을 엄격하게 제한하는 판단을 제시했다. 이 해석권의 행사는 베이징이 홍콩의 최종심最終審 판결을 뒤집을 수 있음을 보여주어, 홍콩의 법조계로부터 법치의 파괴라는 비판을 초래하는 것과 동시에, 자치의 한계를 드러냈다. 또한 2004년 4월 6일에 행해진 법 해석에서는 민주화를 발동할 권한이 중앙정부에 있다는 것을 규정하고, 그때까지 홍콩 내부에서 이루어진 민주화에 관한 논의의 상당 부분을 무의미한 것으로 만들었다. 이처럼 해석권은 반환 이후의 홍콩에서 대단히 큰 위력을 발휘하고 있다. 당초 기본법 자체는 중앙정부가 공포한 중국법이다. 기초하는 과정에서 홍콩 내부의 민의民意를 직접 반영하는 것과 같은 민주적인 절차를 밟을 리도 없다. 이 '강제된 헌법'의 개정을 요구하는 목소리는 홍콩에도 있지만 실현 가망성이 전혀 없다는 것이 현실이다.

월경과 융합

홍콩과 중국의 일부로 규정되는 이러한 정치 제도상의 배치에 더하여, 현재 홍콩은 중국의 한 지방이라는 성질도 함께 지니고 있다. 특히 중국 경제의 급성장이 계속되어 '중국·홍콩 융합中港融合'이라고 불리는 경제

관계의 긴밀화가 진전되고 있다.

'중국·홍콩 융합'의 큰 전기가 되었던 해는 2003년이다. 홍콩은 반환된 이래 아시아 금융위기에서 비롯된 불황으로 큰 곤경에 처하게 되었는데, 같은 해에 신형 폐렴인 사스*SARS*가 대유행한 점도 있어, 불경기의 밑바닥에 빠졌다. 반환 이후 홍콩의 '고도의 자치'를 존중하는 입장으로부터 홍콩에 대해 불간섭을 일관해왔던 중앙정부는 그 이래 홍콩 경제의 구제책으로 전환했다. 2003년 6월 29일, 중앙정부와 홍콩 정부는 '경제무역관계 긴밀화 협정*Closer Economic Partnership Arrangement: CEPA*'을 체결했다. 이것에 기초하여 양자 간 경제 관계의 긴밀화에 가속도가 붙었다.

특히 양자 간 인적 왕래는 〈그림 1-2〉에 나타난 바와 같이, 반환 이후

<그림 1-2> 홍콩 시민의 대륙 방문자 및 대륙 주민의 홍콩 방문자 현황(1997~2014년)

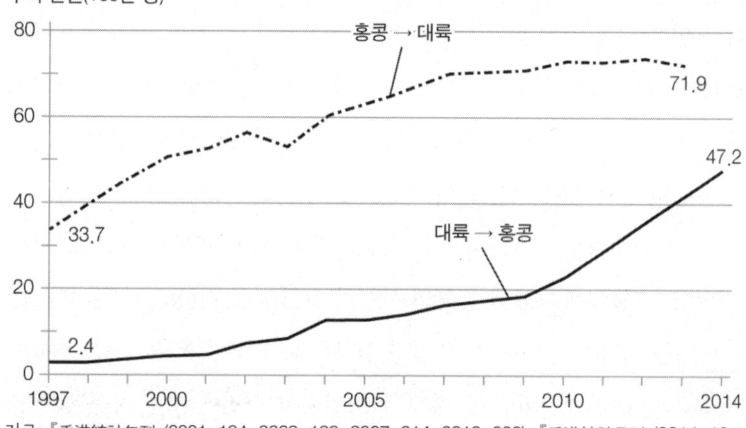

자료: 『香港統計年刊』(2001: 184, 2003: 199, 2007: 214, 2013: 328), 『香港統計月刊』(2014: 10月號 FB 2, 2015: 4月號, 240)에 기초해 구라다 도루가 작성.

에 크게 확대되었다.

홍콩에서 대륙을 방문하는 방문객 수는 2007년 이래 연인원 7000만 명에 이를 것으로 추이推移하고 있다. 이것은 홍콩의 전체 인구가 1인당 평균 약 10회 정도 대륙을 방문하고 있다는 계산이 된다. 제조업 공장이 거의 대륙으로 이전했다는 점을 감안한다면, 홍콩에 근접한 광둥성 주강 델타 지역의 공장으로 출장 가는 홍콩인 관리직은 빈번하게 대륙을 방문하는 홍콩인의 전형적인 패턴이다. 무엇보다 이러한 종류의 출장은 주강 델타의 산업 고도화에 따라 홍콩 자본의 경공업이 도태되고 있는 점으로부터 최근에는 한계점에 도달하고 있다. 대신 증가하고 있는 것이 대륙에서 홍콩으로 오는 방문객이다. 2003년 경제무역관계 긴밀화 협정이 체결된 이후 중앙정부는 대륙의 일부 도시의 주민에게 홍콩으로의 개인 여행을 인가認可했다. 이 시도가 홍콩의 소매업에 큰 이익을 가져오자, 중앙정부는 개인 여행의 대상 지역을 단계적으로 확대했고, 그것에 맞추어 대륙에서 홍콩을 방문하는 방문객 수도 매년 증가했다. 그리고 2009년 홍콩에 인접해 있는 선전시 주민의 홍콩에 대한 복수 비자(멀티 비자)의 발급이 개시되어 대륙으로부터는 당일치기 방문객이 쇄도했고 급속하게 유입되는 사람의 수가 증가했다. 교외 주민이 도심으로 쇼핑하러 나오는 감각이다. 최근에는 대륙 주재의 아동이 홍콩의 학교에 통학하는 사례도 증가하고 있다. 그들에게 대륙과 홍콩의 사이의 월경越境은 일상적인 것이다.

이러한 사람들은 이동 시 출입경 심사를 매회 받을 필요가 있다. 하지만 2004년부터 전자화電子化 통로가 도입되어 사전에 지문 등록을 했을 경우, 기계를 통과하면 손쉽게 통관通關이 가능하다. 홍콩 정부 입경사무처入境事務處의 통계에 의하면, 대륙과 홍콩 간의 최대 검문소인 로우는 2014년에 연인원 8714만 명이 통과했다. 단순 평균으로 1일 24만 명이 통관한 셈이다. 이는 같은 해의 JR 동일본 탑승 인원 수에 거의 필적한다. 홍콩과 대륙 사이에는 대도시의 터미널 역처럼 대량의 여객이 일상적으로 통관하고 있다.

또한 경제 면에서 '중국·홍콩 융합'도 진전되고 있으며 홍콩에서 인민폐 또는 중국 투자의 존재감은 증가 일로에 있다. 〈그림 1-3〉은 홍콩 증권거래소의 메인 보드 상장 기업의 '시가 총액' 규모에서 중국계 기업이 차지하는 비중을 나타낸 것이다. 주가의 변동에 따른 상하 움직임은 있지만 반환 이전에는 10%에 미치지 못했던 중국계 기업의 비중이 2006년 이래는 안정적으로 40%를 넘고 있다. 홍콩 증권거래소는 이미 중국 주식시

<그림 1-3> 홍콩 주식시장 시가 총액에서 중국계 기업의 비중

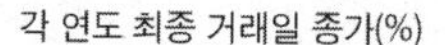

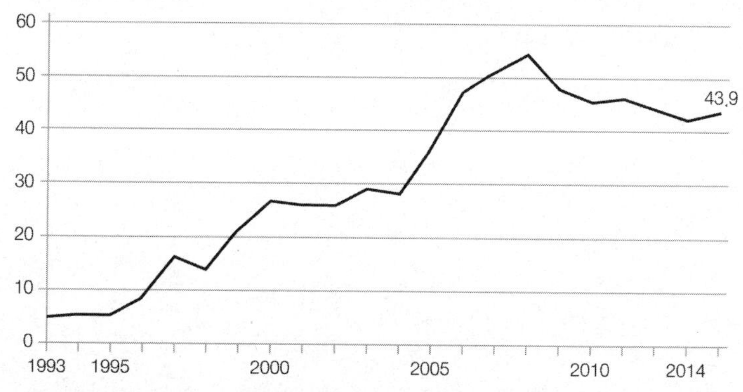

자료: 홍콩 증권거래소香港交易所 웹사이트에 기초해 구라다 도루가 작성, http://www.hkex.com.hk/chi/stat/smstat/chidimen/cd_mc_c.htm(2015년 8월 5일).

장의 하나가 되었다고 말할 수 있다.

이처럼 반환 이후 '일국양제'하의 홍콩은 어느 측면에서는 독립국가와 마찬가지의 존재로 볼 수 있는 한편, 다른 측면에서는 중국의 한 지방으로 규정되는, 대단히 복잡한 지위에 놓여 있다. 홍콩을 중국 대륙과는 다른 특별한 존재로 간주할 것인가, 아니면 중국의 일부로 보는가에 따라, 홍콩의 현황에 대한 견해, 있어야 할 모습 및 미래상 등의 묘사 방식도 때로는 180도 다르게 되어버린다. 중국에 어떻게 대처할 것인가 하는 문제는 홍콩에게도 주요한 주제인 것이다.

제2장

영국의 유산

: 식민지 구조와 자유

1. 식민지형 통치
2. 독재하의 자유
3. 자유의 한계
4. 미완의 민주화

홍콩의 구舊총독부 건물.
촬영: 구라다 도루(2014년 3월 16일).

1. 식민지형 통치

독재체제

'일국양제'란 '현상유지'와 '50년간 불변'을 그 기둥으로 삼고 있는 정책이며, 반환 이전의 홍콩을 기한이 설정되기는 했지만 온존시키는 것을 의미한다. 현재 홍콩의 정치와 사회의 구조는 식민지 시대에 영국이 구축한 골격 위에 성립되어 있다고 할 수 있으며, 이 책이 다루는 홍콩의 '정치적 자유'의 기원도 영국의 통치 시대에서 찾을 수 있다.

그렇지만 영국에 의한 통치는 그 구조를 보는 한에서 '자유'라고는 말하기 어려운 전형적인 식민지 통치 시스템이었으며, 종주국이 강권을 휘두르는 독제체제였다.

식민지 홍콩의 정치 체제의 정점에 서 있었던 것은 런던으로부터 파견되는 총독이었다. 초대 총독인 헨리 포팅저*Henry Pottinger*(재임 1843~1844년)부터 최후의 총독인 크리스 패튼*Chirs Patten*(재임 1992~1997년)까지 홍콩에 파견된 총독은 28명이었다. 홍콩 정치를 연구한 노먼 마이너스*Norman Miners*는 총독의 권력은 "민주주의 이전의 영국 국왕에 필적"할 만큼 강력하며, "만약 법적 권한을 최대한으로 행사한다면 총독은 자신의 의사를 정부의 전체 기관에 강제하여 과거의 정책을 모두 뒤집어엎고 홍콩을 완전히 혼란에 빠뜨릴 수 있다"라고 표현했다.

의회로서 입법평의회(입법국立法局, *Legislative Council*)가 존재했지만, 1985년까지 선거는 일절 행해지지 않았다. 멤버는 의장인 총독, 일부의 고관과 민간이 위임했는데, 재계 인사와 유력자만이 위임의 대상으로 1976년까지 의원은 무급無給이었다. 당시의 의원은 전문 정치가라고 말할 수 없는 명예직으로 총독에게 대단히 순종적이었다.

한편 각의에 상당하는 것이 행정평의회(행정국行政局, *Executive Council*)였다. 정치 고관과 주둔하고 있던 영국군 사령관 외에 대기업의 경영자, 학자 등 홍콩 사회의 중추를 담당하는 유력자가 멤버가 되는데, 통상적인 내각內閣에서의 대신大臣과는 달리 행정평의회 멤버에게는 담당 부서나 정책 영역이 할당되어 있지 않았다. 입법평의회와 마찬가지로 행정평의회의 멤버도 직업 정치가는 아니다. 행정평의회는 비공개이며 기록도 30년간 공개되지 않는다. 중요 정책이나 법안을 입법평의회에 제출하는 것의 옳고 그름 등에 대해서 총독이 행정평의회에 자문을 구하는 것이 의무사항이었지만 다수파의 의견을 무시하는 것도 허락되었다.

이와 같은 구성과 권한의 한계로 인해 행정·입법 두 평의회는 행정·입법기관이라기보다 총독의 자문기관으로 자리매김한다.

전후 민주화의 실패

이 독재체제는 식민지화 이래 1980년대의 민주화가 시작될 때까지 기본적으로 변하지 않았다. 그런데 제2차 세계대전 이후의 한 시기 동안 영국이 홍콩의 민주화를 시도했던 적이 있다.

민주화를 제안했던 이는 제2차 세계대전을 아우르며 홍콩 총독을 역임한 마크 영*Mark Young*(재임 1941년 9월 6~25일, 1946년 5월 1일~1947년 5월 17일)이다. 영은 1941년 9월 홍콩 총독에 취임했다. 그리고 곧바로 태평양전쟁이 발발하여 진주만 공격과 함께 같은 해 12월 8일에 일본군이 홍콩에 대한 공격을 개시했다. 영국은 12월 25일에 일본에 항복하고(일명 '블랙 크리스마스'라고 불림), 영은 일본군의 포로가 되어 대만과 일본, 만주滿洲에서 가혹한 포로 생활을 보냈다. 일본의 패전 이후 영은 1946년 5월에 다시 총독으로서 홍콩에 부임했다.

영 총독의 개혁안은 홍콩 역사상 가장 급진적이라고 말할 수 있다. 새롭게 '시의회市議會'라는 조직을 설치하고 그중 3분의 2를 홍콩의 화인과 비非화인이 선거를 통해 선발하는 민주화에 더하여, 관료에 화인을 증가시키고 영국인을 감소시켜 나간다고 하는, 탈脫식민지화도 포함되었다. 개혁안은 총독의 이름을 따서 '영 플랜*Young plan*'으로 불렸다.

당시 영국은 왜 홍콩의 민주화를 시도했을까? 홍콩중문대학香港中文大學의 역사학자인 존 캐롤*John Carroll*의 지적에 따르면 이 계획은 홍콩이 영연방英聯邦에 소속된 하나의 '도시국가'로서 독립할 가능성을 시야에 넣고 있었다. 그 때문에 홍콩의 화인의 정치적인 대표권을 강화하여 영국 통치를 환영하는 여론을 환기시키지 않으면 안 되었다. 영은 이 개혁을 통해서 홍콩 주민에게 캐나다, 호주, 뉴질랜드와 같은 대영제국大英帝國에 대한 귀속 의식을 육성하고자 생각했던 것이다(Carroll, 2007). 영국은 전후戰後 인도와 파키스탄, 버마(미얀마)의 독립을 인정했으며, 탈식민지화 및 민주화는 당시 영국 정부의 방침이었다.

영국 정부는 1947년 7월에는 원칙적으로 '영 플랜'에 찬성하는 입장이었지만, 거의 동시에 총독은 알렉산더 그랜섬*Alexander Grantham*(재임 1947~1957년)으로 교체되었다. 1920년대에 홍콩에서 근무했으며 반영反英 시위도 경험했던 그랜섬은 중국과 너무 가까운 홍콩의 화인을 영연방 신민臣

民으로 다시 만드는 것은 불가능하다고 보았으며, 홍콩은 다른 식민지와 달리 영구히 독립시키지 않고 영국의 식민지로 계속 남든지, 아니면 중국에 반환시켜 광둥성의 일부가 되는 두 가지 중 하나밖에 없다고 생각했다. 민주화에 회의적이었던 그랜섬은 총독으로 취임한 이후 '영 플랜'을 실행에 옮기지 않았으며, 결국 홍콩 민주화의 기회는 상실되었다.

민주화를 저해한 요인

이 시기에 민주화가 좌절된 원인은 무엇이었을까? 그것을 살펴보면 현재도 투쟁이 진행되고 있는 '홍콩 민주화' 문제의 어려움이 어디서 비롯된 것인지 알 수 있다.

우선 홍콩 내부의 기득권층의 반대가 있었다. 당시 홍콩 사회의 유력자는 영국 본국 정부 이상의 보수적인 태도로 개혁에 반대했던 것으로 알려져 있다. 이 구도는 보수적인 재계 인사들이 급진적인 민주화에 반대하는 현재의 홍콩에서도 변함이 없다.

그리고 영국 본국 정부의 의향도 중요했다. 영국 정부는 홍콩의 민주화 문제를 처리하는 데 중국과의 관계를 고려하지 않으면 안 되었다. 이 시기는 1946년부터 중국국민당과 중국공산당 간의 내전이 전면화되고, 중국국민당이 서서히 중국공산당에 압도되어 1949년 10월 1일에는 중화인민공화국이 성립하는 격동기이다. 홍콩에는 전란을 피해 대량의 난민이 유입되어 인구도 급증했고, 사회 문제(빈곤, 주택, 치안 등)도 심각했다. 영국 정부는 홍콩의 안전과 안정의 확보를 전제로 하여 민주화를 모색하지 않을 수 없었다. 그랜섬 총독은 자신의 회고록 『항구들을 통해: 홍콩에서 홍콩까지*Via Ports: From Hong Kong to Hong Kong*』를 통해 민주화된 의회에서는 중국 정치의 문제가 쟁점이 될 수밖에 없다고 지적하고 있다. 중국공산당과 중국국민당이 홍콩에서 스파이 전쟁을 벌였던 것은 사실이며, 1955년에는 '반둥 회의'에 출석하기 위해 저우언라이周恩來가 탑승 예정이던(실제로는 출발을 연기하고 탑승하지 않음) 홍콩 출발-자카르타 도착의 '카슈미르 프린세스 호'가 대만 측의 공작에 의해 폭파·추락하는 사건이 발생했다. 당시의 정세에서는 민주화에 상당한 리스크가 있었다.

그리고 무엇보다 중국도 홍콩의 민주화에 강하게 반대했다. 최근 공개된 영국 외교 문서에 의하면, 1958년 저우언라이 총리는 영국이 약간의 자치라도 홍콩에 부여하고자 하는 움직임에 대해 대단히 비우호적인 행동 또는 음모로 간주하고 경고했다. 1960년 화교사무위원회華僑事務委員會 랴오청즈廖承志• 주석은 영국이 민주화에 나설 경우 아무런 망설임 없이 홍콩을 "무력으로 해방한다"라고 논했다.

2. 독재하의 자유

민주는 없지만, 자유는 있다

그렇다면 이처럼 민주화가 전혀 진전되지 않고 19세기부터 크게 변함

• ——— 랴오청즈는 1938년 1월 홍콩 황후대도皇后大道 18호號에 '팔로군 주홍콩 판사처八路軍香港辦事處'를 비밀리에 설치하는 임무를 수행한 바 있다. 팔로군 주홍콩 판사처는 1942년 1월 철수했다. _옮긴이 주

<표 2-1> 프리덤 하우스의 '세계의 자유' 조사(2015년판)

	정치적 권리	시민적 자유	상태
중국	7	6	NF
인도	2	3	F
인도네시아	2	4	PF
일본	1	1	F
북한	7	7	NF
필리핀	3	3	PF
러시아	6	6	NF
싱가포르	4	4	PF
한국	2	2	F
대만	1	2	F
태국	6	5	NF
영국	1	1	F
미국	1	1	F
베트남	7	5	NF
홍콩	5	2	PF

자료: 프리덤 하우스 웹사이트에 기초해 구라다 도루가 작성, http://freedomhouse.org/report-types/freedom-world#.VbBp6MsVj4Y(2015년 8월 11일 검색).

이 없는 식민지형의 독재체제는 세상의 상식에 비추어 볼 때 아마도 '자유'와는 관계가 없을 것이다. 하지만 홍콩 사회는 민주주의가 전혀 결여된 상황에서도 비교적 고도의 자유를 누려왔던 것이다.

미국 '프리덤 하우스'가 매년 행하는 '세계의 자유' 조사에서는 전 세계 195개국과 15개 지역의 정치 체제를 망라하여 '자유롭다*F: Freedom*', '부분적으로 자유롭다*PF: Partly Free*, '자유롭지 않다*NF: Not Free*'의 3단계로 평가하고 있다. 〈표 2-1〉은 2015년판의 같은 조사의 일부를 발췌한 것이다.

우선 '자유롭다'는 서구·북미 국가들의 대다수와 일본, 한국, 대만 등에서, '자유롭지 않다'는 중국, 북한, 러시아 등이다. 홍콩의 평가는 1980년대 이래 꾸준히 '부분적으로 자유롭다'인데, 자세히 살펴보면 홍콩의 두드러진 특징이 존재한다. 이 조사에서는 지표가 '정치적 권리*Political Rights*'

와 '시민적 자유*Civil Liberties*'의 두 가지 범주로 나뉜다. '정치적 권리'에 속하는 것은 선거의 절차, 정치적 다양성과 참가 및 결사結社의 권리, 법의 지배, 개인의 자율과 권리 등으로 각각 1점이 최량最良, 7점이 최악最惡이라는 점수 평가를 행한다. 홍콩의 '정치적 권리'는 5점으로 낮은 점수이다. 이는 쿠웨이트, 모로코, 베네수엘라 등과 동점으로, 싱가포르의 4점보다 나쁘고, 일반적으로 '선진국'으로 일컬어지는 국가 중에서 5점인 나라는 없다.

이에 반해 홍콩의 '시민적 자유'는 2점으로 대만 및 한국과도 동등하며, 거의 선진 민주주의국가 수준의 자유가 있다고 평가되고 있다. 일본이 시민 사회의 성숙을 이유로 1점으로 승격되었던 것은 2014년의 일로, 그 이전까지는 홍콩과 같은 2점이었다. 이 밖에 2점 국가는 브라질, 그리스, 헝가리, 이스라엘 등으로 홍콩 외에 모두 전체적으로는 '자유롭다'는 평가를 얻은 국가 및 지역이다. 같은 조사에서 '정치적 권리'와 '시민적 자유' 사이에 3점 차이가 났던 곳은 홍콩과 부르키나파소(정치적 권리 6점, 시민적 자유 3점) 2개소뿐이다. 즉, 홍콩은 세계에서 가장 '민주는 없지만, 자유는 있는' 땅인 것이다.

'민주는 없지만, 자유는 있는' 상황은 홍콩이 반환되기 이전인 식민지 시기부터의 특징이다. 미국의 정치학자 로버트 달*Robert Dahl*은 그의 저서 『폴리아키*Poliarchy*』에서 민주주의에 불가결한 8가지의 조건을 제시하고 있다. 그것은 ① 조직을 형성하고 참가할 수 있는 자유, ② 표현의 자유, ③ 투표할 권리, ④ 공직으로의 피선출권, ⑤ 정치 지도자가 민중의 지지를 추구하며 경쟁할 권리, ⑥ 다양한 정보원情報源, ⑦ 자유롭고 공정한 선거, ⑧ 정부의 정책을 투표 혹은 기타 요구의 표현에 기초하도록 만드는 여러 제도이다. 홍콩중문대학의 정치학자 관신지關信基, *Kuan Hsin-chi*는 이들 중에서 민주화 이전의 홍콩은 ①, ②, ⑥의 세 가지 조건을 갖추고 있었다고 지적한다(Kuan, 2003). 환언하자면, 선거에 관한 ③, ④, ⑤, ⑦, ⑧은 그 어떤 것도 존재하지 않았는데, 그 이외의 정보나 언론, 집회 및 결사의 자유는 폭넓게 존재했다는 견해이다.

물론 후술하는 바와 같이, 반영 활동이나 공산당에 대한 지지 활동에는 탄압도 있었기 때문에, 홍콩의 자유에는 한계 또한 존재했다. 하지만 전후 1970년까지의 동아시아에서는, 중국 대륙에서는 마오쩌둥毛澤東이 독재체제 아래 정치 투쟁에 인민을 동원했고, 대만에서는 장제스蔣介石가 독립 운동을 강권으로 탄압했다. '양안삼지兩岸三地'라고 일컬어지는 중국 대륙, 대만, 홍콩 중에서는 상대적으로 홍콩이 가장 자유로웠다.

권력을 묶어놓는 것

당시의 홍콩 사회는 왜 식민지 통치하에서도 자유를 유지할 수 있었을까? 그 요인으로 우선 꼽을 수 있는 것은 위정자爲政者의 권력이 사실상 속박되어 있었던 점이다.

전술한 것처럼, 제도상 총독은 '국왕과 필적하는' 권한을 부여받았는데, 그것을 제멋대로 사용했던 것은 아니다. 대다수의 경우 총독은 런던으로부터 파견되어 부임했던 관료이며, 대부분이 식민지부植民地部의, 1970년대 이래에는 외교부의 관리로서, 다른 임지任地를 경험한 이후에 홍콩 총독으로 부임되었다. 당시 그들은 영국 본국 정부의 감독하에 있었다.

또 한 가지의 제약은 홍콩 현지로부터의 것이다. 장기간 홍콩에서 근무해왔던 현지 관리는 새로운 정책의 도입이나 개혁에 반항하는 일도 많았다. 홍콩 사회의 유력자도 반드시 총독의 정책에 협력적이었던 것만은 아니다. 총독은 외국인이고, 홍콩에 대해 충분한 지식을 갖고 있었던 것은 아니며, 해당 지역 사람들의 협력 없이는 통치가 불가능하다. 게다가 총독의 임기는 5년 정도로 관리들이 소극적 저항을 계속하고 총독의 긴급 이동으로 시한 초과에 내몰리게 될 수도 있다. '홍콩의 권력은 마사회*Jockey Club*, 자딘 매시선*Jardine Matheson Holdings Ltd.*, 홍콩상하이은행*HSBC*, 총독의 순으로 존재한다'는 소문이 있다. 발권 은행, 아편전쟁 당시부터 활약했던 대상사大商社, 홍콩의 유명 인사가 모이는 경마의 노름판 주인에게 총독 이상의 권력이 있다는 야유는 총독의 실권의 한계를 나타내고 있다.

한편 원격지 런던의 식민지부와 외교부도 총독 이상으로 홍콩을 잘 관리하지 못했고, 또한 자유롭게 다루지 못했다. 1918년부터 1958년까지의 런던과 홍콩 총독의 협상을 연구했던 가빈 유아*Gavin Ure*는 역대 홍콩 총독이 행정평의회·입법평의회의 민간인 멤버와 동맹하여 자신이 홍콩의 민심을 얻고 있음을 런던과의 교섭 카드로 삼았다는 것을 지적한다. 홍콩은 1958년에 런던에 의한 정부 예산의 승인을 면제받고 재정의 독립을 이루었다. 그 자율성은 도시국가에 상당하는 것이었다고도 일컬어지며, 런던의 역할은 한정적이었다.

런던과 홍콩 총독의 대립에 대한 기록도 남아 있다. 1970년의 총선거에서 대승을 거둔 보수당의 에드워드 히스*Edward Heath* 정권에서 외교·영연방 장관에 취임한 앨릭 더글러스흄*Alec Douglas-Home*은 당시의 데이비드 트렌치*David Trench* 총독에게 서한을 보내 홍콩이 우선적으로 처리해야 할 정책을 지시했다. 더글러스흄은 우선 교육 문제에 관해서 소학교의 무상 의무교육을 실현하도록 하고, 주택 문제에 대해서는 50만 명의 임시 거주자에게 주거지를 제공하도록, 그리고 정부 조직으로부터 독립된 옴부즈만 제도를 설치하도록 요구했다. 트렌치는 본국 정부의 간섭에 크게 불만을 품고, 이 건件에 대한 외무·영연방 관리와의 회합에서는 격노하며 △의무교육 도입에 맞추어 공산당 계통의 학교에 커리큘럼 작성을 강제하면 중국이 분노할지도 모른다는 것, △(당시의) 홍콩에는 대륙과 왕래하고 있는 어민과 수상 거주민이 있으며 의무교육의 제도화가 어렵다는 점, △주택 문제는 이미 검토 중이며 이것 이상으로 새로운 것은 무용하다는 점, △옴부즈만은 행정을 혼란하게 만들며 적당한 인재가 없다는 점 등을 들면서 런던을 향해 전면적으로 반론을 펼쳤다(李彭廣, 2012).

역사상 최장의 재임 기간을 과시하며 개명적開明的인 명名총독으로 칭해지고 있는 머레이 맥클레호스*Marray Maclehose* 총독에 대해서는 그와 런던 간의 대화를 추적한 사회학자 뤼다러呂大樂, *Lui Tai-lok*의 연구가 홍콩에서의 '맥클레호스 신화'를 뒤집었다. 1971년에 부임한 맥클레호스 총독은 원래 외교관 출신으로 전후 첫 식민지부 이외의 인물이었다. 그의 재임 중에 홍콩에서는 대폭적으로 사회 복지가 확대되어 공공 주택의 건설, 무상 의무교육의 개시, 교통 인프라의 정비, 노동 관련 법규의 제정 등이 이루어졌다. 특히 심각한 주택 사정이 크게 개선되어, 1983년에는 인구의 40% 이상이 공공 주택을 제공받았다. 악명 높았던 부패도 1974년 반부패수사기관•의 설립으로 현저하게 개선되었다. 1970년대는 현재의 홍콩 시민들이 전설적으로 미화하고 그리워하는 황금시대, 이른바 홍콩의 '3번가의 석양'•• 시대가 되었다.

그러나 뤼다러는 이 시기에 복지가 확대되었던 것은 중국의 산까이에 대한 조차 기한이 1997년으로 육박해오는 가운데 중국보다 우월한 통치를 행하여 교섭을 유리하게 한다는, 영국의 외교 목적에 의한 것이며, 총독의 개성이나 능력으로 이를 설명하는 것은 타당하지 않다고 한다. 맥클레호스는 런던의 대리인에 불과할 뿐이라는 것이다. 한편 노동당 정권은 저임금의 홍콩 제조업이 영국 본토 제조업에 타격을 주고 있는 것을 문제시하여 노동 조건 개선을 요구했는데, 맥클레호스는 이에 완강하게 저항했다. 여기에서는 거꾸로 총독이 홍콩의 이익을 우선시하고 런던을 방해했던 것이다(呂大樂, 2012). 또한 홍콩 정청 관료의 저항도 정책 실행을 방해했다. 맥클레호스의 치적으로 유명한 공공 주택 건설은 1972년 이래 10년 동안 180만 명에게 공공 주택을 제공한다는 내용으로 매년 4만 5000호戶가 기본적으로 건설될 필요가 있었다. 하지만 이 기간 중에 가장 많았던 것이 1982년의 3만 7000호로 목표에 도달하지는 못했다.

게다가 잠재적인 주권자로서 외부에서 홍콩을 감시했던 베이징도 홍콩의 정책의 폭을 제한했다. 1949년 10월 1일에 중화인민공화국 성립을 선언한 이후 남하해왔던 공산당군共産黨軍은 17일에 홍콩과의 경계인 선전深圳에 도달했다. 하지만 공산당군은 그 이후 홍콩에 침입하지는 않았

• ———— '총독특파염정전원공서總督特派廉政專員公署'를 지칭하며 1997년에 '염정공서廉政公署'로 개칭되었다. _옮긴이 주

•• ———— 사이간 료헤이西岸良平의 만화 『3번가의 석양三丁目の夕日』에서 기원한 말이다. _옮긴이 주

다. 중국은 홍콩을 외화의 획득, 정보 공작의 거점, 미국·영국 등 여러 외국과의 관계를 '장기적으로 고려하고, 충분히 이용한다長期打算, 充分利用'는 방침에 기초하여 즉시 영유를 지향하지 않고, 영국 통치를 계속하도록 했던 것이다. 그런데 만약 전쟁이 일어날 경우, 영국군에게 홍콩의 방위는 어려운 일이었다. 중국에 의해 군사 '해방'되는 사태를 초래하지 않기 위해서, 영국은 중국을 자극하는 일을 피하지 않을 수 없었고, 이는 당연한 일이지만 런던과 홍콩 정청의 정책의 폭을 제약했다.

이처럼 일견 독재적인 총독 권력은 현실에서는 런던, 홍콩 엘리트층, 베이징으로부터 다양한 형태의 제약을 받았다. 그리고 반드시 민주적인 것은 아니었다고 해도 독특한 '견제와 균형*check and balance*'의 구조가 강대強大한 권력을 지닌 자들 상호 간에 존재했던 것이다.

당국과 사회 간의 거리

시민적 자유의 요인으로서 동시에 중요한 것은 정치로부터의 간섭이 적다는 점이다. 일본이 통치하는 대만에서 태어난 후에 홍콩으로 건너갔던 실업가實業家이자 나오키상直木賞 수상 작가인 추융한邱永漢은 영국인이 홍콩에서 "자국의 풍속 관습을 피통치자에게 강제하는 행동 방식은 하지 않았던" 한편으로 홍콩의 중국인은 "영국인이 통치하고 있더라도 스스로 독자의 사회를 구축해서 통치자와는 분리된 생활권을 형성"함으로써 "영국인과 최대한 관계하는 것을 피하고 그 존재를 무시했다"고 논하고 있다(邱永漢, 1997). 통치되고 있는 화인이 '무시'할 수 있을 정도로 정치권력은 시민 사회로부터 거리를 두었던 것이다.

홍콩 연구의 선구자인 류자오자劉兆佳, *Lau Siu-kai*(홍콩중문대학)는 홍콩의 정치·사회 체제를 '최소한으로 융합된 사회-정치 시스템*minimally-integrated social-political system*'이라고 불렀다.

압도적인 다수의 화인을 외래 정권이 지배하는 체제로, 정청이 사회에 깊이 관여하며 간섭하는 것은 저항과 반발이라는 불필요한 리스크를 수반하게 된다. 정청은 자율적인 관료 통치를 유지하기 위해서 화인 사회에 대한 간섭을 피하고 정치화를 피함으로써, 안정을 유지하고자 했다. 그 때문에 홍콩의 정치는 탈脫이데올로기화되어, 경제적 번영과 사회 안정 등이 우선시되었다.

한편 홍콩의 화인 사회는 '난민 사회'라고 하는 특징을 갖게 되었다. 1945년 8월 종전 시에 60만 명이던 인구는 그 이후 대륙에서 발발한 내전으로 다수의 난민이 유입됨으로써 1949년에는 186만 명에 달하게 되었으며, 이민의 유입은 계속되었다. 즉, 홍콩 인구의 대다수는 전후에 유입된 사람들이었다. 그들 '난민'의 첫째 바람은 생존이며, 이들은 정치적 요구를 정부에 들이댈 수 있을 정도의 힘은 갖고 있지 않았다. 또한 난민·이민자들 중 대다수가 홍콩을 '잠정 거주지'로 생각했다. 그들은 홍콩 반환이 타결된다면 고향에 돌아가거나 구미 국가로 이민 간다는 발상으로 머물며 홍콩의 정치에 관여할 필요를 생각하지 못했다. 만약 그 어떤 불만을 정청에 호소하기 위해 나서더라도 정청의 영국 관리에게 전하려면 영어가 필요하므로 단념할 수밖에 없는 자도 많았다.

그러한 자들이 의지했던 것은 가족이었다. 홍콩의 화인 사회는 주로 가족·종족 집단의 집합체이며, 각각의 가족 집단은 사회 전체보다 자기가 속해 있는 집단의 이익을 중시했다. 그들은 필요에 부응하여 자금과 정보 등을 상호 간에 융통하고 정부에 의존하지 않으며 사회 복지의 부족을 메웠다. 류자오자는 이와 같은 가치 경향을 '공리적 가정주의家庭主義'라고 칭한다. 지금도 홍콩에서는 일족一族의 단결이 굳건하며, 유력有力한 가족은 계도系圖(족보)를 소중히 여기고, 이민 등으로 세계에 흩어져 있더라도 정기적으로 대집회를 연다. 홍콩으로 시집간 일본인 여성의 대다수는 매주 주말 거행되는 일족의 음차회飮茶會에 질린 표정을 짓곤 한다. 하지만 이것은 '난민들'이 살아남기 위한 지혜의 잔영殘影이라고 말할 수 있을지도 모른다.

전통적인 중국인의 정치적 무관심에 더하여, 정치적 억압을 피해서 홍콩으로 도망 왔던 자들의 경험으로부터, 주민의 대다수가 정치 참가 그 자체에 대해서 부정적이었다. '정치'와 '정당' 등의 말에서 칙칙하게 스며 나오는 '권력 투쟁' 또는 '내란' 등의 나쁜 이미지를 갖고 있는 홍콩인이 적지 않다. 영국의 홍콩 정청이 간섭하지 않는 한, 정치 참가의 의욕을 갖고 있는 자는 다수가 아니었던 것이다.

이처럼 정부와 사회의 분리 상황은 식민지 지배의 최초 시기로까지 거슬러 올라간다. 원래 지배층과 피지배층은 거주하는 장소가 나뉘어져 있었다. 정청은 당초부터 센트럴(중환中環)의 중심가를 유럽인의 전용 거주구로 정하고 화인을 강제 이주시켰다. 그 이후에도 홍콩섬 최고봉인 빅토리아 피크*Victoria Peak*(태평산太平山) 정상 주변 등 조건이 좋은 주거지를 유럽인 전용으로 하는 법령이 차례로 정해져, 그것이 전폐全廢된 것은 1946년이었다. 유럽인은 화인 거주구의 냄새와 소음, 즉 노천 시장과 향내, 종교 의식에서의 악기 연주와 폭죽, 물건 파는 상인이 내는 시끄러운 소리에 불만을 갖고 있었다.

또한 인플루엔자에 '홍콩형'이라는 이름이 남겨진 것에서 알 수 있듯이, 홍콩은 역병의 다발 지대이기도 했다. 각지의 영국 식민지 도시와 마찬가지로 홍콩에서도 유럽계 기업 및 유럽인이 가장 살기 좋은 땅을 차지하고, 화인들은 산기슭이나 해안가에 작은 집을 짓고 거주했던 것이다. 1858년에 존 보링*John Bowring* 총독은 "현지인과 유럽인은 거의 완전히 격리되어 있으며 인종 간에 사교가 있다는 말은 듣지 못하고 있다"라고 말했다. 물론 유럽인을 위해 더부살이하는 노동자나 초기부터 경계에서 활약했던 화인 상인, 서양식 교육을 받은 자도 있으며, 서양인과 화인이 완전히 교섭이 없는 상태였다고 할 수는 없지만, 류자오자에 따르면, 양자 간의 교류는 '최소한'이었다고 할 수 있다.

이것은 인종 차별적인 격리 정책이었는데, 거꾸로 말하자면 극히 소수의 지배자들이 자신의 고급 주택가에 '틀어박혀 있는' 상황이기도 하다. 1948년 10월부터 1954년 4월까지 홍콩에 거주했던 추융한은 "90% 이상을 차지하는 중국인이 거리에 넘쳐나 영국인은 거의 눈에 보이지 않았다. 산의 위라든지, 해피 밸리*Happy Valley*라든지, 주룽반도 측의 침사추이, 주룽탕九龍塘, *Kowloon Tong*에 외국인이 거주하는 고급 주택지가 있으며, 거기에서는 자가용 차량과 쇼핑하러 가는 아마阿媽(사용인)의 모습을 목격할 수 있을 정도이기 때문에, 과연 영국인이 거주하고 있는 것인가 하고 수긍하지 못할 분위기였다"라고 회상한다(邱永漢, 1997). 이민족 지배로 인해서 정부로부터 거리를 유지할 수 있었던 홍콩의 화인 사회는 간섭이 적은 자유로운 상황에 놓였던 것이다.

경제 활동의 자유

한편 홍콩 사회에서 특히 중요했던 것은 경제 활동의 자유였다. 당초부터 자유 무역항으로서 무관세·저세율의 정책 아래 발전을 이루어왔던 홍콩은 반환 이후의 현재에 이르기까지 세계에서 가장 자유로운 경제를 자랑하고 있다. 전후의 홍콩은 이른바 '아시아의 네 마리 용'의 하나로서 급속한 경제 성장을 실현했는데, 나머지 세 마리의 용, 즉 한국, 대만, 싱가포르와 비교해서 정부의 경제에 대한 간섭이 적다는 것이 특징이다.

정부의 시장에 대한 간섭이 전혀 없었던 것은 아니다. 『네 마리의 작은 용*The Four Little Dragons*』의 저자인 에즈라 보겔*Ezra Vogel*은 많은 경제학자들이 홍콩이 자유시장 경제의 성공 사례라고 역설하지만, 1970~1980년대의 도로·철도·항만 등 인프라 정비, 공적 자금에 의한 공업 용지의 개발 등을 예로, 홍콩의 성공은 정청에 의한 바가 큰 것으로 보았다. 하지만 보겔 역시 정부가 주도성을 촉진했던 것은 민간 부문이며, 기업에 대해서는 그 어떤 직접적인 구제救濟도 하지 않았다고 했다. 그것 자체가 주변 국가 및 지역과 비교했을 때 홍콩의 특수성이었다. 한국, 대만, 싱가포르처럼 국영기업에 의한 기간 부문의 지배나 중공업화 정책은 홍콩에서 취해지지 않았다.

'경제 자유도' 랭킹에서 홍콩을 맹추격하고 있는 싱가포르에 대해서도 보겔은 리콴유李光曜 전前 총리 등이 "정부 주도의 기업을 선호하며 사회보장, 주택 공급, 의료에 대해서도 정부가 책임을 져야 한다고 계속 믿어

왔다. 싱가포르는 홍콩의 자유시장 자본주의와는 대단히 대조적이었다"라고 지적한다. '네 마리의 용'은 그 어느 곳이나 협소한 국토와 냉전이라는 악조건을 극복하며 수출 지향 공업화로 경이적인 성장을 이루었다는 공통점은 있지만, 장제스·박정희·리콴유 등의 강권을 휘두른 카리스마적인 정치 지도자가 없었던 홍콩을 대만, 한국, 싱가포르와 동일하게 '개발독재'라고 부르는 것에는 위화감을 금할 수 없다.

공업화의 입구에 진입했던 1950년대에 홍콩의 신흥 공업의 경영자는 산업 진흥책을 강하게 요구했지만, 정청은 토지·금융에서 특정 산업의 우대 정책을 취하지 않고 전후를 통해 자유시장 경제에 구애받았다. 사회학자 자오융자趙永佳, *Stephen Chiu*는 이것을 '홍콩 예외주의'라고 부른다. 아시아 신흥공업국*Newly Industrialized Economies: NIEs*이 특정 부문의 지원과 산업 정책을 추진하는 한편, 왜 홍콩은 다른 제3세계의 공업화를 모방하지 않았던 것일까? 자오융자는 정부의 자금상의 제약과, 정부와 상업 및 금융 부르주아 간의 동맹 관계로부터 이를 설명한다.

정청의 확립 이전부터 홍콩에서는 무역상이 활약했는데 그들은 정청을 열심히 밑받침해왔으며, 정청도 상인들을 입법평의회의 민간 멤버로 초빙함으로써 동맹 관계를 구축했다. 상인들이 요구했던 것은 저세율과 균형 재정으로, 상인들은 증세에 강하게 저항했다. 한편 홍콩 정청은 영국 본국으로부터 식민지 재정의 자급자족을 요구받았다. 저세율, 무관세, 민간 경제 주체 등의 상황 아래에서 '균형 재정의 엄수'가 가해지자, 홍콩 정청은 사용할 수 있는 재원財源에 제한을 받는다. 또한 전후 홍콩의 공업 발전은 종주국의 산업에 타격을 주었기 때문에, 영국 본국은 홍콩에 섬유

제품의 수출 자숙을 요구하는 등, 종주국의 의향도 홍콩의 공업화 정책에는 유리하게 작용하지 않았다. 홍콩 정청의 경제 정책의 폭에 제한이 따랐던 것이다.

살아도 죽어도 오직 자유

그래서 아름다운 말로 표현하자면, 홍콩은 전후 공평하고 공정한 법제도 및 세제 아래에서 특정 산업에 대한 편파적인 불공정함이 없는 자유경쟁의 경제를 지켜왔다는 것이 된다. 하지만 그 실태는 초과밀 난민도시에서의 노골적인 경쟁이다. 주민, 특히 압도적 다수의 난민과 별반 다를 바 없는 중국계 주민에게는 자력으로 생존을 위해 버틸 수밖에 없는 가혹한 환경이기도 했다.

추융한에 따르면 홍콩에서는 은행 등의 특수한 라이선스가 있는 업무, 의사 등의 전문자격이 있는 직업을 제외한다면, 대체적인 업무는 자유롭게 영업할 수 있으며, 수완에 자신이 있다면 그 어떤 직종에도 취직이 가능하다. 또한 자본소득에 대한 과세가 없기 때문에 경마, 주식시장, 금 거래, 판돈이 걸린 마작, 외환 거래, 부동산 등 다양한 '도박'이 존재하는 한편, 자유 경쟁의 원칙이 노골적으로 작용하며 "경쟁에서 패배한 쪽이 나쁘다"라는 인식이 전제이므로 홍콩은 전체가 거대한 카지노와 같다고 표현한다. 대만의 '정치 난민'으로서 홍콩에 도피했던 자신의 체험을 반영한 '나오키상 수상작' 『홍콩香港』에서 추융한은 등장인물을 통해 다음과 같은 말을 토로하고 있다.

우리는 자유를 사랑하여 고향을 버렸다. 우리는 자유를 추구하며 이 땅에 왔다. 하지만 우리에게 주어졌던 자유, 그것은 멸망하는 자유, 굶어 죽는 자유, 자살하는 자유, 무릇 인간으로서 실격失格하지 않을 수 없도록 하는 종류의 자유인 것이다. 이러한 생활을 하면서 아직 선량한 시민의 근성으로부터 벗어나지 못하고 있는 대단히 무신경한 야랑野郎이다. 돈뿐이다. 돈만이 의지할 수 있는 유일한 것이다.

그러나 전후 홍콩에서는 적어도 경제적 자유 중에 많은 기회가 존재하여, 벌거숭이에서 백만장자의 부를 얻고, '홍콩 드림'을 실현한 자도 출현했다. 아시아 제1의 부호가 된 리자청李嘉誠, *Li Ka-shing*의 성공담은 홍콩의 20세기 역사라고 말해도 과언이 아니다. 1928년에 광둥성 동부에서 태어난 그는 11세에 중일전쟁의 전란을 피해 홍콩으로 이주했다. 15세에 부친이 타계한 뒤 학교를 그만두고 일하러 나선 그는 1950년에 독립하여 플라스틱 가공 공장의 경영을 시작했다. 후에 조화造花 제조로 대성공을 했고 이것은 '홍콩 플라워'라고 불리는 특산품이 되기도 했다. 리자청은 부동산업에 진출하여 1970년대에 이것으로도 성공하자, 다양한 기업을 매수하고 호텔·해운·편의점 등의 업계에 진출하여 홍콩 화인 재벌의 필두, 아시아 제1의 대부호大富豪로 올라섰다. 미국 ≪포브스≫의 2015년도 세계 억만장자 리스트에 의하면 리자청은 자산 333억 달러로 세계 제17위, 아시아에서는 제1위이다.• 중국 대륙에서 허락하지 않고 있는 '돈 벌

• ——— ≪포브스≫의 2019년도 홍콩의 부호 리스트에서도 리자청은 제1위를 기록했다. _옮긴

수 있는 자유'가 홍콩에는 존재했던 것이다.

3. 자유의 한계

금지된 활동

이제까지 살펴본 바와 같이, 식민지 시기의 홍콩은 식민지이면서 '고도의 자유'가 유지되었는데, 비민주적인 통치 아래에서는 특히 반영 및 공산당 지지 활동이 엄격한 규제하에 있었다.

1921년에 성립한 중국공산당은 초기부터 홍콩에서도 활동했다. 1925~1926년 광둥성과 홍콩에서 확산되었던 반영의 '성항省港 파업'에는 중국국민당과 중국공산당 쌍방이 관여했다. 또한 중국국민당에게 압박을 받았던 중국공산당 지도자들은 한 시기 그 대다수가 홍콩에 몸을 숨겼으며, 저우언라이도 1927년에 병환 요양을 위해 홍콩을 방문했다.

중국공산당이 관여하는 노조의 파업은 전후에도 홍콩 정청의 골머리를 썩였으며 대륙의 내전 시기에는 중국공산당의 위협이 증대했다. 1949년 3월 8일 영국 정부의 각의로 홍콩에서 중국공산당의 활동에 엄격한 조치를 취한다는 방침이 결정되자, 홍콩 정청은 주민과 단체를 관리 및 규제하는 법규를 다수 제정했다. '사단조례'는 홍콩의 사회 단체에 등록을 의무사항으로 하고 단체의 정치 활동과 외국 단체의 홍콩 지부 설치를 금

이 주

지했다. 전체 주민에게 신분증 취득을 의무화하는 조례, 간단한 심사만으로 불법분자를 추방할 수 있는 조례도 가결되었다. 수용소 건설도 인정되었다. 1949년 11월에는 36개의 중국공산당 계통의 합창단·극단·학회 등에 대해 해산 명령이 내려졌다. 그중 몇 가지는 10월 1일 중화인민공화국 성립 기념일에 마오쩌둥의 초상을 내세우며 축하 대회를 열었다.

1970년대에는 홍콩에서도 학생 운동이 활발해진다. 1970년 학생과 시민 단체는 중국어 '공용화 운동'을 전개하고, 여름에는 홍콩중문대학의 학생이 대학 예산의 삭감에 항의하는 연좌 항의 및 시위를 행했다. 1971년 2월 28일 홍콩에서 처음으로 '보조운동保釣運動', 즉 댜오위다오釣魚島 수호 운동으로서 일본 총영사관에 대한 시위 행진이 이루어졌다. '보조운동'은 자주 경찰과 충돌했는데, 7월 7일의 빅토리아 공원 집회가 허가를 얻지 않았다는 이유로 경찰이 무력 해산에 나서 유혈 사태가 발생했다.

1974년 홍콩 정청이 중국계 주민의 공무원 등용을 확대하는 가운데 당시의 정청 이인자인 보정사輔政司, *chief secretary* 데니스 로버츠*Denys Roberts*가 본국을 향한 보고에, 모든 상황에서 반드시 영국인이 담당해야 할 자리라고 하며 총독 및 보정사에 나란히 안보사安保司, 경무처장, 정치부政治部 처장, 일부 정치부 역인役人을 들고 있다(李彭廣, 2012). 재정사財政司(재무부)와 율정사律政司(법무부) 등의 보다 고급 직책에 우선하여 경찰의 일인자와 영국 MI5(보안사)에 의해 지휘되는 특무기관인 정치부를 들고 있는 것은 통치자의 위기 의식과 그 반증이라고도 할 수 있는 정청의 강권적인 본질을 상징하고 있다.

1967년 홍콩 폭동

시대는 다소 거슬러 올라가는데, 특히 1967년의 홍콩 폭동에 대해서 언급해보도록 하겠다. 전후 홍콩 정청의 강권적인 측면이 가장 유감없이 발휘된 것이 이 홍콩 폭동에 대한 대응이었다.

1967년 5월 리자청이 경영하는 주룽의 조화造花 공장에서 발생한 노동 쟁의가 정청 비판의 정치 운동으로 바뀌어 배후에서 홍콩의 공산당 조직(좌파) 및 광둥성의 홍위병紅衛兵 조직이 이를 지원하고 폭동으로 번졌다. 8월에는 좌파의 시한 폭탄 테러가 시작되어 6개월 이상의 혼란 끝에 사망자, 부상자, 체포된 자, 비밀리에 추방된 자가 다수 나왔다. 라디오 프로그램의 평론가•가 불타서 죽는가 하면, 어린이가 폭탄에 희생되어 좌파는 사회의 반감을 샀다. 홍콩 정청은 이러한 여론을 계기로 폭동 참가자에게 엄격한 심문을 행하고 형벌을 부과했다.

정치학자 예젠민葉健民, *Ray Yep Kin-man*이 홍콩 정청의 기록에 기초하여 분석한 바에 의하면, 공식 기록상 폭동으로 인한 사망자는 51명, 부상자는 848명, 처리된 시한 폭탄(가짜 폭탄을 포함) 7340발, 실형이 부과된 자는 2077명에 달한다. 예젠민이 기록을 확인할 수 있었던 634명의 체포자 중에서 46%는 불법 집회 등의 사소한 죄였다. 하지만 무기 소지 죄를 범한 자와 함께했다는 이유로 평균 3년 정도의 형을 부과하는 등, 사소한 죄에도 엄한 형벌의 경향이 보였다. 근거로 간주된 것은 1922년에 제정

• ——— '홍콩상업라디오Commercial Radio Hong Kong'에 소속되어 있었던 린빈林彬, Lam Bun을 가리킨다. _옮긴이 주

된 긴급조치 조례•로 총독은 긴급 사태에서는 행정평의회의 의결을 거쳐 공공의 이익이 된다고 간주되는 모든 법령을 공포할 수 있다고 되어 있다. 또한 영국 본국과는 달리, 정부에 의한 정식의 긴급 사태 선언을 필요로 하지 않으며 아울러 1967년 폭동의 한가운데에서 수정을 통해 무기 몰수 및 장소의 봉쇄, 시민의 개인 정보 제공 및 선동적인 자료의 소유 및 배포의 금지, 선동 연설의 금지, 불법 집회 적발 등의 다양한 권한이 경찰에 부여되었다. 또한 홍콩 정청에는 장기 구속의 권한도 주어져, 치안을 이유로 재판 없이 1년간 구류가 가능한 것으로 간주되었다. 환언하자면, 런던의 동의마저 있다면 정청은 그 누구라도 마음대로 체포할 수 있었던 것이다.

1968년 이래는 치안이 서서히 회복되고, 중국의 상황에 대한 배려 차원에서 감형도 실시되어, 폭동에 관한 전체 용의자가 형기 만료 등으로 석방된 것은 1973년의 일이었다(葉健民, 2014).

1967년 명문 학교 세인트폴 칼리지*St. Paul's College*의 6학년생(고등학교 3학년생에 해당)인 18세의 쩡더청曾德成, *Tsang Tak-sing*은 교내에서 식민지주의에 반대하는 전단을 배포했다는 이유로 1969년까지 2년간을 옥중에서 보

• ──── 정식 명칭은 '긴급 상황 규칙 조례緊急狀況規則條例'이다. 2019년 10월 4일, 홍콩 정부는 52년 만에 긴급조치 조례를 다시 발동해 '복면 금지覆面禁止 규칙'의 시행을 결정했다. 복면 금지를 위반했을 경우, 최고 금고禁錮 1년 또는 2만 5000홍콩달러(한화 약 380만 원)의 벌금이 부과된다. 한편 홍콩 정부는 긴급조치 조례를 통해 마스크 착용의 금지(의료용 등은 제외), 통신의 차단, 출판물의 검열, 체포 및 구류, 항구와 선박의 관제管制, 수출입 등의 경제활동을 제한할 수 있다. 이와는 별도로 홍콩에는 긴급 사태와 관련된 법규로서 집회가 3개월을 넘지 못하도록 금지할 수 있는 '공안 조례公安條例'가 존재하며, 치안 유지 및 재해 구조 등을 목적으로 중국 정부에 주둔군의 출동을 요청하는 것 등을 규정하고 있는 '홍콩 기본법'도 존재한다. _옮긴이 주

냈다. 그 결과, 쩡더칭은 대학에 진학할 수 없었는데, 좌파계 신문의 기자 등을 거쳐 2007년에 홍콩 정부의 민정사무국장에 취임하여 2015년까지 근무했다. 쩡더칭은 국장으로서는 유일하게 전과가 있는 자였다.

'추방' 처분

이제까지 '홍콩으로부터의 추방'에 대해 수 차례나 다루었는데, 이것은 홍콩 특유의 엄격한 단속 수단이다. 홍콩에서는 식민지 통치의 초기부터 범죄자나 야쿠자, 정치 활동가 등을 추방 처분했다. 중화민국의 '국부國父' 쑨원孫文도 과거에는 홍콩에서 배우고 혁명을 준비했지만, 1895년에 광저우에서의 봉기에 실패하여 중영 관계를 우려한 홍콩 정청에 의해 추방되어 일본으로 망명했다.

1950년대 초에는 많은 좌파 인사가 홍콩 정청 정치부 소속 인물에 의해 심야에 자택에 연금되고, 심문도 이유에 대한 설명도 없이 "총독이 당신을 싫어하고 있다"라는 한마디 말로 추방 처분을 받았다고 한다. 1946~1961년에만 홍콩 정청은 2만 3462통의 추방 영장을 발행했다. 무엇보다 추방은 '정부 직원이 대륙과 홍콩의 경계에 있는 로우의 다리로 연행한다'는 처분이며, 중국 측이 받아들이지 않으면 '추방'은 실현되지 않는다. 중국 측이 거부한다면 그 인물은 홍콩에서 무기한으로 구류되며, 1946~1961년 동안 그러한 형태로 구류된 자는 4만 명에 달했다고 한다.

'추방' 처분을 받은 자들 중에서도 쩡자오커曾昭科, *John Tsang Siu-fo*는 기구한 운명을 경험했던 인물이다. 그는 홍콩 경찰의 간부로 일본 와세다대학과 교토제국대학京都帝國大學에 유학했던 경험도 있으며, 영어·일본어·광둥어·베이징어에 정통하며 사격의 명수로서 그랜섬 총독의 경호원으로도 근무했다. 하지만 베이징의 스파이라는 것이 발각되어 1962년 추방 처분을 받았다. 그 해 10월 1일의 국경절에 쩡자오커는 베이징의 톈안먼에 초대되었다. 과거에 저우언라이 총리의 폭살爆殺을 노렸던 '카슈미르 프린세스 호'의 폭발 사건을 사전에 감지하고 베이징에 이 정보를 전하여 저우언라이의 목숨을 구했던 것으로 알려진 공적이 높게 평가받았던 것으로 보인다. 그 이후 쩡자오커는 광저우의 대학에서 교수 등을 역임하고 2014년 12월에 사망했는데, 시진핑習近平 중국 국가주석이 그의 장례에 조전弔電을 보내기도 했다.

이와 같이 홍콩 정청은 적극적으로 반영 및 공산당 지지 활동을 하는 자에 대해서는 식민지의 노골적인 악법을 적용하고 혹독한 탄압을 가했던 것이다.

4. 미완의 민주화

반환 문제의 부상과 민주화의 개시

결국 식민지 시대의 홍콩의 '자유'는 인권 사상과 도덕이 밑받침되었던 것이기보다 정부로부터 거리를 유지하는, 혹은 방치되는 것이었으며 정치적 자유에는 명백한 한계도 존재했다. 하지만 영국은 홍콩이 반환되기까지 최후의 20년 정도 기간에 대규모의 개혁을 행했고 홍콩의 정치 상황에는 중대한 변화가 발생했다. 점진적·단계적 민주화의 실시가 그것이다.

1981년 홍콩 정청은 지구 행정기관 '구의회區議會'의 설치에 착수했다. 1982년 3월 4일, 홍콩 역사상 최초의 보통 선거가 구의회 의원 선거의 일부에 대해 실시되었다. 이 민주화의 시동이 반환 문제와 크게 관련되어 있다는 것은 상상하기 어렵지 않다. 조차한 산까이의 반환 기한은 1997년이었다. 영국은 홍콩 통치를 계속하고자 희망했지만 1979년에 맥클레호스 총독이 베이징을 방문했을 때, 중국의 최고지도자 덩샤오핑은 영국이 홍콩을 계속 통치하려는 의향에 명확하게 거부를 표시하고 홍콩 회수 가능성을 언급했다고 한다. 맥클레호스는 홍콩에 미칠 충격을 배려하여 "투자가는 안심해도 좋다"는 덩샤오핑의 전언만을 발표하고 중국의 홍콩 회수 의향에 대해서는 언급하지 않았는데, 당시 홍콩 정청의 고관(후에 공공정책 학자)인 존 월든*John Walden*은 맥클레호스가 베이징에서 돌아오자마자 바로 구의회 설치 준비에 들어갔다고 증언했다(Lo, 1997). 반환 이전에 민주화를 진전시켜 둔다면 영국 정부도 영국 의회에 홍콩 반환을 납득시키기 쉬울 것이라는 계산이 있었던 것이다. 환언하자면 민주화는 시민의 바람이 아니라 영국 정부의 의사에 의한 '위로부터의 민주화'로 시작되었다.

1982년 9월 24일 베이징에서 마거릿 대처*Margaret Thatcher* 총리와 덩샤오핑이 회담하여 중영 교섭이 시작되었다. 중국의 강한 태도에 영국은 반환을 받아들이지 않을 수 없었고, 1997년 7월 1일로 △중국에 홍콩을 반환한다, △중국은 반환 이후 '일국양제' 방식으로 통치한다는 내용의 '중영공동성명'이 1984년 12월 19일에 조인되었다. 이날부터 홍콩은 13년간의 반환 과도기에 들어갔다.

공동성명은 반환 이후의 정치 체제에 대해서 '행정장관은 현지에서 선거 또는 합의에 의해 선출된다', '홍콩의 입법기관은 선거로 선출된다'는 두 가지 점을 명기했는데, 구체적인 선거 방법 등에 대한 상세한 규정은 하지 않았다. 데이비드 윌슨*David Wilson* 총독은 성명에 대해서 "우리는 『브리태니커 백과사전』처럼 책을 쓰고자 했으나 중국 측이 요구했던 것은 A4 두세 장의 문서였다"라고 회고했다(Wilson, 1996).

어쨌든 입법부는 선거로 선출된다고 명기한 것은 중요했다. 정부는 1985년부터 입법평의회에 간접 선거를 실시한다고 발표하여 영국은 민주화를 가속화했다.

중국의 반발과 중영 협조

중국은 이러한 민주화의 움직임을 견제했다. 1985년 11월 홍콩에서 중국공산당의 사실상 일인자인 신화사新華社 홍콩 분사장分社長 쉬자툰許家屯•은 회견에서 "일부 사람이 중영 공동성명으로부터 일탈하고 있다"라고 영국 정부를 비판했다. 성명은 홍콩의 '현상유지'를 약속하고 있는데, 영국은 과도기 13년 동안을 이용해서 '현상'을 철저하게 바꾸고자 하고 있다는 주장이다. 중국의 반발에 영국은 교섭을 거듭하여 민주화의 속도를 조정했다. 그 과정에서 중영 양국은 반환 이후의 선거 제도에 대해서도 논의했다. 1985년 7월 중국 정부는 '홍콩특별행정구 기본법'(제1장 참

• ———— 1916년 장쑤성 루가오현如皐縣에서 출생했고, 본명은 쉬위안원許元文이다. 중국공산당 장쑤성 위원회 제1서기, 중국공산당 홍콩-마카오공작위원회港澳工作委員會 서기, 신화사 홍콩 분사장(재직 1983년 6월 30일~1990년 1월15일), 중국공산당 제11기, 제12기 중앙위원, 중국공산당 중앙고문위원회 위원, 제4기~제6기 전국인대 대표 및 제7기 전국인대 상무위원 등을 역임했다. 톈안먼 사건 이후 1991년 3월 중국공산당 당적이 박탈되었다. _옮긴이 주

조)의 기초위원회를 설치했다. 영국의 민주화와 병행하여 중국도 반환 이후의 홍콩 통치 준비에 들어갔던 것이다.

중영 간에 합의되었던 것은 1997년 7월 1일의 반환 시점에 제도 변경을 최소화고 평온한 반환을 실현하기 위해서 기본법이 정하는 반환 직후의 정치 체제와, 반환 시점에서 영국이 남긴 체제의 구성을 일치시키는 '수렴'이라는 방법이었다. 이것에 의해 영국의 민주화는 반환 시점의 목표를 정하고 일방적으로 급진적인 개혁이 허락되지 않는 것과 동시에, 중국도 반환 시점의 스타트 지점을 정하여 이것을 전제로 반환 이후의 정치 체제를 정하지 않으면 안 된다. '수렴'은 '현상유지'의 '현상'을 어떻게 규정할 것인가 하는 문제를 둘러싼 양국 간 타협의 산물이었다.

톈안먼 사건과 기본법

이런 논의의 한가운데에 중국에서 세계를 놀라게 만드는 대사건이 발생했다. 1989년 6월 4일 베이징의 톈안먼 광장에서 인민해방군이 민주화를 요구하는 학생과 시민을 무력으로 진압했는데, 일설에는 수천 명이나 되는 것으로 알려진 대량의 사망자가 발생한 '톈안먼 사건'이 그것이다.

4월 이래 홍콩에서는 톈안먼 운동에 호응하여 중국의 민주화를 지원하는 대규모의 시위와 집회가 열렸는데, 이 최악의 결과에 큰 충격을 받았다. 운동 과정에서 자유민주적인 사회 단체와 정치 조직이 '민주파'로서 시민의 지지를 모았다. 5월 21일 '100인 시위' 당일에는 입법평의회 의원 겸 교사인 쓰투화司徒華, *Szeto Wah*를 대표로 하는 '홍콩 시민 지원 애국민주운동회 연합회(홍콩동맹)香港支連會'가 탄생했다. 이듬해인 1990년 4월 23

일에는 '홍콩동맹' 멤버이기도 한 입법평의회 의원 겸 변호사 리주밍李柱銘, *Martin Lee*을 대표로 민주제諸정당 '홍콩 민주동맹'이 결성되었다.

반환 이후에 대한 홍콩 사회의 불안은 정점에 달했고 홍콩을 떠나고자 하는 자도 급증하는 한편, 홍콩에 남는 자는 민주화를 통해 공산당의 통치로부터 홍콩의 자치와 자유를 지키고자 하는 '민주항공民主抗共'의 의식을 높였다. 중국 정부는 학생 운동을 지지·지원했던 홍콩 사회에 대한 불신을 강화하고, 기본법 기초위원으로 중국 정부와 좋은 관계를 갖고 있던 쓰투화와 리주밍 등은 톈안먼 사건 이후 기초위원회에서 제명되었다. 이렇게 해서 민주파와 중국 정부 간의 관계는 완전히 결렬되었다.

그럼에도 영국은 톈안먼 사건 직후부터 중국과의 교섭에 기초하여 홍콩의 민주화를 추진하는 방침을 견지했다. 사건 이후 영국은 홍콩의 동요를 수습하기 위해서는 민주화가 필요하다고 중국 정부를 설득하여, 반환 시점에서의 입법회의 보통 선거 선출 의석 수를 당초 중국이 예정했던 '60개 의석 중 15개 의석'에서 20개 의석으로 증가시켰다. 1990년 4월 4일 중국 전국인대는 기본법을 채택했다. 기본법은 홍콩의 민주화에 대해서 몇 가지의 중요한 규정을 설정했다.

① 최종적인 보통 선거의 실시를 목표로서 명기했다. 기본법 제45조는 "행정장관의 선출 방식은 홍콩특별행정구의 실정實情 및 순서를 감안하여 점진적으로 추진한다는 원칙에 기초하며, 최종적으로는 광범위한 대표성이 있는 지명위원회의 민주적 절차에 의한 지명 이후에 보통 선거로 선출한다는 목표에 도달한다"라고 규정했다. 제68조는 입법회도 "최종

적으로는 전全의원이 보통 선거에 의해 선출되는 목표에 도달한다"라고 했다.

② '직통 열차' 방식: 1995년에 예정된 반환 이전 최후의 입법평회의 의원 선거가 기본법의 규정과 같은 방법(보통 선거 20개 의석, 직능별 선거 30개 의석, 선거위원회 선출 10개 의석)으로 선발되었을 경우에 중앙정부는 반환 시 이 입법평의회를 (그 상태로) 제1기 입법회의 멤버로 한다.

③ 2007년(반환 10년 후)까지의 행정장관 및 입법회의 선거 방법을 정했다

<표 2-2> 기본법이 정한 반환 이후 10년간의 선거 방법

◦ 행정장관

선거 연도	제도
1996(제1기)	400명의 추선위원회推選委員會 *1
2002(제2기)	800명의 선거위원회選擧委員會 *2
2007(제3기) 이래	규정 없음
최종	지명위원회가 지명한 후보자를 대상으로 하는 보통 선거

*1 중국 정부의 위원회가 선출한 홍콩인이 구성하는 위원회.
*2 선거위원회의 위원을 선출하는 선거에는 특정 직업의 사람만이 투표할 수 있다. 투표할 수 있는 것은 인구의 3% 정도이다.

◦ 입법회

선거 연도	직능별 선거*3에서 선출	선거위원회가 선출	보통 선거에서 선출
1997(제1기)*4	30개 의석	10개 의석	20개 의석
1999(제2기)	30개 의석	6개 의석	24개 의석
2003(제3기)	30개 의석	0개 의석	30개 의석
2007(제4기) 이래		규정 없음	
최종	0개 의석	0개 의석	전체 의석

*3 직능별 선거: 재계인 등 특정 직업의 사람만이 투표할 수 있는 제한 선거이다. 은행업계, 보험업계, 교육계 등 유권자의 직업별 선거 틀이 설치된다. 투표할 수 있는 것은 인구의 3% 정도이다(행정장관의 '선거위원회'와 거의 마찬가지다).
*4 1995년에 선출된 입법평의회 의원이 그 상태로 취임하는 '직통 열차 방식'을 상정想定.

(〈표 2-2〉 참조).

④ 2007년 이래의 선거 방법: 2007년 이래 행정장관과 입법회의 선거 방법을 개정할 필요가 있을 경우에는 입법회 전체 의원의 3분의 2 다수로 가결하며 행정장관의 동의를 얻어 전국인민대표대회 상무위원회에 보고하며 승인을 얻는(행정장관) 또는 기록에 남긴다(입법회)라고 하는 절차를 규정했다.

이렇게 해서 영국이 개시한 민주화는 도중에 반환을 맞이하고 중국 정부 측에 계승되어, 보통 선거라는 최종 목표에까지 나아가는 것이 결정되었던 것이다.

패튼 개혁과 결렬

하지만 이러한 중영 합의에 기초한 점진적인 민주화가 반환까지 계속되었던 것은 아니다. 상술한 바와 같은 타협 자세는 '대중對中 저자세'라는 비난이 영국 본국과 홍콩에서 높아져, 윌슨 총독은 경질되고 1992년에 '최후의 총독'으로서 패튼이 취임했다. 패튼은 보수당 간사장도 지냈던 대물 정치가로 존 메이저*John Major* 총리의 맹우盟友이기도 했다. 역사상 처음으로 '정치가'가 총독에 취임했던 것이다. 패튼은 취임 이후 얼마 되지 않아 1995년 입법평의회 의원 선거의 대폭적인 민주화를 제안했다.

전술한 바와 같이, 1995년 선출된 입법평의회를 반환 후의 제1기 입법회로 삼는 '직통 열차 방식'에 중영 양국은 합의했다. 이 때문에 패튼의 개혁안은 '직통 열차'의 조건인 입법평의회의 구성을 변경하지 않고 직능별 선거로 투표할 수 있는 자를 대폭으로 증가시키고, 선거위원회 틀은 보통 선거로 선출된 구의회 의원(앞에서 설명함)의 호선互選으로 하며 보통 선거에 가까운 선출 방법을 보통 선거 틀 이외로도 확대했던 것이다.

이 개혁안은 베이징에 자문을 구하지 않는 상태로 실시되어, 중국 정부의 맹렬한 반발을 샀다. 이로써 중영 양국 간의 협조 시기는 종결되고 홍콩 정청은 패튼 제안에 기초하여 민주화를 일방적으로 실행했다. 패튼 개혁에 의해 홍콩의 민주화는 일시적으로 대폭 전진되었다. 1995년의 입법평의회 의원 선거에서는 선거 제도의 혜택을 받았던 민주파가 톈안먼 사건 이래의 기세를 유지하며 압승하여 과반수를 차지했다.

중국 정부는 이 개혁의 단행을 감안하여 기본법이 구상했던 '직통 열차 방식'의 채택을 철회했다. 반환과 동시에 입법평의회는 해산되었고 제1기 입법회가 선거를 통해 구성될 때까지의 공백 기간은 기본법에서 규정하고 있지 않은 '임시 입법회'로 메운다고 했다. 이 '임시 입법회'는 중국 정부가 선발한 추진위원회가 전체 의석을 선출했으며 보통 선거는 일절 행하지 않았다. 반환을 경계로 계속 이어질 예정이었던 민주화는 반환과 동시에 커다란 단절을 경험하게 되었던 것이다.

민주화와 영국의 유산

영국이 반환 이후의 홍콩에 '무언가를 남겼다'라고 말할 수 있을까? 영국은 민주화를 완성하지 못했다. 150년 이상의 홍콩 통치에서 민주화를 실행했던 것은 최후의 10년 남짓이며, 착수가 지나치게 늦었다. 한편 중국 정부에 "장래에 보통 선거를 실현한다"라고 약속하게 만드는 등, 외교를 통해서 중국을 설득하고 민주화의 씨앗을 뿌렸다는 것도 사실이다.

한편 선거 제도라는 협소한 문제로부터 벗어나 '민주화 문제'를 살펴보면, 민주화의 직접·간접 영향에 의해 홍콩 사회에서 발생한 변화는 적지 않다. 선거의 도입으로 홍콩에 프로 정치가가 등장하여 특히 톈안먼 사건 이후 정당이 차례로 탄생했다. '홍콩 민주동맹'은 1994년 10월 다른 민주파 단체와 합병하여 '민주당民主黨'이 되었다. 이에 자극을 받은 다른 세력도 정당 결성에 나섰다. 재계 쪽의 보수파는 1993년에 '자유당自由黨'을 결성했다. 이 당은 대부호 및 대재벌 중심의 정당으로 보통 선거에서는 고전하지만 직능별 선거 등에서는 의석을 차지한다. 한편 1992년에는 친親베이징 성향의 좌파가 '민주건항동맹民主建港同盟(민건련)'을 결성하여 노조와 커뮤니티 조직 등의 고정표를 갖고 풀뿌리층에 강한 지지자를 모으고 있다. 보수파는 복지국가화를 두려워하며 민주화에 신중했다. 중국 정부를 지지했던 좌파도 급진적 민주화에는 부정적이었다. 이렇게 해서 민주파·보수파·좌파의 3대 세력을 각각 대표하는 3대 정당이 탄생하여 이후 홍콩에서는 민주파가 야당, 보수파 및 좌파는 친親정부파라는 3파 내지 2파의 대립 구도가 정착되었다.

선거의 도입, 프로 정치가와 정당의 등장은 사회로부터 유리된 정권이 권력을 독점해왔던 홍콩 정치 시스템의 근간에 커다란 변화를 가져왔다. 미완으로 끝났다고 해도 홍콩 사회에 그 자유를 지키고 정치에 저항하기 위한 기반을 제공했다는 점에서 민주화는 또한 영국 통치의 중요한 유산 중 하나였다.

미완의 탈식민지화

전술한 바와 같이, 영국이 민주화에 착수했던 커다란 요인은 반환이었다. 즉, 민주화는 탈식민지화의 일환으로서 후에 홍콩 시민이 통치의 주체가 되는 것을 상정하여 이루어졌던 것이다. 이것은 영국이 식민지로부터 철수할 때의 상투적 수단이었다. 이 민주화가 미완으로 끝났던 것은 어떤 의미에서 탈식민지화도 미완으로 끝났다는 것을 의미한다. 홍콩 시민이 스스로 정치 주체가 되어 정부의 수장을 선출하는 틀이 가능하지 못했기 때문이다.

홍콩과 다른 식민지 간의 차이점은 탈식민지화가 독립으로 연결되지 못한 것이었다. 류자오자는 일찍부터 홍콩의 탈식민지화 과정은 "독립 없는 탈식민지화"이며, 민주화나 민족주의에는 한계가 있다고 논한 바 있다. 중국은 유엔 가입을 실현한 지 얼마 되지 않아 1972년 유엔의 식민지 리스트에서 홍콩과 마카오를 제외할 것을 요구했다. 이것은 홍콩 및 마카오에 '자결권'을 부여하지 않기 위한 방책이었다. 하지만 이것은 영국과의 공동 제안이기도 하며 그 이래 영국의 공식 문서는 홍콩을 자결권이 있는 '식민지*colony*'가 아니라 '속령*territory*'이라고 했다. 결국 중영 쌍방 모두 홍콩에 정치적인 자결권으로서의 자유를 부여할 강력한 의사는 갖고 있지 않았던 것이다.

영국에 의한 홍콩의 민주화에 대해서 중국은 일관되게 견제와 반대를 지속해왔다. 쉬자툰은 그 이유를, 영국은 침략했던 중국 영토를 중국에 반환하지 않으면 안 되며, 환정어민還政於民, 즉 '정政을 민民에게 반환하는 것'이 중국 정부의 일이었다고 주장한다(許家屯, 1996). 확실히 기본법은 반환 이후의 보통 선거 실시를 목표로서 명기하고 있으며, 민주파의 대다수는 현재의 민주주의에 불만을 갖고 있고 '톈안먼 사건'을 일으킨 베이징에 대해 실망하고 있기는 하지만, 장래에 민주적인 '고도의 자치'의 실현이 가능할 것이라는 기대를 갖고 반환을 맞이했다. 실제로 중앙정부가 홍콩에서 '환정어민'을 실현할 의사가 어느 정도 있었는지는 반환 이후의 민주화 전개, 자치에 대한 중앙정부의 태도를 본다면 명백해진다.

제3장

'중국화'와 홍콩의 자유

: 반환 이후의 홍콩

1. 조용한 반환
2. '중국·홍콩 융합'과 중국화
3. 민주화의 '중국화'
4. '중국화'의 한계와 자유 사회

"이스라엘=중국, 가자=홍콩, 강권이 침입하여 무고한 시민이 죄를 받는다." 2014년 10월 4일, 홍콩섬 진중의 정부 본청사 앞. 촬영: 구라다 아키코倉田明子.

1. 조용한 반환

비관론

반환 이후 홍콩이 어떻게 될 것인지에 대해 전 세계는 크게 주목했다. 톈안먼 사건이 발생한 지 8년밖에 지나지 않아 '패튼 개혁'으로 긴장된 중영 관계가 충분히 수복되지 않은 상태에서 이루어진 반환으로 민주화의 앞날도 대단히 불투명했다. 서방 국가들에 의한 공산당 정권 전복의 '음모'를 계속 비판하는 중국이 홍콩의 고도의 자치, '일국양제', 자유 사회를 지킬 것인지에 대해 많은 사람들이 의문을 품었다.

그중에서도 ≪포천*Forune*≫ 1995년 6월호는 '홍콩의 사망'이라는 제목으로 홍콩의 가장 좋은 시대는 "이미 끝났다"라고 단언했다. 화남華南의 입구로서 비즈니스 기회는 남아 있지만, 공평한 법치보다는 부패와 정치적인 커넥션이 말해주고 있는 것처럼 국제적인 상업 및 금융 허브의 역할은 없어지게 된다. 영어는 광둥어와 베이징어로 바뀌고 외국인에게 공평한 비즈니스 기회는 사라지게 된다. 야쿠자와 결탁한 인민해방군이 거리를 활보하고 공산당 정권이 전체 정부 부문을 제어하며 당에 협력적인 판사와 행정장관을 임명하여 선거를 통해 선출된 의원을 대신한다. 대륙의 공산당원이 홍콩 정부 관료를 감시한다는 등의 미래는 수정 구슬을 보지 않더라도 공산당 간부의 언동을 살펴본다면 충분히 예측할 수 있다. "1997년 6월 30일 심야 이후 무엇이 변할까? 전부다"라고 ≪포천≫은 단정했던 것이다.

회피된 '최악의 사태'

1997년 7월 1일, 홍콩은 중국에 반환되었다. 일본의 거의 모든 TV 방송국은 생중계로 반환의 순간을 전했다. 그런데 뚜껑을 열어보자 반환은 대단히 평온했다. 중앙정부는 많은 면에서 예상되었던 '최악의 시나리오'를 회피했던 것이다.

첫째로 중앙정부와 홍콩 정부의 관계는 적어도 표면상으로는 안정되었다. 크게 변화했던 것은 대부분의 공무원이 유임된 홍콩 정부보다 오히려 중앙정부의 태도였다. 반환 이전에 민주화 문제를 둘러싸고 격론을 펼쳤던 패튼 총독은 베이징으로부터 '천고의 죄인'이라는 '칭호'까지 하사받았다. 중국 정부는 패튼 총독의 홍콩 정청에 대해 민주화 문제에 국한되지 않고 새로운 공항 건설, 인권법, 재정, 종심 법원 판사의 임명 등 다양한 문제에서 이의를 신청하고 그 행동을 견제했다. 하지만 베이징의 노골적인 간섭은 반환과 동시에 사라졌다. 홍콩 반환 기념 식전에서 장쩌민江澤民 국가주석은 "오늘 선서하고 취임한 퉁치화 홍콩특별행정구 행정장관에 대해서 마음으로부터 축복을 표하며 우리는 그가 지도하는 특별행정구 정부에 대해 충분한 신임과 완전한 지지를 보낸다"라고 논했다.

반환된 홍콩에서 정청의 주요 고관은 (기본법의 규정에 의해 고관으로 남을 수 없게 된 영국 국적의 제레미 매튜스*Jeremy Mathews* 법무장관律政司司長을 제외하고) 전원 유임되었고, 기타 공무원도 기본법의 규정에 기초하여 직책에 남는 것이 인정되었다. 즉, 반환 이전에 중국 정부와 격렬한 대립 관계에 있었던 홍콩 정청은 수장이 패튼에서 퉁치화로 교체되었을 뿐 거의 그 상태 그대로 홍콩 정부로서 존속했다. 그럼에도 중앙정부에 충분하게 신임받고 완전히 지지받는 홍콩 정부로, 문자 그대로 하룻밤 사이에 변했던 것이다. 중앙정부는 홍콩 내정과 사회의 문제에 대해서는 '홍콩 정부의 고도의 자치 범위 내'의 일이라고 하면서 간섭을 삼갔다.

홍콩 사회의 자유도 기본적으로 유지되었다. 우선 정치 활동에 관련된 발언과 집회의 자유는 상실되지 않았다. 홍콩이 반환되기 전에 당시 첸치천錢其琛 외교부장은 톈안먼 사건의 기념 집회에 대해서 "장래에 홍콩에서는 중국 대륙의 문제에 간섭하는 정치 활동을 행해서는 안 된다"라고 발언했다. 하지만 6월 4일의 추도 집회는 반환 이후에도 빅토리아 공원에서 합법적으로 매년 개최되고 있으며 많은 이들이 참가하고 있다.

입법평의회는 반환과 동시에 해산되어, 민주파 의원 대부분은 임시 입법평의회에 취임하지 못하고, 의원직을 상실했다. 그들은 반환 기념 식전 직후에 입법평의회의 의사당에 모여서 임시 입법회의 성립에 항의하고 반드시 민주적인 규칙을 통해 의사당에 돌아오겠다고 선언했다. 그리고 실제로 민주파는 이듬해 1998년의 제1기 입법회 의원 선거에서 20개 의석을 획득하여 의장議場에 돌아왔던 것이다.

보도의 자유도 반환 이전의 비관적 예상보다는 좋은 상태가 유지되었다. 홍콩기자협회는 매년 『홍콩언론자유연보香港言論自由年報』를 발표하고 있는데, 반환 전날 밤인 1997년 6월 30일 발행된 '보고서'는 그 서문에서 "명백히 현재 언론의 자유는 단속을 받고 있다고 할 수 있다"라고 논했다. 하지만 1999년에는 "상황은 당초의 암울한 예측과는 크게 다르다. 홍콩 특구는 변함없이 언론의 자유를 향유하고 있다"라고 비관론을 철회했다.

이 밖에 대륙에서 사교邪教로 규정되어 단속되고 있는 '파룬궁法輪功'을 비롯한 '신교信教의 자유', 정부로부터 독립한 '학술 연구의 자유' 등도 유지되었다. 사법의 독립도 유지되어 법치도 기본적으로 건전하다. 국제적인 학술 조직 '세계 정의 프로젝트*World Justice Project*'에 의하면 '법의 지배 지수*Rule of Law Index*' 2015년판에서 조사 대상 102개 국가 및 지역 가운데 홍콩은 제17위였으며 프랑스(제18위)와 미국(제19위)을 상회했다. 일본은 제13위였으며, 중국은 제71위였다.•

불간섭의 이유

중앙정부가 홍콩에 대한 불간섭으로 전환하게 된 첫 번째 이유는 인사人事이다.

총독을 대신하여 홍콩 정부의 수장이 된 행정장관은 중앙정부의 영향을 강하게 받는 위원회에 의해 선출되며, 기본적으로 중앙정부가 지지하는 인물이 당선 및 취임하는 시스템이다. 1996년 12월 11일의 선거에서 퉁치화를 행정장관으로 선출한 400명의 '추선위원회'는 그중 60명이 홍콩 지구의 전국인대 대표와 정치협상회의 멤버의 호선으로, 나머지 340명은 전국인대 상무위원회가 위임한 '홍콩특별행정구 준비위원회'에 의해 뽑혔다. 베이징이 만든 위원회에서 실시하기 때문에 형식상 선거는 행해지더라도 중앙정부가 받아들이는 인물을 선출하는 것에 다름 아니다. 선거 이전에 후보자를 줄여나가는 방식은 대륙에서 행해지는 인민대표대

• ———— 2015년도 '법의 지배 지수'에서 한국은 제11위였다. 2019년도 '법의 지배 지수'에서 홍콩은 제16위를 차지했고, 아울러 일본 제15위, 프랑스 제17위, 한국 제18위, 미국 제20위, 중국 제82위를 각각 기록했다. _옮긴이 주

회 선거의 방법과 대단히 유사하다.

초대 행정장관에 선출된 둥치화는 해운회사 '동방해외東方海外'의 제2대 경영자 출신이다. 1975년 경영 위기에 빠진 동방해외는 중국으로부터 1억 2000만 미국 달러의 자금 원조를 받아 궁지에서 벗어났다고 알려져 있으며, 그 이래 둥치화는 베이징과 밀접한 관계를 유지하며 중국 측의 홍콩 관련 공직公職을 역임했다. 1996년 1월 26일 개최된 준비위원회 제1차 회의에서 장쩌민 총서기는 둥치화에게 접근하여 악수를 청했다. 이 시점에서 베이징은 이미 둥치화를 초대 행정장관으로 삼기로 결정했던 것으로 여겨진다. 표면적으로는 '고도의 자치'에 대한 존중을 호소하면서도 이제까지의 틀이 유지될 수 있다면 중앙정부는 반환 이전처럼 공공연하게 홍콩 내정에 간섭할 필요가 없다. 표면상 '불간섭'의 이면에서 베이징과 행정장관 사이에 실제로 어떤 협의가 있었던 것인지, 외부인으로서는 알 수 있는 방도가 없다.

무엇보다 그것은 별개로 하더라도 홍콩 사회의 민주파나 미디어 등에 대해 베이징이 불간섭이었던 것은 명백했다. 그것도 중앙정부에게는 메리트가 있었다. 베이징은 홍콩 시민의 걱정을 불식시키고 정치와 사회를 안정시켜 세계가 주목하는 '일국양제'를 성공시켰다고 함으로써 국제 사회와 대만을 향해 어필할 수 있었다. 또한 홍콩의 '번영과 안정'은 중국 경제에 물론 유익하다.

한편 홍콩의 '자유'는 대륙에 영향을 미칠 수밖에 없다. 중국 정부는 동유럽 사회주의 체제의 연이은 붕괴를 지켜보며 서방 국가들에 의한 사회주의 중국의 전복을 두려워했다. 중국은 민주화 운동을 '화평연변和平演變

(평화 속의 정권 전복의 음모)'이라고 부르며 경계했다. '톈안먼 사건' 때의 상황으로부터 베이징은 홍콩이 영국에 의한 '전복 기지'로서 이용되는 것을 두려워했다.

중국 정부는 베이징이 홍콩에 간섭하지 않는 대신에 홍콩도 대륙의 정치에 간섭하지 않을 것을 요구했다. 장쩌민 국가주석은 톈안먼 사건 이후인 1989년 7월 11일 홍콩 기본법 자문위원회·기초위원회 대표 등에 대해서 "우물 속의 물은 강의 물을 범하지 말라"라는 비유를 들며 대륙과 홍콩이 상호 간에 간섭을 피해야 한다고 호소했다.

'일국양제'의 특징으로서 구舊중영 국경이 '유사 국경'으로서 잔존하며 대륙과 홍콩의 상호 간 이동이 종래대로 규제되는 것은 대륙의 체제를 지키는 '방벽防壁'이 되었다. 민주파의 일부는 대륙에 입경하는 것이 허락되지 않으며, 홍콩에서 발행하는 신문은 통관 시 (운이 나쁘면) 몰수되며 홍콩 미디어 및 인터넷의 정보는 대륙에서 차단된다. '유사 국경'은 홍콩의 자치뿐만 아니라 대륙의 공산당 일당 지배 체제를 지키는 데에도 중요한 역할을 수행했던 것이다.

2. '중국·홍콩 융합'과 중국화

암흑시대

이렇게 해서 비관론이 빗나가자 이번에는 '일국양제'가 성공했다는 논의가 왕성하게 이루어졌다. 하지만 반환 직후에 일어나지 않았던 변화가

<그림 3-1> 홍콩 GNI가 중국 GNI에서 차지하는 비중

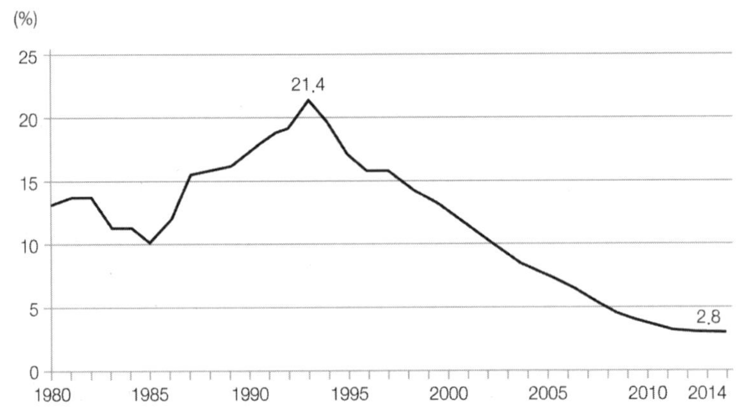

자료: 세계은행 World Development Indicators 데이터에 기초해 구라다 도루가 작성, http://api.worldbank.org/v2/en/indicator/ny.gnp.mktp.cd?downloadformat=excel(2015년 7월 25일 검색).

영구히 일어나지 않고 끝날 것이라고는 단정할 수 없다. 그 이후 홍콩의 다양한 방면에서 '중국화'라고 일컬어지는 움직임이 진전되어간다. 그 기초를 만들었던 것이 '일국양제'의 제도 설계 시에는 상정되지도 않았던 홍콩과 대륙 간 경제 관계의 변화이다.

〈그림 3-1〉은 중국의 경제 규모에서 홍콩이 차지하는 비율이다(GNI=국민총소득). 홍콩 반환 교섭과 민주화가 시작되었던 1980년대에 홍콩 경제의 규모는 항상 중국 경제의 10% 이상을 차지했고 정점에 이르렀을 때인 1993년에는 20%를 초과했는데 그 이후에는 중국 경제가 홍콩을 상회하는 속도로 성장을 계속함으로써 지속적으로 저하하는 경향에 처했고 2014년에는 3% 아래로 떨어졌다. 이러한 변화는 중앙정부의 홍콩에 대한 견해, 그리고 홍콩의 교섭 카드에 큰 영향을 미쳤던 것으로 여겨진다.

중국에 대한 홍콩의 '상대적 쇠퇴'는 반환과 거의 동시에 시작되었다. 반환 이튿날인 1997년 7월 2일, 태국 바트화의 절하가 이루어져 아시아 금융위기의 도화선이 되었다. 홍콩 달러는 태국 바트화와 마찬가지로 미국 달러의 페그제를 취하고 있었기 때문에 헤지 펀드는 홍콩 달러에 대해서도 공매를 가했다. 홍콩 금융 당국은 통화 방어에는 성공했지만 이 때문에 홍콩에서는 금리가 폭등하여 그것이 주가와 부동산 가격의 대폭락을 초래했다. 홍콩 경제는 반환 직전에 버블이라고도 말해지는 활황活況이었지만, 1998년 GDP는 실질 마이너스 5.9% 성장에 빠졌다.

경제가 호조의 기세를 회복하지 못하고 있는 가운데 재차 타격으로 작용했던 것이 신형 폐렴인 사스의 유행이었다. 2003년 3월부터 6월에 걸쳐서 홍콩은 사망자 300명의 피해를 냈고 정부 대책의 혼란도 비난을 받았다. 여행, 소매, 음식, 오락 등의 업계에서도 사스는 커다란 타격이 되었고 5~7월의 평균 실업률은 8.7%로 통계 작업이 시작된 이래 최악의 기록이었다.

이로써 반환 이후의 6년 동안은 홍콩의 암흑시대가 되어버렸는데, 그런 상황에도 불구하고 홍콩 정부는 베이징의 강한 요구에 응하여 홍콩 주민들로부터 환영받지 못하는 법안의 성립을 강행하고자 했다. 치안 입법 '국가안전조례'가 그것이다. 이 법안은 베이징이 국가안전상의 이유로 활동을 금지한 조직의 홍콩 지부 역시 금지할 수 있도록 규정하는 등, 정치 및 언론 등의 자유에 대한 위협으로서 민주파 및 미디어 등에서 강한 우려의 목소리가 올라왔다. 사스 유행이 심각해지고 있는 가운데에서도 2003년 봄에 심의는 빠른 속도로 추진되어, 7월 9일 입법회 본회의에서 법안은 성립될 예정이었다.

'50만 명 시위'와 '중국·홍콩 융합'으로의 전환

이러한 상태에 이르자 홍콩 시민의 분노가 폭발했다. 반환 기념일인 7월 1일 '국가안전조례' 반대를 내세운 민주파의 시위에 불경기와 실정失政에 대한 불만이 쌓여 있던 시민들이 다수 참가하여, 홍콩섬의 주요 도로를 가득 메우고 "퉁치화는 사임하라"라고 외쳤다. '50만 명 시위'라고도 불리는 이 시위의 결과, 의회 내부에서 퉁치화 행정장관을 지지했던 친정부파로부터도 정부에 대한 이론異論과 불만의 목소리가 분출되어 국가안전조례는 폐안廢案에 내몰리게 되었다.

이 시점까지 중앙정부의 홍콩에 대한 견해는 '일국양제'의 성공이라는 낙관론에 치우쳐 있었고, 그 사이 홍콩에서 축적되어왔던 문제를 제대로 파악하지 못하게 했다. 베이징은 '50만 명 시위'에 충격을 받고 이를 계기로 더욱 적극적으로 홍콩 내정에 관여하고자 하게 되었다.

홍콩 시민이 불만을 갖게 된 원인이 경제에 있다고 판단한 중앙정부는 홍콩 정부의 바람을 감안하여 추진하고 있던 경제 융합 정책에 속도를 냈다. 홍콩 제품의 무관세 대륙 수출이나 대륙의 일부 도시 주민에게 홍콩 개인 여행을 허가하는 등, 베이징은 홍콩 경제 지원책을 연달아 냈다. 그 이래 중앙정부는 홍콩에 대한 다양한 '지원'이라는 형태의 간섭을 심화시켰다. 이렇게 해서 2003년 7월 1일은 홍콩 역사의 전환점이 되었고, 이로부터 다양한 측면에서 홍콩의 '중국화'가 진전됨으로써 '진정한 홍콩 반환'이라고도 불렸다.

'중국·홍콩 융합' 정책의 도입과 함께 홍콩 경제는 바닥을 치고 V자 형태로 회복되었다. 실업률은 계속 내려가 2011년 이래에는 3%대가 되었다. 실질 GDP 성장률은 2003년 7~9월에 플러스 4.0%로 회복되었고, 2004년에는 8.7% 성장을 실현했다.

GDP에 대한 기여 이상으로 큰 영향을 미쳤던 것은 대륙에서 홍콩으로의 개인 여행 해금解禁 조치였다. 관광객의 왕성한 소비력은 사스로 큰 타격을 받았던 소매업계를 급속히 회복시키고, 감염에 대한 공포와 불경기로 한산해진 길거리는 삽시간에 활기를 되찾았다. 홍콩은 대륙에서 방문한 관광객에 대한 열렬한 환영 분위기 일색이었다.

경제 회복에 의해 정치도 안정으로 향했다. 2007년 10월 홍콩대학香港大學이 실시한 여론 조사에서 중앙정부를 '신임한다'라고 응답한 사람은 59.0%, '신임하지 않는다'라고 응답한 사람은 12.9%로 베이징에 대한 지지가 확대되었다. 쓰촨 대지진과 베이징 올림픽이 있었던 2008년에는 국가적 재난과 전국적인 경사가 중첩되어 홍콩 시민 사이에서는 중국에 대한 좋은 의미의 관심이 높아지고 중앙정부·중국 대륙 주민과의 관계는 밀월蜜月 시기를 맞이했다.

융합의 부작용

그렇지만 그것은 오래 계속되지 못했다. 중국·홍콩 융합은 홍콩 시민의 생활의 다양한 면에 부작용을 미쳤고 그것이 매년 갈수록 확대되었던 것이다.

첫 번째 부작용은 홍콩의 인프라에 대한 인구 압력의 증대이다. 대륙

<그림 3-2> 대륙에서 온 홍콩 방문객 수

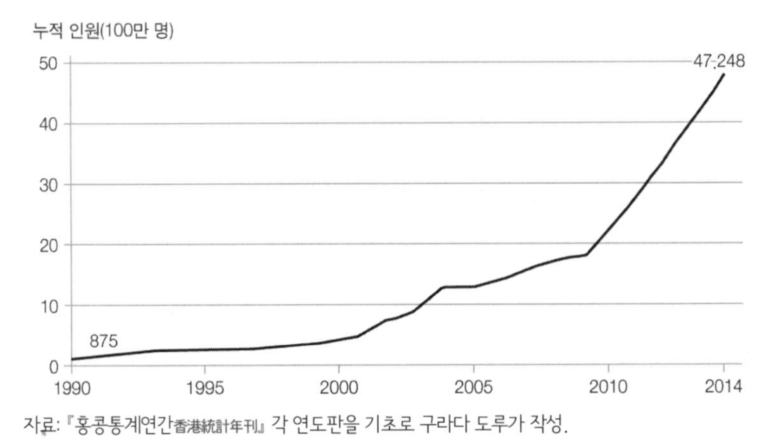

자료: 『홍콩통계연간香港統計年刊』 각 연도판을 기초로 구라다 도루가 작성.

관광객의 홍콩 개인 여행의 해금 이후 대륙에서 온 홍콩 방문객 수는 급격히 증가하여 〈그림 3-2〉에서처럼 2014년에는 연인원 4700만 명을 넘었다. 이는 홍콩 총인구의 6배를 초과하는 수치이다.

관광객이 대량 유입됨에 따라 교통기관과 상점이 혼잡해졌을 뿐만 아니라 의료, 교육 등의 사회 복지 인프라가 부족해지는 사태를 겪었다. 특히 심각했던 것은 출산 문제이다. 홍콩에서 출산하면 자식에게 홍콩 영주권이 부여되어, 한 자녀 정책의 규제를 피할 수 있기 때문에 대륙의 임산부들이 여행객으로서 홍콩을 방문하여 출산했다. 2010년 전체 신생아 8.8만 명 중에서 양친 모두 대륙 주민인 신생아는 3.2만 명에 달해, 산부인과 병상의 부족이 사회 문제가 되었다. 홍콩 정부는 임산부의 입경 제한, 대륙 임산부의 산원産院 예약 금지 등의 규제를 강화했고, 결국 문제는 진정 국면에 들어섰다. 이러한 아동이 성장함에 따라 향후 홍콩의 유치원, 초등학교, 중학교가 차례로 정원 초과에 이를 것으로 예상된다.

두 번째 부작용은 시민 생활의 '질 저하'이다. 특히 심각한 것은 부동산 가격의 폭등이었다. 홍콩은 산악 지형으로 협소한 토지에 700만 명 이상이 거주하는 과밀도시인데, 투기가 활발하여 부동산 가격이 일본인의 상상을 뛰어넘을 정도로 높다.

전술한 대로 2003년까지 불경기의 원흉은 부동산 버블 붕괴였다. 그 구세주가 되었던 것이 대륙의 부유층이다. 개인 여행이 해금되자, 그들은 여행객으로서 부동산 구입에 나섰다. 홍콩 정부는 2003년 10월부터 '자본 투자자 입경 계획'(속칭 투자 이민)을 실시했다. 이는 일정 액수 이상을 홍콩에 투자하는 이에게 홍콩 거류권을 부여하는 제도이다. 외국인과 대만·마카오 주민 등이 그 대상으로, 대륙 주민에게는 자격이 없지만 2004년 11월의 보도에 의하면 신청자의 90%가 '화인'이다. 대륙 주민이 아프리카와 태평양의 소국 등에서 외국 국적을 일단 얻은 후 홍콩에 투자 이민을 신청하는 사례가 많기 때문이다.

그 결과 부동산 가격은 하한가를 때리며 이번에는 폭등으로 전환되었다. 영국 ≪이코노미스트*The Economist*≫ 조사에 의하면 2009년 홍콩의 부동산 가격은 전년 대비 27.7% 상승했고, 상승 폭은 세계 1위였다. 정부 통계에 의하면 전형적인 서민용 소형 주택(주룽 지구의 $40m^2$ 미만의 맨션)의 가격은 2003년에는 평균 $1m^2$당 2만 867 홍콩 달러였는데, 2013년에는 9만 4808 홍콩 달러로까지 뛰어올랐다. 겨우 10년간 약 5배가 된 것이다. $40m^2$의 맨션이 일본 엔화로 5000만 엔에 가깝다는 계산이다. 당연하지만 집세도 폭등했다. 집세의 상승은 외식과 소매의 가격에 전가되었고,

인플레는 서민의 생활을 한층 더 압박했다.

이러한 상황은 또한 홍콩 사회에 분단을 가져왔다. 부동산을 소유하지 않고 있는 자는 집세 부담의 증대와 물가 상승에 비명 소리를 내는 반면, 부동산 소유자와 대기업은 자산 가치와 집세 수입의 증가, 호경기로 크게 윤택해졌기 때문이다. 정부의 부동산 폭등 대책은 별 효과를 거두지 못해, 베이징과 친밀한 재계의 표를 중시하는 직능별 선거 제도가 부유한 자에게 더욱 특권을 주는 불공정한 것이라는 점이 부각되었다. 홍콩 사회에는 '지산패권地產霸權(부동산 업자의 횡포)'이나 '당관상구결黨官商勾結(중국 공산당, 홍콩 정부, 재계의 유착)'을 비난하는 말이 넘쳐나게 되었다.

세 번째 부작용은 대륙과 홍콩의 시민 간의 감정적 대립이다. 대량으로 들어오는 대륙 관광객 중에는 대륙에서 독점 판매를 할 목적으로 일용품을 한꺼번에 사들이는 운반책이 적지 않았다. 홍콩 시민의 일부는 그들을 가리켜 대량으로 와서 모든 것을 먹어 치워 버리는 '메뚜기'라고 부르며 멸시했다. 일부 관광객의 매너도 문제가 되었다. 새치기, 큰 목소리로 말하기, 번화가나 역사驛舍에서 아이들의 용변 보기 등의 추태는 휴대용 카메라로 촬영되어 인터넷이나 미디어에서 자주 보도되었다. 큰 문제가 되었던 것은 2012년의 '홍콩인은 개' 사건이다. 음식이 금지된 전차에서 과자를 먹던 대륙 관광객 아동의 모친과 이 아동에게 주의를 표명했던 홍콩 시민이 격렬한 말싸움을 했고, 다른 승객이 촬영한 이들 다툼의 동영상이 인터넷에 공개되어 파문을 불렀다. 대륙의 어느 TV 방송 프로그램에서 평론가인 쿵칭둥孔慶東 베이징대학北京大學 교수는 '잘난 체하며 설교하는' 홍콩인을 매도하며 "홍콩인은 아직 '영국 식민지'의 개다"라고 발언했다. 홍콩 시민은 이에 반발하여 '메뚜기 반대 시위'를 일으키기도 했다.

이러한 상황은 홍콩 시민들에게 '홍콩은 도대체 누구의 거리인가?'라는 의문을 갖게 만들었다. 건물세 폭등을 견디지 못하고 철수한 상점의 뒤로 대륙 관광객 전용의 귀금속 점포와 화장품 가게가 들어오는 등의 현상이 홍콩 전체에서 연이어졌다. '우산운동' 당시 점거되었던 주룽의 번화가 몽콕의 던다스 스트리트登打士街에서 아가일 스트리트亞皆老街 사이의 네이선 로드弥敦道 63개의 점포 가운데 39개가 귀금속과 고급 시계 및 보석 장식품을 판매하는 점포였다고 한다(區家麟, 2014). 관광객의 대량 유입이 홍콩 거리를 '중국화'했던 것이다. 길거리에 넘쳐나는 관광객들에게 봉사하는 상점이 현지 시민들을 고객으로 하는 상점을 쫓아내는 현상은 최종적으로 홍콩 시민들에게 커뮤니티의 다양성과 자주성, 나아가서는 자유와 민주의 상실감을 갖게 만들었다.

정치, 경제, 사회가 급속히 '중국화'하는 가운데 중국·홍콩 융합은 언제부터인가 커다란 '중국·홍콩 모순'의 원인이 되어버렸다.

3. 민주화의 '중국화'

중국식 해석 개헌: 중앙정부에 의한 결정권의 장악

이와 같은 경제 융합의 진전과 동시에 중앙정부는 홍콩 반환 이후 민주화도 '중국화'했다. 즉, 영국으로부터 이어받은 민주화를 중국식 정치 체제의 도입으로 전환시켰던 것이다.

전술한 바와 같이, 홍콩의 반환과 동시에 입법평의회는 해산되고 '임시 입법회'가 설치되었다. 임시 입법회는 패튼 개혁으로 도입된 선거 제도를 변경하는 등의 개혁을 부정하는 역할을 수행했다(후술함). 임시 입법회는 반환 이후 1년 안에 해산되고 그 이후 2007년까지는 기본법에서 정해진 대로 실시되어, 입법회의 보통 선거 의석 수도 점차 증가했다.

그러나 2007년 이래로는 기본법에 구체적인 선거 방법의 규정이 없다. '최종 목표'는 보통 선거이며, 거기로 향해서 점차 민주화를 추진하는 것이 되었는데, 언제 어느 정도의 개혁을 행하고 보통 선거에 도달하는가는 반환 이후에 재차 결정할 필요가 있었다. 민주파는 보통 선거의 조기 실현을 요구했으며, 2003년에 '50만 명 시위'가 발생하자 시민의 손으로 더욱 좋은 지도자를 선택해야 한다며 보통 선거의 조기 실현 요구에 대한 목소리를 한층 더 높였다.

제2장에서 논한 바와 같이, 선거 방법 개정 절차는 입법회 전체 의원의 3분의 2가 찬성해야 가결되며, 행정장관의 동의를 얻은 이후 전국인대 상무위원회에 보고된다고 기본법에 규정되어 있었다. 문자 그대로 읽는다면, 홍콩인이 안案을 작성하여 입법회와 행정장관으로부터 승인을 받은 후에 베이징으로 보내 전국인대 상무위원회에서 토의가 이루어지는 것이다. 그래서 홍콩의 각 정당이 각각 보통 선거의 구체안을 제안했다.

그렇지만 중앙정부는 그와 같은 홍콩의 논의를 무시하고 2004년 4월 6일 일방적으로 기본법의 해석을 발표했다. 해석의 초점이 되었던 것은 선거 제도 개정의 '필요가 있을 경우如需'(중국 원문)라는 문언文言이다. 해석권을 갖고 있는 전국인대 상무위원회는 이 용어를 "개정해도 좋으며 개정하지 않아도 좋다"라고 해석하여 우선 개정의 필요 유무에 대해서 행정장관이 보고서를 제출하고 그것에 기초해서 전국인대 상무위원회가 판단을 한다는, 기본법에 적혀 있지 않은 절차를 결정했다. 즉, 홍콩에서 논의가 시작되기 전에 중앙정부가 개혁의 옳고 그름을 결정한다는 것이다. 이리하여 베이징은 민주화 문제의 주도권을 장악했다. 환언하자면, 중국식 '해석 개헌'이다.

주도권을 장악한 중앙정부는 이 틀의 위에서 선거 제도의 내용도 스스로 정하게 되었다. 베이징에 의한 법 해석 이후 퉁치화 행정장관은 "보통 선거는 너무 서둘러서는 안 된다"라는 보고서를 전국인대 상무위원회에 제출했다. 이를 받아 전국인대 상무위원회는 4월 26일에 2007년의 행정장관 선거 및 2008년의 입법회 의원 선거에서 보통 선거를 행하지 않는 것으로 결정을 내렸다. 홍콩에서의 법적 절차가 개시되기 전에 중앙정부가 보통 선거의 논의를 봉쇄했던 것이다.

'해석' 이전에는 선거 제도 개정에 대해 중앙정부가 최종 단계까지는 관여하지 않는다는 것이 홍콩에서 일반적인 이해였다. 하지만 그 이후 전국인대 상무위원회는 '필요성의 판단' 시점에서 보통 선거의 가부可否와 선거위원회의 구성 및 보통 선거 의석의 비중 등, 선거 제도의 세부 항목에 이르기까지 사전에 결정하게 되었다. 민주파는 이에 당연히 불만을 가지고 있었지만 기본법의 해석권은 전국인대 상무위원회에 있다고 기본법에 명기되어 있기에 홍콩은 일절 이의를 제기할 수 없었다. 중앙정부는 정치 체제에 관한 문제가 '일국양제' 중 '일국一國'에 속하는 것이며, '고도의 자치'의 범위에 들어가 있지 않는다고 강조한다. 홍콩 자치의 한계가 여기에서도 명백해졌다.

이것은 당초부터 중국의 전략이었을지도 모른다. 덩샤오핑은 과거에 "기본법은 너무 자세하지 않은 것이 좋다"라고 말했다. 해석권을 유지한다면 애매모호한 내용의 조문條文을 자유롭게 해석하여 그때마다 정치 정세에 응하여 사실상 제도 개정이 가능하다는 계산이 숨겨져 있는 것으로 보인다. 중국의 '개혁·개방'에서는 "디딜 곳의 돌을 만지면서 강을 건넌다"라고도 표현되며, 상황에 따른 단기적 결정의 축적이라는 패턴이다. 좋게 말하면 융통무애融通無碍, 임기응변인데, 홍콩은 이러한 중국의 자의적 판단에 대한 종속을 요구받았던 것이다.

보통 선거 실시의 결정과 '진정한 보통 선거' 문제

그로부터 3년 후인 2007년 12월 29일, 전국인대 상무위원회는 다시 홍콩의 선거에 대해서 결정을 내렸다. 여기에서 베이징은 2017년의 행정장관 선거를 보통 선거화해도 좋다고 했다. 민주파의 '최종 목표'인 보통 선거 실현의 시간표가 드디어 구체적으로 제시되었던 것이다.

중앙정부는 왜 이 시점에서 보통 선거의 실시를 허가한다고 결정했을까? 이것도 당시의 정치 정세로 설명할 수 있다. 홍콩은 불황을 탈피하여 '중국·홍콩 융합'으로 윤택해졌다. 홍콩 정부 및 중국 정부에 대한 홍콩 시민의 감정은 크게 개선되었고, 베이징과 홍콩의 관계는 밀월기였다. 베이징은 홍콩 시민이 베이징에 적대적인 행정장관을 뽑지 않을 것이라고 자신감을 가졌던 것 같다.

그러나 기본법에는 또 한 가지, 대단히 중요하지만 명확히 규정되어 있지 않은 점이 있었다. 그것은 행정장관 후보자를 지명하는 '지명위원회'이다. 기본법에는 "광범위한 대표성이 있는" 지명위원회가 "민주적인 절차"로 후보자를 지명한다고 되어 있는데, 위원회의 구성이나 후보자 지명 방법에 대해서는 일절 적혀 있지 않다. 전국인대 상무위원회는 2007년의 결정에서 지명위원회의 구성은 현행 행정장관 선거위원회의 구성을 참조할 수 있다고 천명하고 있다. 선거위원회에는 각계의 대표자가 균형 있게 참가하고 있으며 "광범위한 대표성"이 있다고 베이징은 주장하는데, 실제로는 베이징과 정치적으로 가까운 재계 인사가 압도적 다수를 차지하고 있다. 이에 따라 지명위원회가 불투명한 형태로 후보자를 압축하고, 보통 선거가 유명무실해질 가능성이 있었다.

더욱 심각한 문제는 '민주적인 절차'에 의한 지명이었다. 지명위원회에서 몇 명의 지지를 획득하면 후보자가 되는가 하는 규정에 따라, 베이징과 정견이 다른 자의 출마 가능성이 결정된다. 2012년의 행정장관 선거에서 민주파의 단일 후보였던 허쥔런何俊仁, *Albert Ho* 민주당 주석은 1200명의 선거위원회 중에서 188명의 지명을 얻는 데 그쳤다. 민주파는 '지명위원회'를 혐오하여 일정 수의 시민에게 서명을 받으면 입후보가 가능한 '시민에 의한 지명' 제도의 도입을 요구했다. 그런데 이것은 중앙정부에 가까운 자들로부터 '기본법에 반한다'라고 비난받았다.

이리하여 민주파의 요구는 '보통 선거의 조기 실현'에서 '진정한 보통 선거'의 실현으로 방향 전환을 맞이하게 되었다. 민주파가 '진정한 보통 선거'의 근거로서 제시했던 것은 국제 인권 B규약 제25조의 "모든 시민은", "그 어떤 차별도 없이, 또한 불합리한 제한을 받지 않고", "보통 및 평등 선거권에 기초하여" 이루어지는 "진정한 정기적 선거에서 투표하고 피선거 당할 수 있다"는 조문이다. 유엔도 2013년 3월 홍콩 정부에 대해서 모든 사람이 불합리한 제한 없이 입후보할 수 있으며 투표할 수 있는 보통 선거 도입의 명확한 계획이 없다는 것에 우려를 표명했다.

점령중환

이러한 와중에 2013년 1월 무렵 홍콩대학 법학과의 다이야오팅戴耀廷, *Benny Tai* 부교수가 제안했던 것이 '점령중환占領中環, *Occupy Central*'(약칭 점중) 운동이다. 다이야오팅은 기존 형태의 평화 시위나 주민 투표 등으로는 베이징에 충분한 압력을 가할 수 없다고 하며, 1만 명 이상을 동원하여 홍콩 중심가에서 연좌 항의 활동에 나서자고 제안했다. 금융가인 센트럴 지구에 여러 사람이 모여 이곳을 마비시킴으로써 정부에 압력을 가하는 것과 동시에, 비폭력 항의로 전 세계의 관심을 모을 수 있다고 생각한 것이다. 이 제안은 민주파 다수가 찬성하여 화제가 되었다. 다이야오팅은 홍콩중문대학의 천젠민陳健民, *Chan Kin-man* 교수, 기독교 교회의 주야오밍朱耀明, *Chu Yiu-ming* 목사와 함께 '점령중환' 이념서를 발표하고, 만약 중앙정부가 홍콩에 '진정한 보통 선거'를 부여하지 않을 경우에는 도로 점거를 실행에 옮길 것이라고 압력을 가했다.

이러한 민주파의 급진화에 대해 중앙정부의 태도도 강경해졌다. 2013년 3월 24일, 차오샤오양喬曉陽 중국 전국인대 법률위원회 주임 위원은 "중앙정부에 대항하는 자"는 행정장관이 될 수 없다고 말했다. 차오샤오양은 "중앙정부에 대항하는" 인물의 예로 2012년 행정장관 선거에 출마

했던 허쥔런 민주당 주석 또는 장래 민주파의 행정장관 선거 후보로 간주되어왔던 위뤄웨이余若薇, *Audrey Eu* 공민당公民黨(후술함) 주석을 들었다. 이 발언은 중앙정부가 민주파를 입후보시키지 않겠다는 의사를 표시한 것이었다.

동원을 다투는 베이징과 민주파

'점령중환'이 부상한 이래 베이징은 일관되게 경직된 태도를 유지하고 있다. 6월 10일, 중앙정부는 돌연히 『일국양제 백서』를 발표했다. 그중 "중앙정부는 홍콩에 대한 전면적인 통치권을 보유하고 있다"라는 표현이 있으며, 이는 홍콩 시민들에게 '고도의 자치'가 더욱 잠식될 것이라는 우려와 반발심을 갖게 만들었다. 그러한 가운데 '점령중환' 주최자들의 호소로 정부가 결정을 하기 전에 시민 투표로 '진정한 보통 선거' 안을 선택하고 정부에 압력을 가하기 위한 민간 투표가 실시되었다. 인터넷에서 전자 투표도 가능한 틀이었는데, 전자 투표 사이트에는 대규모의 해커 공격('국가급'이라고 불림)이 가해졌다. '백서'와 해커 공격은 민주파를 지지하는 시민의 반발에 불을 지폈고 투표에 79만 명이 참가하여 민주파 연합 조직이 제안한 '시민에 의한 지명'을 포함하는 선거 방법 안이 선택되었다. 그 기세를 몰아 민주파는 매년 행해온 7월 1일의 민주화 요구 시위에 보다 적극적으로 나서, 주최 측은 시위 참가자가 51만 명이라고 발표했다. 하지만 경찰은 겨우 9만 8600명이라고 발표하여, 민주파에 동정적인 시민들은 경찰의 편파성에 대해 우려하게 되었다.

한편 중앙정부에 가까운 입장에 있는 자들도 동원을 강화했다. 7월 19

일에 '점령중환 반대 대연맹'을 외쳤던 이들은 8월 17일까지 렁춘잉梁振英, *Chun-ying Leung* 행정장관을 위시한 다수의 고관을 포함하여 150만 명 이상의 서명을 모았다고 발표했다. 또한 이 연맹은 같은 날 '점령중환 반대 시위'를 실시하고, 주최자 측 발표 19만 3000명, 경찰 측 발표 11만 1800명이 참가했다. 무엇보다 서명 활동에 중국 자본 기업의 직원과 대륙의 유학생이 강제로 참가했던 것으로 알려져 "시위에는 인원이 동원되었다, 점심 식사를 제공했다, 참가자는 수백 홍콩 달러를 받았다"라든지, "플래카드의 한자를 읽지 못하는 동남아시아 및 남아시아의 외국인이 시위에 참가했다"라는 등, 조직 동원의 의혹이 미디어에서도 보도되었다.

이처럼 민주파가 다수의 지지자를 동원하는 데 성공하는 한편, 베이징과 친베이징파 역시 한 걸음도 물러서지 않는 강경 자세로 대항했다. 중국 관련 취재 경험을 쌓아온 홍콩의 저널리스트 뤼빙취안呂秉權, *Bruce Lui*에 의하면, 베이징은 2014년을 홍콩 문제 해결을 위한 '결전의 해'로 규정했다. 홍콩 문제를 근본적으로 해결하기 위해 중앙정부는 각 부서에 충분한 예산을 배정했다고 한다(≪明報≫, 2014.4.29).

민주화 문제는 과거 30년 동안 홍콩 정치의 초점으로 존재해왔고 행정장관 선거의 보통 선거화는 그것이 '최종 목표'에 도달하는 역사적인 순간이며, 중앙정부는 이 기회에 문제를 매듭짓고, 어떤 의미에서 홍콩 정치 그 자체를 종식시키고자 했던 것이다.

'8·31 결정'

8월 31일, 베이징의 전국인대 상무위원회는 홍콩의 2017년 행정장관 선거는 보통 선거로 실시해도 좋지만, 선거에 출마하려면 이제까지의 행정장관 선거위원회와 마찬가지로 1200명 지명위원회에서 과반수 지명을 얻어야 한다고 규정했다. 친정부파가 압도적 다수를 차지하는 위원회에서 민주파가 과반수 지명을 받을 가능성은 제로와 같으며, 입후보의 길은 거의 사라졌다.

중앙정부가 '제로 리스크*zero risk*, 零風險'를 추구했다고 홍콩은 평가했다. 이로써 '중앙정부에 대항하는' 민주파에서 행정장관이 나와 중국공산당 체제에 위협이 될 리스크는 제로이다. 하지만 이것은 민주파에게 '제로 찬스*zero chance*'를 의미하며 '가짜 보통 선거'의 극치였다. 중앙정부가 후보자를 정치적 이유로 선별하는 '보통 선거'가 '최종 목표'로서 고정된다면 '진정한 보통 선거'는 홍콩에 영구히 도래하지 않게 된다.

온건파에서 급진파까지 민주파의 모든 이들이 '8·31 결정'을 강하게 비난했다. '점령중환' 발기인인 다이야오팅 등은 예고한 대로 도로 점거를 결행한다고 선언하고 중국의 건국 기념일인 '국경절'에 맞추어 결행의 시행 가능성을 강하게 시사했다.

'점령중환'의 결행

여기에 가장 적극적으로 반응했던 것은 학생 등 젊은이들이었다. 홍콩의 학생 운동은 이에 앞선 2012년 이미 한 차례 고조되었던 적이 있으며, 기세가 있었다. 당시 홍콩 정부는 베이징의 요구에 부응하는 '애국교육' 강화를 지향하며 '국민교육 과목'의 필수화를 계획했다. 하지만 학생들은 '세뇌교육'의 도입이라며 강하게 반발했다. 친중파가 제작한 국민교육과의 부교재가 중국 정부 지도자를 '진보, 무사無私, 단결'의 '이상형'으로 평가하고, 미국의 정당제에 대해서는 권력 투쟁으로 사람들이 재난을 입고 있다는 등의 내용이었기 때문이다. 국민교육 과목에 반대하는 중고생 조직 '학민사조學民思潮'는 홍콩섬 진중 지구에 있는 정부 본청사 앞을 '공민 광장'이라고 이름 붙이고 연좌에 들어가 주최자 측 발표로 12만 명을 동원했고, 정부는 국민교육 과목 도입을 단념했다. '학민사조'를 창설한 당시 15세의 고등학생 황즈펑黃之鋒, *Joshua Wong*•은 카리스마 지도자로서 크게 주목을 받았다. 학생들은 이 성공 체험으로 자신감을 갖고 다음의 활동 목표를 '진정한 보통 선거'로 잡았다.

2014년 9월 22일, 홍콩 각 대학의 학생회 연합 조직 '학련學聯: 香港專上學生聯會*(HKFS)*'은 '8·31 결정'에 항의하는 차원에서 일주일간 수업 보이콧을 발동했다. 9월 26일에는 '학민사조'도 하루 한정의 수업 보이콧을 행하고 다수의 중고생이 대학생의 움직임에 동조했다. 그들은 반反국민교육 운동 당시와 마찬가지로 정부 본청사 앞에서 집회를 했다. '공민 광장'에 들어가는 것은 정부가 허락하지 않았지만, 오후 10시 30분 황즈펑 등이 갑자기 "공민 광장을 탈환한다"라고 선언하고 학생 다수가 공민 광장에 난입했다. 연좌하고 있던 학생과 경찰관이 충돌하여 황즈펑 외에 다수가 체포되었다.

이튿날은 토요일이기도 하여 운동을 지원하고자 많은 학생 및 시민이

• ———— 1996년 홍콩에서 출생했고 홍콩공개대학香港公開大學에서 공부했다. 학민사조 소집인召集人(2011년 5월 29일~2016년 3월 20일)을 역임했고, 현재는 홍콩중지香港衆志, Demosistō 비서장(2016년 4월 10일~)을 맡고 있다. _옮긴이 주

'공민 광장' 주변에 모여들었다. 참가자는 주최자 측 발표로 5만 명에 달했고 그 기세를 눈으로 보았던 '점령중환' 발기인 다이야오팅은 28일 오전 1시 38분에 '점령' 개시를 선언했다. 당초 계획보다 사흘 일찍, 또한 장소는 예정했던 센트럴이 아니라 진중이었다.

우산운동의 전개

당초 시나리오는 '점령중환'의 참가자들이 노상에서 연좌하며 무저항으로 경찰에 의해 한 명씩 한 명씩 체포되어가는 것이었다. 9월 4일의 홍콩 신문 ≪명보明報≫는 베이징의 정부 관계자가 연좌 형식의 시위를 홍콩 경찰의 힘으로 1시간에 4000명 정도 해산시킬 수 있는 것으로 보고 있다고 보도했다. 이렇다면 '점령중환'이 1만 명을 넘는 규모이더라도 하루 만에 수습될 것임에 틀림없었다.

<그림 3-3> 2014년 10월 4일 진중의 학생 집회

촬영: 구라다 아키코.

그러나 실제는 전혀 다른 양상으로 전개되었다. 9월 28일 오후 집회 현장으로 향하는 학생과 시민이 수만 명에 달하여, 결국 진중 주변의 차도에 넘쳐났다. 경찰은 이들을 해산시키기 위해 최루탄을 발사했는데, 이것이 시민의 분노를 증폭시키고, 더욱 대규모의 시민 동원으로 연결되었다. 사람들은 최루탄과 최루 스프레이에 우산을 펴서 저항했다. 이 운동이 후에 '우산혁명' 또는 '우산운동'으로 불렸던 이유다. 혼란 속에서 학생 및 시민은 홍콩섬 제1의 번화가인 퉁뤄만과 주룽의 번화가인 몽콕 등에서도 차도를 점거하고 경찰은 결국 시위대의 해산을 단념했다. 장기간에 걸친 '점령'이 개시되었던 것이다.

도로를 점거한 학생 및 시민에 대해서 홍콩 정부는 뾰족한 수가 없었다. 그들이 요구하는 '8·31 결정의 철회'나 '진정한 보통 선거'는 베이징의 관할 사항이며 홍콩 정부가 어떻게 할 수 있는 사항도 아니었다. 10월 21일, 학생 간부는 홍콩 정부 고관과의 대화에 임했는데, 논의는 어긋나버리고 정부와 학생의 대화는 그 이후 일절 행해지지 않았다. 학생은 베이징과의 직접 대화를 시도하고, 11월 15일에는 학련 간부가 리커창李克强 중국 총리와의 회담을 요구하며 베이징으로 향했는데, 홍콩 공항에서 베이징행 비행기편 탑승이 거부되었다.

성과를 얻지 못한 상태로 장기간 도로를 점령하는 운동에 대해서 시민은 서서히 반발하기 시작했고, 학생 및 시민의 피로는 쌓여갔다. 경찰은 11월 후반부터 부분적인 해산을 개시하여 12월 15일까지 차도 점거는 전부 해소되어 79일 동안 계속되었던 '우산운동'은 종결되었다.

부결: '원점으로 되돌리다'

우산운동은 결국 눈에 보이는 성과는 얻지 못했다. 중앙정부는 '8·31 결정'을 철회하지 않았고 홍콩 정부는 이 틀에 따라서 선거 제도 개정의 정부안政府案을 작성하여 입법회에 심의를 위임했다.

그런데 민주파 측에는 최후의 카드로서 정부안에 대한 부결권이 있었다. 전술한 바와 같이, 개혁안은 입법회에서 3분의 2의 찬성이 필요하며 민주파는 70개 의석 중 27개 의석을 유지했다. 2015년 6월 18일의 정부안 채택에서 민주파는 전원이 반대표를 던져 정부안은 부결되었고 '가짜 보통 선거'의 실현은 저지되었다.

그러나 향후 홍콩의 민주화 전망은 대단히 어둡다. 정부안의 부결로 2017년이라는 보통 선거 실현의 시간표가 상실되어, 2007년 이전의 '원점'으로 돌아간 상태가 되었다.• 결정권을 장악하고 있는 중앙정부가 이번의 시위 경험으로 한층 더 신중해질 것이 틀림없으며, 10년 단위의 정체停滯를 각오하지 않으면 안 되는 것으로 여겨지고 있다. 그리고 '8·31 결정' 자체가 철회된 것은 아니며 만약 베이징이 다음에 보통 선거를 허가하는 일이 있더라도 그때 입후보의 엄격한 제한이 전제될 것이라는 점은 확실하다. 어쨌든 현재의 틀에서 언제 보통 선거를 실현할 것인지 여부를 결정하는 권한은 베이징이 완전히 장악하고 있다. 홍콩은 베이징이 다음에 보통 선거를 인정한다고 말해주기를 계속 요구하며 계속 기다리는 것 외에 다른 방법이 없다.

이리하여 홍콩의 민주화는 영국이 시작했던 '민주주의'의 이식으로부터 '중국식 민주'의 실천으로 환골탈태되고 있다.

• ——— 2017년 3월 26일, 제5대 홍콩 행정장관을 선출하는 선거가 실시되었다. _옮긴이 주

4. '중국화'의 한계와 자유 사회

'스스로 지키는 시민 사회'

이처럼 반환 이후의 홍콩에서는 중국의 경제력과 국제적인 정치력의 증대를 배경으로 '중국화'라고 지칭되는 현상이 정치, 경제, 사회의 각 방면에서 진행되었다. 그것에 의해 홍콩은 다양한 면에서 중국의 강한 영향을 받게 되어, 자치의 후퇴 및 자주성의 감퇴가 부단히 거론되었다. 그렇다면 홍콩은 '전면적인 중국화'에 의해 중국의 일개 지방도시로서 병합·융합되어 버리고 말 것인가?

그 대답은 '우산운동'을 본다면 명백하다. 학생과 시민이 79일 동안이나 도로를 점거하고 평화적으로 반정부적인 주장을 호소하는 것은 중국 대륙에서 절대로 허락되지 않는다. 톈안먼 사건 이후, 중국은 이러한 종류의 운동을 미연에 방지하는 것을 취지로 삼아왔으며 만약 발생하더라도 더욱 강경한 수단으로 조속히 진압할 것임에 틀림없다. 홍콩의 '중국화'에 한계가 있다는 것도 확실히 해두지 않으면 안 된다.

홍콩중문대학의 정치학자 마웨馬嶽, *Ma Ngok*는 '스스로 지키는 시민 사회 *Civil Society in Self-Defense*'라는 개념으로 홍콩 사회의 정치적 능력을 묘사한다. 홍콩에서는 반환 이후에도 집회와 표현의 자유가 유지되었기 때문에 항의 활동이 빈번하게 일어났다. 자유의 침해를 우려하게 만드는 정부의 움직임에 대해서는 다양한 사회 단체가 한순간에 연합체를 결성하고 대규모의 운동을 전개하여 강하게 저항했다. 하지만 이로써 정부의 양보를 얻게 되면, 연합체는 단결을 상실하고 한 발 더 나아간 민주화 추진의 동력을 충분히 발휘할 수 없다고 마웨는 말한다. 예를 들면 2003년 7월 1일의 시위에서는 '민간인권진선民間人權陳線, *Civil Human Rights Front*'이라는 민주파의 연합체가 결성되어 국가안전조례를 폐안에 내몰았다. 2012년의 '반反국민교육 운동'은 중고생 조직 '학민사조'가 중심이 되어 '애국교육(국민교육과)'의 필수화를 철회시켰다. '우산운동'은 많은 시민을 움직이게 만들었고, 최종적으로는 민주화의 정부안을 부결에 내몰았다. 하지만 그 어떤 운동도 그 이후 민주화 추진의 실현은 이루지 못했다. 홍콩 사회는 자유의 침해에 대한 자기방어에는 성공하지만, 개혁을 전진시키는 단결력은 없다.

그러나 국가안전조례, 애국교육, 그리고 중국식 보통 선거의 도입은 모두 중앙정부의 대담한 정책이다. 거대한 권력을 장악하고 있는 중국공산당 정권에 대한 홍콩 사회의 저항력은 여전히 평가받지 않으면 안 된다. 그러한 저항력의 원천은 어디에 있는 것일까?

감퇴하는 보도의 자유, 저항하는 미디어

자유의 감퇴와 그것에 대한 저항을 가장 명확하게 드러내는 것이 미디어의 상황이라고 할 수 있을 것이다. 홍콩 미디어는 반환 이전에 자유롭고 다양한 보도로 유명했으며 전술한 바와 같이 반환 직후에 단속을 받는 일은 없었지만, 근년에는 '보도의 자유'의 감퇴가 지적되고 있다. 홍콩 주요 미디어의 대부분은 대륙과 관계가 깊은 재계 인사가 소유하고 있으며, 대륙과의 비즈니스나 매년 존재감이 강화되고 있는 중국계 기업으로부터의 광고 수입을 고려하여 중국 정부에 대한 비판을 삼가는 '자기 검열'의 경향이 있다고 한다.

특히 '우산운동' 발생 직전인 2014년 홍콩에서는 비교적 민주파에 찬동하는 논조를 취했던 ≪명보≫의 류진투劉進圖, *Kevin Lau* 편집장이 폭력배에게 습격을 받아 일시 중상을 입은 사건이나, 홍콩에서 정부 비판을 계속해왔던 라디오 방송 진행자 리후이링李慧玲, *Wei-ling Li*이 아무런 이유 및 설명도 없이 라디오 방송국의 〈상업전태商業電台〉 프로그램에서 해고된 사건 등, 보도 관계자에 대한 압력을 느끼게 만드는 사건이 연이어졌다. 또한 친親민주파 성향의 미디어에서는 정부에 가까운 기업의 광고 게재가 취소되어 경영 면에서 어려움을 겪었다.

프랑스에 본부를 두고 있는 비정부 단체 '국경 없는 기자회*Reporters sans frontières: RSF*'가 발표한 2014년도 세계의 언론 자유 지수*Press Freedom Index* 랭킹에서 홍콩은 전년보다 3위가 내려가 조사 대상 180개 국가 및 지역 중에서 제61위로 평가되었다.• 제1절에서 소개한 바와 같이 반환 직후에는 보도의 자유가 유지되었다고 평가한 홍콩기자협회도 2014년판 『홍콩언론자유연보』의 부제는 '보도의 자유가 함락 직전이므로 급히 알린다新聞自由 危城告急'로 달았다.

그러나 주요 미디어의 대다수에서 '자기 검열'의 경향이 지적되는 한편, 날카로운 정부 비판을 매물賣物로 삼는 미디어도 계속 존재하고 있다. 그 대표적인 예가 일간지 ≪빈과일보蘋果日報≫와 주간지 ≪일주간壹週刊≫이다. 양자 모두 기성복 메이커인 '조르다노'로 재산을 모은 리즈잉黎智英,

• ——— 2019년 세계의 언론 자유 지수 랭킹에서 홍콩은 제73위를 기록했다. _옮긴이 주

*Jimmy Lai*이 경영하며 중국 정부 계통의 기업이나 대재벌은 광고를 게재하지 않지만 친민주파 성향의 많은 독자를 확보하고 있다.

또한 언론 공간으로서 인터넷의 존재도 중요하다. 중국 대륙에서는 페이스북*facebook*의 사용이 금지되어 있지만, 홍콩에서는 규제가 없을 뿐만 아니라 세계에서 손꼽을 만큼 페이스북의 보급 정도가 높다. 2013년 제2사분기 조사에서 페이스북을 매월 사용하는 이용자 수는 430만 명으로 홍콩 총인구의 60.1%에 달했으며 세계 제1위였다.

'우산운동' 기간 중인 2014년 11월에 홍콩중문대학의 황웨이하오黃偉豪, *Wilson Wong* 부교수 및 천쓰헝陳思恒, *Sze-hang Chan* 연구조리研究助理, *Research Assistant*가 실시한 조사에서는 시사 및 사회 문제에 대한 보도원으로서, 운동 반대 세력은 TV(46.8%), 신문 및 잡지(34.0%), 인터넷 및 소셜 미디어(11.7%)를 많이 이용한다고 응답했던 것에 반해, 운동 지지 세력은 인터넷 및 소셜 미디어(40.7%), 신문 및 잡지(32.5%), TV(19.2%) 순으로 사용했다. 신문에 대해서는 운동 반대 세력이 친정부 성향의 대중지 ≪동방일보東方日報≫를 자주 읽는다고 답하여 가장 많았는데(38.0%), 지지 세력에서는 친민주파 성향의 ≪빈과일보≫가 59.1%로 많은 지지를 모았다. 같은 연구에서는 젊은이, 고학력자, 중간 정도 이상의 수입이 있는 자가 특히 인터넷을 많이 이용하는 것으로 밝혀졌다(≪明報≫, 2015.1.17). 주요 미디어의 '중국화'가 진전되고 있는 한편, 그것과는 다른 언론 공간이 여전히 존재하며 친민주파 사람들은 그것을 이용하고 있는 것이다.

민주파의 급진화

홍콩에서 의회라는 정치 공간을 통해 정부에 저항하고 있는 것은 민주파이다. 톈안먼 사건 이후인 1991년, 입법평의회의 보통 선거에서 민주파는 18개 의석을 점유했고 그중 민주당의 전신인 '홍콩 민주동맹'은 12개 의석을 획득하여 커다란 승리를 거두었다. 1995년 입법평의회 의원 선거의 보통 선거 틀 20개 의석에서는 민주당이 12개 의석을 얻었다.

중앙정부는 공산당이 '존재하지 않는' 홍콩에서 민주파는 물론이고 친정부파라고 해도 공산당 이외의 대정당大政黨이 탄생하는 것을 바라지 않고 있다. 제도 구축 시 중앙정부는 홍콩에 '정당 정치'가 '탄생하지 않도록' 하는 것을 목적으로 삼았다.

반환 이후의 홍콩에서는 총독이 지니고 있던 강대한 권한을 행정장관이 계승하여 거대한 권력을 장악했다. 한편 입법회 의원은 의원 입법이 불가능해졌고, 의원이 정부의 역직役職에 취임하는 경우에는 사직하지 않으면 안 된다는 규정을 설치하는 등, 정책 입안의 권한은 거의 부여되지 않았다. 입법회의 권한은 정부 법안에 대해서 수동적으로 찬성 여부를 표명하는 것으로 한정되었던 것이다. 또한 행정장관은 정당에 소속되는 것이 금지되었다. 그 결과, 의원과 정당이 정권을 잡는다고 하는 서양식 민주주의에서는 당연한 것이 홍콩에서는 거의 실현 불가능해졌다.

이것에 더하여 반환 무렵에는 선거 제도가 변경되었다. 중앙정부의 의사를 감안하여 임시 입법회는 반환 이후의 입법회 의원 선거의 보통 선거 틀에서 반환 이전의 소선구제를 대신하여 특수한 비례 대표제를 채택했다. 이 방식에서는 소수 정당이 의석 수에서 유리하고 대정당은 불리하다. 이 효과는 커서 반환 이후의 선거에서 민주당은 고전을 계속했고 2011년의 입법회 의원 선거에서는 보통 선거 틀 35개 의석 중에 4개를 얻는 데 그쳤다. 대정당을 출현시키지 않는다는 각도에서 본다면 중앙정부의 제도 설계는 멋지게 성공했으며 민주당은 고통스러운 입장에 내몰리

<표 3-1> 반환 이후 입법회에서의 민주파 세력

1998년	민주파	친정부파	합계
보통 선거	15	5	20
직능별 선거	5	25	30
선거위원회	0	10	10
합계	20	40	60

2000년	민주파	친정부파	합계
보통 선거	16	8	24
직능별 선거	5	25	30
선거위원회	0	6	6
합계	21	39	60

2004년	민주파	친정부파	합계
보통 선거	18	12	30
직능별 선거	7	23	30
합계	25	35	60

2008년	민주파	친정부파	합계
보통 선거	19	11	30
직능별 선거	4	26	30
합계	23	37	60

2012년	민주파	친정부파	합계
보통 선거	18	17	35
직능별 선거	9	26	35
합계	27	43	70

주: 이하의 자를 민주파로 분류함. ① 민주파 정당 및 정치 단체인 민주당, 공민당, 사민당社民黨, 인민역량人民力量, 공공전업연맹公共專業連盟, 공당工黨, 신민주동맹新民主同盟, 민협民協, 전선前線, 직공맹職工盟, 가공街工, 민권당民權黨, 공민기동公民起動의 어떤 명의로 출마했던 자, ② ①의 민주파 정당 및 정치 단체에 이후 가담했던 자, ③ 민주파의 합동 정치 활동에 참여하고 있는 무소속 의원.

게 되었다.

그러나 민주당의 쇠퇴가 반드시 민주파 전체의 침체를 의미하지는 않았다. 〈표 3-1〉에서 보는 바와 같이, 민주파는 반환 이후의 입법회에서 항상 3분의 1 이상의 세력을 유지해왔다.

즉, 민주파는 단순히 쇠퇴했던 것이 아니라 민주당 이외의 다양한 세력으로 분열했던 것이다. 2003년 7월 1일 시위 이후 국가안전조례 반대운동을 이끌었던 변호사 등을 중심으로 '공민당'이 창립되어 민주파의 제2의 중심 세력이 되었다. 그 외에도 노동조합 계통의 조직과 정당, 풀뿌리 성향의 정당 등, 의석은 적지만 다양한 세력이 존재한다.

그중에서도 이채로움을 발산했던 것은 과격파의 성장이었다. 톈안먼 사건 이래 항의의 표시로 머리카락을 계속 길러 별명이 '장모長毛, *long hair*'인 량궈슝梁國雄, *Kwok-hung Leung*은 노상 항의 활동으로 여러 번 체포된 경력을 가지고 있는데, 2004년 산까이 동선거구東選擧區에서 득표율 14%로 입법회 의원 선거에 최초 당선되었다. 그는 2006년 10월 '사회민주연선社會民主連線'(약칭 사민련)이라는 정당의 설립에 참가했으며, 2008년 입법회 의원 선거에서 이 당은 3개 의석을 획득했다. 그중 의원 2명은 후에 사민련을 탈퇴하여 별도로 '인민역량'

<그림 3-4> 2012년 7월 1일 시위 참가자에게 지지를 호소하는 량궈슝 의원

촬영: 구라다 도루.

이라는 정당을 설립했다.

이러한 '과격파' 정당은 정부와 격렬하게 대립하고 입법회에서도 정부를 맹렬히 공격한다. 의원이 고함을 질러 퇴석 처분을 받거나 행정장관 등에게 물건을 던지는 것도 일상적이며 선거에서는 친정부파는 물론 다른 민주파 정당에도 베이징과 타협적이라고 격렬하게 비난을 퍼붓고, 때로는 온건 민주파를 공격하는 '자객' 후보를 옹립한다. 민주파 전체로 보면 이런 과격파의 존재나 행동에는 마이너스 측면도 많고, 당연하지만 과격파 정당의 지지율은 매우 낮다. 하지만 소수 정당을 우대하는 현재의 선거 제도에서는 90% 정도 사람들에게 혐오를 사더라도 10%의 열광적인 지지를 얻는다면 당선이 가능하다. 과격파가 입법회에서 몇 개의 의석을 얻는 것은 쉽다.

게다가 전술한 바와 같이 입법회는 정부가 실권을 장악하는 것을 인정하지 않고 있다. 이 때문에 의원들은 갈수록 정부에 대해서 비협력적이 되며, 과격파는 정부안에 대량의 수정안을 제출하여 심의를 지연시키기도 했다. 그 결과 법안 심의에서 정부가 대폭 양보하는 데 내몰리고 시간이 지나는 등, 정부 법안이 폐안되는 일도 진귀하지 않다. 씽크탱크 '신역량망락新力量網絡, *SynergyNet*'의 조사에 의하면 반환 이후 15년간(2012년 7월까지) 법안 성립률은 57.5%에 머물렀다(新力量網絡, 2012). 베이징은 행정 주도의 강한 정부를 이상으로 삼았지만, 오히려 정부의 약체화가 문제가 되었던 것이다.

'중국화'되지 않는 사람들

민주파가 일정한 세력을 유지하고 있다는 점은 정치 면에서 중국과는 다른 가치관을 신봉하는 사람들이 홍콩에 상당수라는 것을 의미한다.

실제로 현재의 홍콩 선거에서 가장 직접적으로 홍콩 시민의 민의를 반영하는 것으로 여겨지는 입법회 의원 선거의 보통 선거 틀의 표수를 살펴보면 〈표 3-2〉에 나타나는 바대로, 민주파는 항상 55% 이상의 표를 모으고 있다. 2014년 일본 중의원衆議院에서 자민당自民黨이 소선거구로 48%의 득표율, 76%의 의석을 얻었던 것을 감안해볼 경우, 만약 홍콩이 소선거구 제도였다면 민주파가 압도적인 승리를 거두었을지도 모른다.

<표 3-2> 반환 이후의 입법회 의원 선거, 보통 선거에서 민주파의 득표율

선거 실시 연도	민주파의 득표율(%)
1998	62
2000	57
2004	60
2008	59
2012	55

자료: ≪明報≫(2012.9.11).

<표 3-3> 각 연도 직능별 선거에서 민주파 의석 획득 틀

선거 실시 연도	민주파가 의석을 획득한 틀
1998	교육계, 법조계, 보건서비스업계, 사회복지업계, IT 업계
2000	교육계, 법조계, 보건서비스업계, 사회복지업계, IT 업계
2004	교육계, 법조계, 회계계會計界, 의학계, 보건서비스업계, 사회복지업계, IT 업계
2008	교육계, 법조계, 회계계, 보건서비스업계, 사회복지업계
2012	교육계, 법조계, 회계계, 보건서비스업계, 사회복지업계, IT 업계

주: 2012년에 신설된 '구의회(제2)' 틀은 직능별 선거 외의 틀로 투표권이 없는 전체 유권자가 투표권을 지니며, 유권자 수는 300만 명을 넘어 보통 선거 틀에 가깝기 때문에 제외시켰다.
자료: 구라다 도루 작성.

민주파 지지층은 어떤 사람들일까? 그것을 아는 데 참고할 수 있는 것은 직업별 선거 틀이 설정되는 직능별 선거이다. 유권자는 재계 인사를 중심으로 20만 명 남짓으로 제한되어 있으며, 민주파에게는 불리하지만 〈표 3-3〉에서 보이는 것처럼, 특정의 틀로는 민주파가 항상 의석을 얻고 있다.

학교 교사·대학교 교원, 변호사·재판관, 간호사·약제사·의료 기사, 소셜 워커*social worker* 등은 안정적으로 민주파 후보를 당선시키고, 회계사 및 의사, IT 관계자 등도 때로는 민주파를 선출한다. 기본적으로 엘리트 전문직의 틀이다. 그들은 홍콩 정부에 인정받는 전문직 자격으로 홍콩 내부에서 취직하고 있기 때문에 대륙에 의존하지 않고 '중국화'의 영향을 별로 받지 않는다.

그중에서도 교육계와 법조계는 민주파의 2대 거점이다. 전체 홍콩의 학교 교사로 구성되는 교육계는 민주파 교직원 노조 '교협教協(홍콩교육전업인원협회)'의 후보자가 반드시 압승하고 있다. 또한 법조계는 법정法廷 변호사 단체 '홍콩대율사공회香港大律師公會'의 후보자가 더욱 보수적인 사무事務 변호사 단체 '홍콩율사회香港律師會'의 후보자에게 승리를 거두고 있다. 교육계와 법조계는 저명한 변호사와 대학 교수 등, 언론계에서 큰 영향력을 지닌 자도 적지 않으며 민주파의 리더를 배출해왔다.

다양한 민의 조사에 의하면, 장년층, 저학력자, 대륙 출생자, 저소득자가 친정부파를 지지하는 경향이 있다고 간주되며, 청년층, 고학력자, 홍콩 출생자, 고소득자는 민주파를 지지하는 경향을 나타낸다. 특히 2012년의 '반국민교육 운동'과 2014년의 '우산운동'에서 주도적인 역할을 수행했던 청년층이 중앙정부·대륙에 대해 나쁜 감정을 갖는 경향이 강하다. 홍콩청년협회香港青年協會의 '청년 가치관 지표 2014' 조사에서는 15세부터 39세의 청년 중에 "자신은 중국인이다"라고 인식하는 비율이 2007년에는 92.8%에 달했지만, 2014년에는 62.6%로까지 급속히 저하되었다. 홍콩대학 민의 연구 프로젝트 조사에서는 자신을 '홍콩인', '중국의 홍콩인', '홍콩의 중국인', '중국인' 중 어느 하나로 꼽는가 하는 질문에서, 뒤의 양자를 '광의의 중국인'으로 삼고 있는데, 2015년 6월 조사에서 '광의의 중국인'이라고 답한 자는 30세 이상에서 39.6%에 달했지만, 18세부터 29세에서는 13.0%에 머물렀다. '젊은이의 중국 이탈'은 명백하다.

가치관의 변화

젊은이가 대륙에 좋은 감정을 가지고 있지 않는 배경으로는 그들이 '중국·홍콩 융합'의 혜택을 받지 못하고 있다는 측면이 있다. 사회학자인 뤼다러는 정부는 젊은이에게 대륙에서 기회를 찾으라고 떠들썩하게 선전하고 있지만, 이것은 현실에 부합되지 않는다고 논한다. 정부 통계에서 대륙에서 일하고 있는 홍콩인의 수는 2004년에는 24만 4000명에 달했지만, 2010년에는 17만 5100명으로 감소했다. 중국의 개혁·개방 초기에는 홍콩 제조업 관계자 다수가 대륙의 공장에 갔지만, 최근에는 서비스업의 관리직이 다수이다. 즉, 중국에서 일할 기회는 중장년의 관리직에 집중되어 있고, 젊은이에게는 적다는 것이다(≪明報≫, 2013.9.20). 거꾸로 대륙에서 홍콩으로 온 유학생은 대폭 증가했고, 그들은 홍콩에서 취직 활동을 하기 때문에 홍콩의 청년층에게는 경쟁 압력이 된다.

<그림 3-5> 홍콩 시민이 가장 관심을 갖고 있는 문제(홍콩대학 조사)

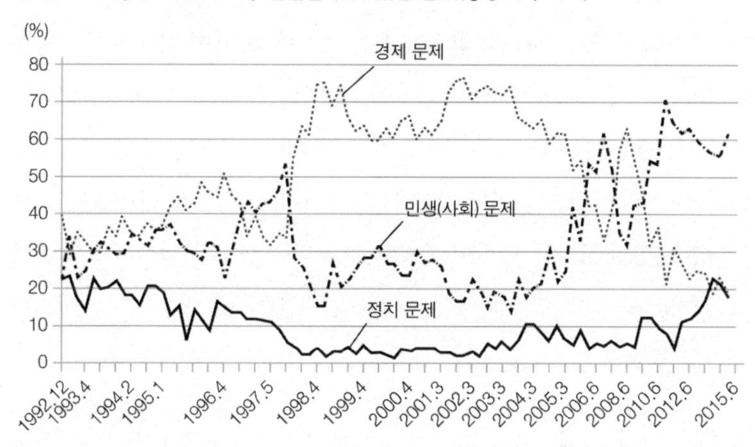

주: 2009년까지의 조사에서는 '사회 문제', 2010년 이래는 '민생(시민 생활) 문제'라는 용어가 사용됨.
자료: 홍콩대학 민의 연구계획 웹사이트의 데이터를 토대로 구라다 도루가 작성, http://hkupop.hku.hk/chinese/popexpress/mostcon/mconq88/poll/datables.html

그러나 '우산운동'의 젊은이들이 강조하는 것은 이러한 이익 분배의 문제보다도 가치관의 문제이다. 〈그림 3-5〉는 홍콩대학의 연구 팀이 꾸준히 실시하고 있는 홍콩 시민이 가장 중시하는 분야에 대한 조사이다. 2014년 6월 조사에서 정치, 경제, 시민 생활 중 가장 관심을 갖고 있는 문제를 선택하도록 요청한 경우, 55.9%가 시민 생활을 선택했고, 2위는 정치로 21.8%, 경제는 최하위인 18.3%에 머물렀다. 이 조사는 1992년부터 계속되고 있는데, 정치가 경제 이상의 관심을 모았던 것은 조사가 개시된 이래 처음 있는 일이었다. 2003년 9월 같은 조사에서는 경제가 73.8%를 차지했고 정치는 겨우 3.7%였다. 이 조사는 젊은이만을 대상으로 한 것은 아니지만, '돈 모으는 것밖에 홍미가 없다'라고 알려진 홍콩 시민의 가치관에 변화가 발생하고 있다는 것을 엿볼 수 있다.

중앙정부가 홍콩 시민의 환심을 사는 방법은 2003년 이래에는 경제적 이익의 제공에 집중되었다. 베이징이라는 원격지가 거시경제 지표의 근사한 모습을 보여주는 것은 중앙정부가 홍콩에 베푸는 은혜를 명확하게 드러낼 수 있는 유일한 수단이었다. 하지만 이 방법으로 다원적인 홍콩 사회의 다양한 요구를 단번에 해결할 수 있다는 발상은 너무나도 낙관적인 것이었다.

가장 '중국화'가 어려운 것은 사람의 마음, 가치관일지도 모른다.

'재식민지화'와 '탈식민지화'

반환 이후의 홍콩을 관통하는 테마는 '중국화'였다. 정치 면에서 주권 확보와 경제 면에서 영향력 확대를 배경으로 중앙정부는 홍콩에서 존재감을 확대했다. 정치학자 황웨이하오는 이 과정을 베이징의 홍콩 '재식민지화'라고 논한다(≪明報≫, 2015.11.2). '중국식' 민주화로의 전환이나 '중국·홍콩 융합'이라는 이름의 경제 의존 관계의 진전을 본다면, 확실히 홍콩은 1997년 이래 '고도의 자유'보다 '재식민지화'로 향해왔다는 견해도 일리가 있다.

한편 '재식민지화'의 큰 흐름의 저변에 있는 것을 응시하면, 물살에 저항하며 거슬러 올라가는 물고기들처럼, '탈식민지화'를 지향하는 사람들의 움직임도 보인다. 반환 이후의 홍콩은 '시위의 도시'가 되었으며 '중국화' 정책에 대한 대규모 항의 활동이 전개되고, 사람들은 '재식민지화'에 이의를 계속 제창해왔다. 탈식민지 연구자 뤄융성羅永生, *Wing-sang Law*은 『아

무도 모르는 홍콩 현대 사상사誰も知らない香港現代思想史』•에서 '50만 명 시위' 이래의 논쟁과 혼란은 모두 중앙정부가 '일국양제'나 '홍콩인에 의한 홍콩 통치'로부터 일탈해왔던 점과 관계가 있다고 논한다. 오히려 '재식민지화'의 자극이 있었기 때문에 홍콩인들은 저항과 자립의 필요성을 느끼고 있으며 '탈식민지화'로 향했다. 정치·경제의 '재식민지화'와, 사회·사람들 의식 속의 '탈식민지화'를 위한 맹렬한 저항이 '우산운동'의 원동력이 되었던 것이다. '돈 모으는 것밖에 관심이 없다', '여차하면 홍콩을 버리고 이민 간다'라고 하는 홍콩인의 모습은 여기에 없다. '본토 의식'이라고 하는, 사람들 간에 발생한 홍콩에 대한 애착, 일종의 민족의식 및 민족주의적인 것이 그들의 마음을 움직이게 하고 있다.

'홍콩인'은 어떻게 생활해왔을까, 그리고 어떻게 중국과 맞서왔을까? 제4장부터는 홍콩의 사회와 문화에 주목해 이 질문에 답해보도록 하겠다.

• ——— 羅永生, 『殖民家國外Beyond Colonialism And The Homeland-State』(香港: 牛津大學出版社, 2014)의 일본어 역서이다. _옮긴이 주

제4장

식민지 홍콩에서 자유의 조건

: 문화와 사회

1. 홍콩을 말하는 사람들
2. 방황하는 영혼과 강호 호걸들
3. 홍콩 미디어의 형성

1. 홍콩을 말하는 사람들

홍콩은 '말하기 어렵다'

앞 장에서까지 살펴본 바와 같이, 식민지 시대의 홍콩에는 다양한 정치적 제약이 있었지만, 많은 홍콩인은 '자신들이 자유롭지 않다'고 인식하지 않았다. 그런데 '조국'에 '귀환'하면서 식민지의 저주로부터 해방되어 주인이 될 것이라고 믿었던 홍콩인들은 중국 반환 이후 '자유롭지 않다'라고 느끼게 되고, 결국 '우산운동'(제5장 참조)이 촉발되기에 이르기까지 사태는 악화되었다.

그 어떤 사회에도 일정한 사회 규범과 정치적 제한이 있다. 그러한 의미에서는 확실히 그 누구도 자유롭지 않지만, 규범과 제한이 있는 것이 자신의 의사를 주장할 수 없다는 의미는 아니다. 문화의 역할은 거기에 있다. 지도자에 대해 욕하는 것은 정치적으로 금지되어 있더라도 별명을 붙이거나 패러디하거나 풍자하는 것은 가능하다. 문화의 레벨에서는 정치 활동의 자유보다 오히려 표현 및 언론의 자유가 중요하다. 낡은 발상에 갇히지 않고 새로운 의미를 창출하는 상상력 자체에 자유의 가능성이 있다.

사회학자 뤼다러는 식민지 시대의 경험이 일종의 '차가운 경험'이라고 말했다. 예를 들면 1970년대 이전에 홍콩에 거주했던 사람들은 식민지의 건축과 다양한 문화에 대해서 '어쨌든 우리 것은 아니다'라는 인식과 소외감이 있었던 것이다. 그렇다면 왜 반환 이후 출생한 세대가 식민지 시대를 경험하지 않았음에도 중국 정치나 홍콩특별행정구 정부에 위화감을 갖고 자신이 '자유롭지 않게 되어버렸다'고 느끼는 것일까? 그들은 왜 2006년에 황후마두皇后碼頭, *Queen's bay*, 즉 영국에서 온 총독이 상륙하기 위한 특별한 선착장의 철거에 반대하고, 2012년에는 홍콩 정부의 국민교육에 반대했던 것일까? 이와 같은 의식의 변화는 어떻게 해석해야 할 것인가? '홍콩으로 도망쳐 나왔던' 사람들에게는 아직 '홍콩인'이라는 자기 인식, 즉 홍콩 정체성이 없었다. 하지만 1970년대에 들어서자 그들은 '홍콩 문화'와 '홍콩인의 자기 인식'을 만들기 시작한다. 그들이 홍콩에 대해 어떠한 인식을 갖고 있었을지, 그리고 그러한 심성은 정치와 외교에 얼마나 영향을 미쳤을지에 대해 개관해보도록 하겠다.

홍콩은 '말하기 어렵다'. 이것은 홍콩 연구의 통설인 듯한데, 과연 그러할까? 홍콩 하면 '브루스 리*Bruce Lee*, 리샤오룽' 또는 '재키 찬成龍, 청룽'이라는 유명인을 떠올리는 독자가 있을지 모르겠지만, 2010년대를 사는 홍콩 젊은이들에게 물어보면, '네?'라는 대답이 돌아올지도 모른다.

재키 찬은 젊은 세대에게는 이미 잊혀졌든지, 또는 가장 혐오받고 있는 자일 것이다. 그 이유로는 '자존심을 버리고 중국공산당에 자신을 팔았다', '여성 스캔들이 끊이지 않는다' 등이 제시될 것이다.

한편 브루스 리는 확실히 홍콩의 대표 인물로 인식되고 있다. 빅토리아 하버의 주룽 연안 쪽 관광 명소에는 그의 동상이 놓여 있다. 영어도 능통했고 미국 대학에서 철학을 전공했을 뿐만 아니라, 다양한 국가의 무술을 몸에 익혔으며 외국 영화나 드라마에 데뷔하여 '아시아인이라면 브루스 리'라고 하는 이미지를 만들었다. 중국, 일본, 서양의 무술뿐만 아니라 도교와 르네 데카르트*René Descartes* 철학, 무사도武士道를 독학했으며 다양한 무술을 융합시켜 독자적인 절권도截拳道, *Jeet Kune Do*와 독창적인 '신체 철학身體哲學의 체계'을 만들어냈다.

그런데 그에게 '당신은 홍콩인입니까?'라고 물어봤다면 어떻게 대답했을까? 그가 출연했던 홍콩 영화는 서양인과 일본인을 무너뜨리고 '민족의 치욕'을 설욕한다고 하는 대단히 '중화민족주의'적인 것이었다. 국제인이면서 민족의 영웅이기도 한 그에게 '홍콩인'이라는 자기 인식은 과연 어느 정도 있었을까?

그가 홍콩인인가 아닌가 여부는 당시 그 누구도 주의를 기울이지 않았을지 모른다. 홍콩에 있는 그의 옛 주거지는 러브호텔이 되어버렸는데 철거될 예정이며, 그렇게 된다면 유적도 남지 않게 된다. 최근까지 알려지지 않았지만 브루스 리와 필자(장위민)는 같은 초등학교 출신의 동창생이었다. 1997년 홍콩 반환 이후 초등학교 벽에 새로 붙은 현수막에는 '리샤오룽도 본교의 졸업생이다'라고 써 있었다. 한편으로 놀랍기는 했지만, 쿵후를 할 줄 모르는 필자에게 그다지 감격할 만한 일은 아니었다.

행인두부는 홍콩 요리인가?

홍콩의 영화, 도시 및 문학에 대한 저작도 많이 집필한 일본의 문예 평론가 요모타 이누히코四方田犬彦는 홍콩의 산문가 예쓰也斯, *Ya Si*와 왕복 서한을 간행했다. 요모타는 일본이 세계에서 가장 늦게 브루스 리를 수용했다는 말로부터 시작하고 있다. 브루스 리의 쿵후 영화에 깊게 배어 있는 중화민족주의를 일본인이 거부하기 때문이다. 일본인은 중화민족주의적인 '리샤오룽'보다 국제색이 짙은 '브루스 리'를 선택한다.

같은 구도가 홍콩을 말할 때도 등장한다. '국제도시의 홍콩'인가, '중국의 홍콩'인가, 이러한 두 가지의 스토리가 일본에서는 주류다. 하지만 홍콩인은 그 어느 쪽도 거부한다. 혹은 그 어느 쪽도 수용한다. 원래 홍콩인은 고정적이며 단순한 스토리에는 위화감을 갖고 있는지도 모른다. 예쓰는 "홍콩은 항상 외부의 관점에서 자의적으로 언급된다"라고 주장하는데, 정작 당사자인 홍콩인은 이와 관련하여 특별히 반론도 하지 않는다.

가깝고도 먼 사이가 홍콩과 일본이다. 요모타와 예쓰는 서로 만나 거리를 걸으면서 홍콩 문화와 일본 문화의 불가사의한 부분을 논했다. 왕복서한은 홍콩과 일본에서 『언제나 홍콩을 찾아서いつも香港を見つめて』라는 제목으로 출판되었다. 두 사람은 대단히 섬세한 필치로 영화에서 도시 문화에 이르기까지, 그리고 음식, 언어, 역사의 기억과 국민 국가에 대해 그 배후에 있는 복잡한 역사를 독해하고 있는데, 이것저것 대단히 많은 사례를 다루면서 특별한 목적이 없는 대화를 교환하는 것 외에는 아무래도 홍콩 사회의 문화의 저류를 말하기란 불가능한 것처럼 보인다.

예쓰의 본명은 량빙쥔梁秉鈞, *Ping-kwan Leung*이며 전임 링난대학嶺南大學 중국어학과 비교문학 강좌 교수였다. 1949년에 출생했으며 2013년에 사망했다. 요모타의 기록에 의하면, 예쓰는 사망했고 그와 잔을 함께 나누었던 날들과 우정은 먼 과거가 되었고, 주변은 깜깜 무소식일 뿐이며, 이리하여 그들도 홍콩 문화의 정체에 대해 말할 수 없게 되었다고 한다. 요모타가 홍콩을 방문할 때마다 홍콩의 도시 풍경도 문화도 끊임없이 계속 변하고 있기 때문이다. 요모타는 '사라지는 것', '아직 남아 있는 것', '새롭게 등장한 것'이라는 프레임으로 홍콩 문화를 열거해보는데, 이異문화도 들어가 있고, 낡은 것은 잊혀지고 있으며 정체를 파악할 수 없는 듯했다. 어느 외국인 학자는 이렇게 논하다. 홍콩은 'OOO이 아니다', 'XXX도 아니다'라는 부정형으로만 말할 수 있다. 이것을 그는 '문화의 정치적인 소실'이라고 일컬었다(Abbas, 1997).

'문화의 정치적인 소실.' 이 난해한 용어는 '문화가 없다'라는 의미는 아니다. '홍콩의 문화를 말하는' 것 자체가 언제나 외부의 정치적인 힘에 의해 계속 방해를 받고 있다는 의미다. 환언하자면, 언제나 타인의 시선으로 제멋대로 이야기된다는 것이다.

예를 들면 행인두부杏仁豆腐가 있다. 일본에서는 홍콩의 중화요리로 인식되고 있지만, 정확히는 옛날 홍콩의 상하이 요리점에서 파는 음식이었다. 슈퍼에서 파는 행인두부의 분말을 사서 만드는 것도 가능한데, 최근 20년간 홍콩에서는 이 음식이 자취를 감추었다. 더욱 맛있는 디저트가 있기 때문일 것이다. 1990년대에 디저트 체인점 '후이라우산許留山, *Hui Lau Shan*'이 망고 프린을 출시한 무렵부터 행인두부는 보이지 않게 되었다. 근년 들어 일본인이 좋아하게 되었고, 또한 홍콩의 레스토랑에서 다시 등장했다. 어쨌든 이것이 어디 요리인가에 홍콩인은 특별히 주의를 기울이지 않는 듯하다. 맛이 있어서 팔린다면 그것으로 좋은 일인 것이다. 이와 마찬가지로 홍콩의 문화는 다양한 곳에서 유입되어 다양한 힘의 영향을 받으며 다시 만들어지고 어느 틈엔가 결국 형성되는 등의 전개를 밟는데, 그 과정이 대단히 복잡하다. 요컨대 단순한 이야기만으로는 파악할 수 없다.

예쓰는 영화와 예술뿐만 아니라 음식도 세밀히 분석했다. 그런데 거슬러 올라가 조사해보면, '홍콩 요리'로 간주되고 있는 것은 그 어떤 것도

'홍콩'의 것이 아니다. 망고 프린 또는 행인두부는 일본인의 관점에서는 '홍콩의 요리'이지만, 그 어느 것도 다양한 장소에서 유입된 것이며, 홍콩에서 개량되어 새로운 요리로 만들어졌다. 예쓰에게는 홍콩 문화의 총체가 그러한 틀로 만들어진 것처럼 간주되었다.

중국 문학자 리어우판李歐梵, *Leo Lee*은 "홍콩 문화는 혼종성*hybridity*으로밖에 달리 말할 방도가 없다"라고 말한다. 다양한 문화를 끌어들인 위에 정치 문화精緻文化, *high culture*도 보급 문화普及文化, *popular culture*도 구별 없이 혼합된다. 일반인에게 이러한 것은 문제가 되지 않는다. 음식은 맛이 있으면 좋은 것이다.

홍콩식 서민 레스토랑 '차찬청茶餐廳, *Cha chaan teng*'에 간 적이 있는 사람이라면 뭔가 감이 있을 것이다. 아무리 작은 가게여도 항상 100종류가 넘는 각국의 요리를 싸게 제공하며 손님이 자신의 선호에 따라 마음대로 주문할 수 있다. 그 어떤 것이라고 해도 주방장이 만들어준다. 생강이 들어간 뜨거운 콜라, 레몬 커피, XO 소스를 넣고 볶은 '데마에잇초出前一丁(홍콩의 국민라면)', 치즈가 들어간 '이세에비伊勢海老(닭새우)' 중화면 등 맛이 있으면 좋은 것이다.

'아속雅俗 문화', 즉 우아한 고급문화도 저속한 대중문화도 그다지 구별은 없다. 물론 대중문화에는 절대적인 영향력이 있다. 또한 일본의 음악이나 만화도 외래문화로서 받아들여질 뿐만 아니라 일본보다 홍콩에서 휴식을 취하는 일도 자주 있다.

한편 리어우판은 중국의 변경邊境에 있는 홍콩의 문화 과정에 대해 문화대혁명 이래 홍콩이 중국으로의 회귀가 아니라 스스로의 정체성을 모색하는 과정을 선택했다고 한다. 그것이 '홍콩의 본토 문화'인 것이다.

홍콩 문화의 동력은 엘리트에 의한 것이 아니라 자유시장과 같은 것이다. 표면은 서양식으로 상업성이지만, 이면에는 중국 문화의 요소도 잠재되어 있다. 게다가 그 표현 방법은 패러디, 해학, 만담 등의 형식을 취하며, 이것이 바로 '변경 문화'의 특징이다. 또한 중국의 서민 문화와의 연계도 강하며, 이러한 문화를 재배치하여 처리한다. 예를 들면 홍콩의 영화에 나오는 무협물과 괴담물도 있으며, '포스트 모던' 이론의 용어를 사용하자면 '모자이크상의 회고懷古'이다(李歐梵, 2002).

사물과 이야기

"홍콩 관련 이야기는 이야기하기가 어렵다"라는 유명한 말을 남긴 이는 홍콩 문학 연구의 제1인자인 샤오쓰小思, *Xiaosi*이다. 샤오쓰의 본명은 루웨이롼盧瑋鑾, *Lu Wei-luan*이고 1939년에 출생했으며, 그녀의 스승은 현대 홍콩의 신유교新儒教 철학자인 탕쥔이唐君毅, *Tang Chun-i*이다(뒤에 상세하게 논함). 전쟁 경험도 있어서 일본을 싫어했지만, 탕 선생은 그녀를 교토대학京都大學으로 유학 보냈다.

1973년 당시 중국 문학과 철학을 배우는데 왜 굳이 중화문명의 변경인 일본에 가야 하는지 그녀도 의문을 가졌다. 교토대학에서 그녀는 일본인이 그 어떤 자료라도 아카이브로 삼는 태도를 배웠다. 문화는 실로 '물物(사물)'처럼 취급되고, 자료는 세심한 주의 아래에서 보존되었다. 후에 홍콩중문대학의 중국어 및 중국문학의 학과 주임이 되고 난 이후에도 그녀는 홍콩 문학의 자료를 계속 수집해왔다. 오래된 신문의 연재 무협 소설과, 문학자의 산문의 단편斷片, 그 누구도 중시하지 않는 잡지의 산문 등, 문자의 기억을 문자 그대로 쓰레기통에서 주웠다. 현재 홍콩 문학사와 문학을 연구할 수 있는 것은 그녀의 덕분인 것이다.

샤오쓰는 연구보다 교육에 열심이다. 그 누구보다도 살아 있는 계승을 중시하기 때문이다. 그녀는 일본에서 배웠던 방법으로 일본인과 같은 발상으로 홍콩 문학을 보존하고 자신의 문화를 말하기 시작했으며 계속 말하고 있다.

그녀는 자주 한탄했다. 왜 홍콩인들은 자신의 과거를 중시하지 않는 것일까? 왜 그들은 '현재'의 범주에서만 살고 있는 것일까? 이와 같은 '담론의 부재'를 한탄하는 것 말고는 자신의 정체성을 확립할 수 없는 것일까? 그렇지만 이 한탄 자체가 중화문명과 서양 문명의 변경인 일본의 문화에 대한 태도, 즉 문화를 사물로서 취급하는 '아카이브 지향'의 결과다. 다시 말해, 이러한 일본적인 감수성을 홍콩에 갖고 들어옴으로써 비로소 이와 같은 탄식이 생겨나게 된 것이다.

홍콩에 방대한 '문화'는 있다. 하지만 홍콩인에게 문화란 무엇인가? '홍콩의 문화'란 무엇인가? 그것은 알 수 없다. 샤오쓰는 문자 자료의 단편을 수십 년 동안이나 계속 수집했고 홍콩중문대학에 '홍콩문학관장香港文學館藏'을 설립했다. 처음으로 아카이브의 방법을 이용하여 그 문화가 형태를 갖게 하고, 홍콩의 기억을 만들었다. 홍콩은 문화의 '자료'마저 남아 있지 않다. 역사의 이야기도 남아 있지 않은 것이다. 하지만 홍콩인들은 이와 같은 사태에 특별히 곤혹스러워하지 않는다. 문화는 있지만, 특별히 말할 필요성을 느끼지 않는 것이다.

식민지주의와 제국주의 탓인가?

이러한 심성은 어떠한 사회 조건과 역사 배경으로부터 발생한 것일까? 가장 간단한 답은 '식민지주의와 제국주의 탓'이다. 식민지 홍콩은 국가와 민족으로부터 찢겨져 나와 사람들의 정체성이 애매해졌다. 기억은 상실되고 역사도 새로 써지고 망각되었다. 홍콩의 거주인들은 단지 '조국을 상실한 중국인'이다. 홍콩은 사악한 외국 세력에게 빼앗긴, 중국이 상실한 신성한 영토인 것이다. 이것은 중화민족의 불행이다. 그렇지만 다행스럽게 중국이라는 거대한 용은 눈을 떴다. 1997년 홍콩의 주권이 단번에 중국인의 손에 돌아가고 민족의 설욕을 이루었다. 홍콩인들은 단번에 진정한 신분을 회복했다는 것이다.

이와 같은 과장된 이야기는 중국 정부가 홍콩에 대해 말할 때 사용하는 상투적인 스토리이지만, 1980년대 이전에는 존재하지 않았다고, 홍콩중문대학의 번역학자 왕홍즈王宏志, *Wang-chi Wong*가 설명한 바 있다(王宏志, 2000). 중국 대륙에서 1980년대 후반부터 홍콩에 관한 역사서 및 연구서가 대량으로 출판되어, 이와 같은 담론이 나타나기 시작했던 것이다. 물론 1997년을 앞두고 출현한 정치적 배려에 해당하는 현상이다. 홍콩의 주권이 영국에서 중화인민공화국으로 변경되고, 특별행정구가 될 예정이었기 때문이다.

중국 대륙의 관점에서 본다면, 홍콩 반환에 있어 중국 정부가 정치적으로 홍콩을 대표하는 것은 물론이고, 민족 문화의 주권도 갖고 있다는 점을 드러내며, 그것이 식민지 시기 종주국의 통치보다도 우월한 것임을 내외에 보여줄 필요가 있었다. 그래서 '영국은 식민지를 침략 행위로 빼앗았다', '중국과 홍콩은 민족 문화로 연결되어 있다', '홍콩에 있었던 자들은 처량하다, 식민자들에 의해 압박을 받아왔다'라는 관점에서 중국의 눈으로 홍콩의 역사를 묘사했다. 즉, 중국에게는 홍콩인이 중화민족으로 '돌아오기' 위한 '인심人心의 회귀'가 필요했던 것이다.

이 '인심 회귀'는 지금도 중국공산당 정부가 가장 중시하는 문제 중 하나다. 홍콩인들에게 '반환'은 '싫든 좋든 중국에 회수된다'라고 하는 감각에 가깝다. 왕훙즈는 묻는다. 이미 반환은 정치와 법률로 결정된 '기정 사항'이기 때문에 왜 굳이 '역사를 쓸' 필요가 있는가? 쓸데없는 것이 아닌가 하고 말이다. 그러한 홍콩인에 대해서 영국 식민지 지배의 사실을 어떻게 '중화민족과 주권'의 이야기와 틀로 자리매김할 것인가가 베이징에게는 중요한 문제인 것이다. 하지만 이런 중국 일변도의 이야기로는 역시 홍콩의 역사와 심성을 묘사할 수 없다. 홍콩은 중국적이지도 않고 영국적이지도 않은데, 중국다움도 영국다움도 있다. 영국 식민지 정권은 고정된 이념과 이데올로기를 강제하지 않았다. 식민지의 안정을 침해하지 않는 한, 각자가 좋아하는 이야기를 선택할 수 있도록 했고, 경제 활동은 자유방임이었다. 언론의 자유도 어느 정도 보장되었다(엘리트 세계는 영어를 사용했기에 직접적인 정치 운동이 아닌 한, 중국어로 무엇을 쓰더라도 상관이 없었다).

왕훙즈도 예쓰가 했던 말을 다음과 같이 인용하고 있다.

> 예쓰는 이렇게 말한 적이 있다. "홍콩의 이야기? 그 누구나 제각기 말하고

있다. 서로 다른 이야기를. 결국 우리에게 확실한 것은 이러한 이야기는 꼭 홍콩을 말하고 있는 것이 아니라는 점이다. 그 대신에 그 이야기를 말하고 있는 그 사람에 대해서 가르침을 받는다. 그가 어떠한 위치에 서 있는가를"(王宏志, 2000).

이야기 그 자체보다는 화자에게 주목하라며 주의를 환기시키고 있다.

왜 홍콩인들은 자신이 '자유롭다'고 느끼는 것인가?

그것은 고정된 이야기에 의지하지 않고 다양한 장소로부터 문화를 끌고 들어와 배치하고 혼합하며, 과거에 얽매이지 않고 그때의 문맥에 적응시킬 수 있기 때문이다. 그리고 왜 반환 이후에 '자유가 침해되고 있다'라고 느끼는 것인가?

그것은 중국공산당에 의해 정의된 '중화민족론이라는 이야기'에 대한 거부 반응이다. 일견, 정치와 경제는 '현실적'이며 문화와 이념은 '환상'이다. 하지만 사회 저변에 힘을 가진 것이 바로 문화이며, 그 저류에서 홍콩 사회는 고정된 이야기를 강력하게 거부하고 있는 것이다.

'천조주의'에서 보는 '중국·홍콩'의 역사

중국이 어떻게 '식민지주의와 제국주의'의 프레임으로 홍콩의 역사를 파악하고 있는지 살펴보도록 하겠다. 왜 홍콩의 인심은 중국에 회귀하지 않는가, 이에 대한 중국의 결론은 '전부 영국인 탓이다'. 특히 '펑딩캉彭定康'(패튼의 중국어 표기)은 '모든 악의 근원이다'라는 것인데, 이것은 창스궁强世功•의 논조이다(强世功, 2008).

예쓰의 경고에 따라서 '화자의 위치'에 주목해보도록 하자. 창스궁은 실제로는 요주의 인물이다. 2015년 기준으로 베이징대학 법학부 부부장, 사회과학원 부부장인데, 단지 대학 교원에 불과한 인물은 아니다. 2004~2007년에는 중앙정부로부터 파견되어 중앙정부의 홍콩 파출기관 '중앙인민정부 주駐홍콩특별행정구 연락판공실'에 머물며 연구를 행했다. 2003년에는 홍콩에서 '50만 명 시위'가 있었고 그 정치 위기를 직접 목격했던 창스궁은 현지에서 홍콩 문제를 연구했으며, 그 해답으로서 책을 집필했다. 연구서이지만 중국 정부의 공식 견해에 가까운 것으로 여겨진다. '중국의 우울'이라는 장章을 보면, 홍콩 문제의 핵심은 홍콩인이 그 누구도 베이징 정부의 진의를 알지 못하며, 영국 정부에 속고 있다는 것이다. 창스궁은 펑딩캉을 '연애의 달인'으로 비유하고 있다. 이를테면, △현대 정치가의 수법과 민주화 법안으로 홍콩인을 유혹하고 랑데부를 행한 이후 제멋대로 도망갔다, △중국 정부는 커플을 무리하게 떼어놓은 못된 할멈의 역할을 담당하게 되어버렸다, △영국인이 말하는 '민주화'의 희언戱言을 귀담아들을 필요가 없고, 그것은 잘못된 것이며, 조국의 진의를 이해해야 한다는 것이다.

또한 다른 장에서 창스궁은 무엇보다도 '주권'을 강조한다. △만국은 평등하며 타국에 대해 간섭을 하지 않는다, △정부는 인민을 대표한다,

• ——— 1967년 산시성陝西省 위린시榆林市에서 출생했고, 1990년 중국인민대학 법률과를 졸업한 이후 1999년 베이징대학 법학원法學院에서 박사 학위를 취득했다. 2007년 베이징대학 법학원 부원장副院長이 되었고, 2009년 베이징대학 사회과학부社會科學部 부부장副部長이 되었다. 주요 저서로 『中國香港: 文化與政治的視野』(三聯書店, 2010) 등이 있다. _옮긴이 주

△외국 세력으로부터 민족을 수호할 의무가 있다고 주장한다. 이것은 물론 근대 서양의 정치 개념이다. 한편 중국은 서양 근대 국가와는 다른 중화문명의 국가이기도 하며, 그 중국 문명의 시각에서 홍콩 문제를 파악해야 하는 것이라고도 말한다.

서양 정치사상에서 '국민 국가'와 '제국'은 대립하는 개념으로 이해된다. 국민 국가의 내부는 평등주의지만, 서로 다른 민족은 제국의 힘으로 정복할 수밖에 없기 때문에, 대외 관계에서는 상하 관계이다. 하지만 중국은 다르다. 중국의 고대 국가는 황제가 직할 통치하는 '군현제'와 수장의 자치를 인정하는 '봉건제'의 조합이다. 시황제始皇帝를 위시해 중국의 국가는 중앙 관료가 통제하며, 국가 권력은 지방에까지 침투한다. 마오쩌둥은 '마르크스+시황제'로서 군림하며 지방, 종교, 민족의 울타리를 타파하고 국가에 권력을 집중시켰다. 한편 '봉건제'는 '일국다제도一國多制度'이며 차이를 강조한다. 중화의 중심 내부에서는 '군현제'로 통치한다. 변경에 있는 지역은 '봉건제'로 통치하고 중화문명이 확대될 경우 '군현제'로 교체해도 좋다. 유교 사상은 중앙의 황제가 변경 문화와 소수 민족에 대해 도덕적 책임을 실현하도록 요구하며, 그 지배 및 통치는 약탈이 아니다. 그리고 '일국양제의 발상은 중국의 고전적인 정치 원칙도 유교의 정치 이상도 부활시켰다'. 따라서 '일국양제'는 중화문명이 주권 국가 개념을 사용한 결과, 새롭게 창조된 정치사상인 것이다. 이러한 틀을 사용하면 '센카쿠尖閣 문제'도 베이징이 무력으로 '탈환'할 필요가 없으며 유교문명으로 일본을 교화시키면 된다.

'천조주의天朝主義'라고 불리는 이 사상에서 '문화'는 대단히 중요한 논점이다. 왜냐하면 중국의 홍콩 통치는 제국주의와 식민지주의에 의한 정치·경제 침략이 아니라 문명을 '중앙'에서 '변경'으로 베풀어 교화하는 것이기 때문이다. 이러한 관점에서 창스궁은 홍콩의 역사를 재해석하며 썼다. 홍콩인도 영국인도 그리고 중국공산당 정부도 반환 직전까지 홍콩의 역사와 문화에 흥미가 없었기 때문에 새로운 이야기를 만들기에는 상황이 여의치 않았던 것이다.

'주룽성채'와 홍콩대학의 수수께끼

그런데 모든 것을 '식민주의와 제국주의' 탓으로 돌리면 이야기가 잘 정리될 수 있을까? 홍콩인이 민족주의와 천조주의를 신봉하고 받아들인다면 모든 문제가 해결되는가? 그리고 이런 희언으로 홍콩의 문화와 사회의 역사를 파악할 수 있을까? 차례차례 문제가 부각될 것이다. 이른바 '불편한 사실'의 존재이다. 이것에는 창스궁 자신도 주의를 하게 되었다.

우선 '주룽성채九龍城寨'라고 하는 불가사의한 존재가 있다. '주룽성채'는 옛 카이탁 공항啓德空港, *Kai Tak Airport* 주변에 1993년까지 있었다. 밀집된 잡거雜居 빌딩들로 구성되었는데, 인구 5만 명의 거대한 슬럼 지구였다. 일종의 무법 지대이며, 예를 들면 무면허 의사라고 해도 여기에서는 영업이 가능했다. 왜 이러한 현상이 발생했을까? 그것은 이곳이 주권상 영국 식민지령이 아니고, 이미 멸망해버린 청清 제국의 영역으로 간주되었기 때문이다. 원래 영국·청조 간 조약에서 청 제국의 주룽성 주재 관청은 그 상태로 남아야 하는 것으로 간주되었다. 1899년의 어떤 사건을 계기로 영국은 이곳도 점령했지만 후일 철수했다. 만약 '영국인이 사악한 제국주의자'이며 '우리 토지의 주권을 침해했다'고 한다면 왜 영국인은 철수했을까? 게다가 중국 대륙의 정권이 바뀐 이후에도 왜 영국인은 홍콩 영내에 이러한 '주권'의 공백구空白區를 남겼을까? 창스궁은 이에 대해서 알 수가 없다고 말한다.

홍콩대학 중국학과나 중국어를 구사하는 홍콩중문대학의 존재도 창스궁의 민족주의론과 중화문명론에는 꺼림칙하고 나쁜 존재이다. 식민지주의자와 제국주의자가 자발적으로 중화문명을 허용하고 중국의 문인을 보호했기 때문이다. 청 제국이 멸망하고 홍콩으로 도망쳐 온 유신遺臣들의 일부가 민국民國 시대에 '구학舊學'으로 간주되던 문인 전통의 국학國學을 홍콩에서 가르쳤던 것이다. 중국공산당 정권이 성립된 이후 홍콩으로 도망쳐 왔던 대륙의 문인들도 상당히 많았다.

창스궁의 관점에서 본다면, 주권은 절대적이며, 주룽성채의 존재도 이론상 있을 수 없다. 식민지주의와 제국주의를 '중국의 민족주의와 문명을 허용하지 않는 개념'으로 파악하고 있기 때문에 홍콩대학과 홍콩중문대학이 중화문명을 가르치고 있는 것을 설명할 수 없다.

2. 방황하는 영혼과 강호 호걸들

신유학자의 쓸쓸한 외침

중국이 공산주의국가가 되자마자, 대량의 이민 및 난민이 홍콩에 도래했다. 일본의 침략을 물리치고 나서 종전 직후의 홍콩 인구는 60만 명이었는데, 1949년에만 80만 명이 홍콩에 도래했고 1950년에는 220만 명으로 증가했다. 그중에 중국공산당으로부터 도망쳐 왔던 '남래南來 문인'이라는 문화인이 있었다. 가장 유명한 이들은 '당대 신유학자新儒學者'라고 불린 학자들로, 사학자 첸무錢穆, 철학자 탕쥔이, 머우쭝싼牟宗三, 쉬푸관徐復觀 등이다.

<그림 4-1> 당대 신유학자

왼쪽부터 탕쥔이, 머우쭝싼, 쉬푸관.
촬영: 장위민.

1950년대부터 1970년대까지 홍콩에서 활약했던 당대 신유학자들은 중국공산당은 '중국 문화의 적'일 뿐만 아니라 '인류의 적'이라고 인식했다. 특히 머우쭝싼은 중국공산당에 대해 엄격했다. 중국공산당은 "중화민국 이래 외래어를 사용하며 이치에 맞지 않는 구실을 내세워 주위를 온통 비판하고 공자孔子의 탓이라고 한다. 철저하게 비판을 한 결과, '인간'미도 남지 않게 되며, 국가도 성립되지 않는다. 공산당원이기 전에 '사람'임에 틀림이 없는데, 그 '사람'이라는 도리도 철저하게 비판하여 더 이상 '사람'이 아니게 되었다"(牟宗三, 1984). 홍콩에서 중화문명의 전통을 지키는 문화의 책무로부터 스스로 등을 돌리고, 당대 신유학자로서 유학儒學, 즉 '인간답게 되는 것'을 지향하는 '도덕의 학學'과 중화문명의 입장에서 중국공산당 정권을 비판했던 것이다.

그들은 중국 대륙의 중국공산당 정부를 중국 전통문화를 파괴하는 범죄자로 간주했다. 자신들은 중화문명의 최후의 유자儒者라는 자부심도 있었다. '중화문화', 특히 유학을 근대에 적응시키기 위해 그들은 고전을 재해석하는 데 노력했다. 공산주의 이데올로기를 외부로부터 끌고 들어가서 사상부터 관습까지 오래된 것을 모두 비판하는 중국공산당 정권의 행위를 인정해서는 안 된다는 입장이었다. 베이징 정부가 '중화문명'과 '중화민족'을 내세워 통치를 정당화하기 시작한 것은 정식으로는 1980년대 이래의 일이다. 중국공산당 정권은 아직 공산주의 이데올로기를 중시했고, '중화문명'과 '중화민족'으로 자신의 통치를 정당화하지는 않았다. 1950년대에 '중화문명'과 '중화민족'의 정통, 도덕과 정치의 대의는 신유학자들에게 있었다. 이것은 일종의 '유민遺民 민족주의'(여기서 유민이란 멸망해가는 국가의 전통을 고수하는 생존자들을 지칭함), '문화 민족주의'라고도 말할 수 있을 것이다. 그런데 그들은 민국 정부를 한편으로 인정하기도 하지만, 정치적 자유가 있는 홍콩에 더욱 편안한 마음을 느끼는 듯했다. 동시에 당대 신유학자들은 자유주의자이기도 하기 때문에 이름뿐인 민주주의, 실태는 독재정치 국가인 중화민국에도 가지 않았다. 특히 정치적으로 자유주의자인 쉬푸관은 대만의 언론 통제도 강하게 비판했다. 그들은 '아시아주의자'이기도 하며, 동아시아에서 유학의 재부흥을 지향하는 '신아서원新亞書院'을 설립했다.

또한 그들은 중화민국 시대의 민족주의를 신봉하고 서양 문화에 일정한 평가는 하고 있지만, 전통을 모두 버리는 서양 근대화론에도 반대했다. 예를 들면 자유, 민주, 과학 등의 서양 근대문명 개념을 중국 문화의 문맥에서 수용하기 위해 다양한 형태로 재해석했다. 중요한 것은 유학이 사람은 어떻게 하면 '인간다운' 존재가 될 것인가를 연구하는 '사람人의 학문'이라는 점이다. 그들은 문화와 도덕을 통해서 '인간다움'을 정의하고 도덕심을 발굴하며 문화대혁명 등의 광기의 시대에 대응하고자 했다. 그들은 도덕의 보편적인 힘을 신봉하고 중화문화의 부흥뿐 아니라 세계 및 인류의 구제를 주장했다. 예를 들면 탕쥔이는 중화문명의 '문화 의식'에 주목하고, 서양 철학을 참조하면서 새로운 유학을 출발시켰다. 머우쭝싼은 엄밀한 문헌 조사를 통해 근대 독일 철학의 이마누엘 칸트*Immanuel Kant*와 마르틴 하이데거*Martin Heidegger*를 비교하면서 송명宋明 유학을 위시한 중국 철학 사상을 재구축하고, 도덕심학道德心學에 형이상학과 우주론의 관점을 넣어서 '심心의 도덕 본성은 우주에 연결된다'는 장대한 사상 체계를 만들어냈다.

'방황하는 혼'

다만 문제는 그들이 영국령領 홍콩에 있다는 것이었다. 탕쥔이는 1960년대에 중화문명을 "실로 꽃잎이나 과일처럼, 바람과 물처럼, 표류하고 있다花果飄零"라고 묘사했다. 그들 자신을 포함해서 해외에 표류하고 있는 중국인은 만약 그 상태로 외국에 귀속하여 자신의 문화와 역사, 습속을 버려버린다면 뿌리를 잃은 '사람'이 되는 것이므로 "혼은 스스로 뿌리를 내리는 것靈根自植"일 수밖에 없다. 천하에도 세계에도 자신이 머물 곳을 잃어버리고, 중화민족도 "미래영겁 되돌아오지 않는다萬劫不復".

'적막한 신유학'이라고 불릴 만큼 대단히 고요하고 쓸쓸한 발상이다. 앞에서 언급한 창스궁도 그들의 반공적反共的인 주장에는 정면으로 반론할 수 없지만 "정치의 힘도 없고, 영국의 보호 아래에서 유학은 한 개인의 심학心學이 될 수밖에 없다"라고 조롱하듯 말했다. 정치의 현실을 간과한 채, 시대와 함께 잊혀질 것이라고 말한 것이다. 이것은 대단히 통렬한 비판이다. 실제로 홍콩의 '당대 신유학'의 약점은 그들의 눈이 '홍콩 사회'로 향해 있지 않았다는 점이다. 그들에게 홍콩은 (임시) 피난소에 불과했다. 1995년까지 생존했던 머우쭝싼도 일생 동안 홍콩에서 집을 구입하지 않았다. 언제라도 유학이 부흥하여 중국의 고토故土로 돌아가게 되었을 때 곧바로 출발할 수 있도록 말이다.

또한 탕쥔이는 홍콩 사회 그 자체를 '진흙탕 같은 것'이라고 인식하며 세속의 흙탕물에 빠져서 도덕심의 방해가 되는 것을 혐오했다. 신유학자들은 다른 이민 및 난민과 같이 대단히 빈곤했다. 그들이 세운 신아서원은 주룽의 아래쪽 삼수이포에 있는 빌딩의 한 층을 빌려서 만든 것인데, 선생도 학생도 빌딩의 계단에서 자고 먹는 일을 해결하기 일쑤였다(이웃하고 있는 거리에서는 전설적인 격투가 예원葉問, *Ip Man*이 도장道場을 열어서 중국 쿵후의 전설을 지킨다).

아무리 중화문명의 파수꾼을 자칭하더라도 생활을 영위할 수 없다면 문제인 것이다. '유민들'도 홍콩 사회의 현실에 직면하지 않으면 안 되었다. 신아서원은 후에 영국 식민지 정부의 '보호'를 받았고 1963년에 홍콩중문대학의 일부가 되었다. 냉전 아래에서는 홍콩 정부도 유학儒學으로 중국공산당의 이데올로기에 대항할 수 있지 않을까 하는 생각을 했을 것이다. 대학으로 흡수될 때 곤란한 점도 있었다. 중화민국의 깃발을 게양할 수 없다는 것, 대학자大學者 첸무錢穆가 초빙을 받았을 때 이력서를 제출해야 했던 것 등, 신유학자들은 망국의 굴욕을 맛보았다. 이상적인 교육 환경과는 거리가 멀었지만, 미국의 단체로부터 원조를 받아 신아서원은 간신히 교육의 장소로서 모습을 갖추게 되었다. 중화사상 또는 '문화민족주의'의 이념을 강하게 주장하는 당대 신유교는 식민지의 통치 수법에도 이론異論을 지녔음에 분명한데, 현실에서는 냉전 상황에서 홍콩 식민지 정부가 중국의 민족주의를 이용하여 중화문명을 온존시키고 있는 마지막 보루인 대학까지 유학자들에게 제공했다. 탈식민주의 연구자인 뤄융성은 식민지주의는 민족주의와 상호 간에 모순이 없는, 일종의 연속·공범 관계로서 파악된다고 지적했다.

그렇지만 1970년대에 들어서자, 홍콩 사회도 공업화가 시작되어 영국 정부는 홍콩중문대학을 본격적으로 '국제 사회의 인재 육성'의 장으로 개조하지 않을 수 없게 되었다. 독립적으로 운영했던 신아서원도 결국 중앙조직이 일괄하여 통제하게 되었고, 중화문명에 기반한 교육의 이상은 대학 조직과 충돌했다. 학생들은 이미 다음 세대의 선생이 되었고, 유학이 세계에 공헌하고자 한다면 조직의 개혁과 영어를 통한 국제화가 필요하다고 주장하기 시작했는데, 과거 세대의 선생들은 '신아서원'의 독립성과 결정권을 모두 상실하여 중화문명을 어떻게 지켜내겠는가 하고 반론하여, 사제지간은 결렬하게 되었다. 머우쭝싼을 제외한 전원이 사직하고 정년 퇴직하거나 혹은 사망했다. 현대의 홍콩중문대학 학생들에게 '중국 문화'는 하나의 필수 과목으로서 장식품에 지나지 않았다. 그들은 철학이 아니라 영어로 배우는 비즈니스와 의학, 법률 같은 '유용한' 과목을 지향하며 입학했다.

신유학자는 '방황하는 혼遊魂'으로 묘사되었다. 그 문화적 자의식은 토양에 뿌리를 내리지 못했고 또한 홍콩 사회를 직시하지도 못했으며 "방황하는 혼과 성불할 수 없는 영遊魂野鬼"이 "영원히 표박漂泊하는" 상태라고 뤄융성은 평가했다.

머우쭝산은 최후까지 홍콩중문대학에서 가르쳤는데, "묘당廟堂"의 문인이기보다는 『수호전水滸傳』에 등장하는 것과 같은 "강호 호걸江湖豪傑"의 "수호水滸 경계" 자체가 중화문명의 핵심을 지키고 있는 것이 아닌가 하고 1970년의 저서 『생명의 학문生命的學問』에서 말했다(陳海文, 2002). 다시 말해, 홍콩 문화의 토양에 뿌리를 내리는 것이 가능하고 홍콩 문화의 일부로 개편된다면, 중화문명은 사상으로서가 아니라 오히려 모든 사람이 읽는 문학, 대중문화의 힘의 편이었던 것이다.

피난소와 난민 사회

당시의 사회적 문맥을 개관해보도록 하겠다. 뤼다러에 의하면, 1960년대까지 홍콩은 난민 사회이자 빈곤 사회였다. 과거에 홍콩과 중국 대륙 간의 왕래는 자유로웠다. 국경이 봉쇄된 후에도 난민과 이민은 바다를 헤엄치거나 산을 넘어서 끊임없이 홍콩에 왔다. 거대한 인구를 보유하고 있는 중국은 수만 명이 이탈하더라도 아무렇지 않다. 하지만 1951년부터 1980년까지 대륙에서는 대기근과 정치 운동이 빈발하여 연간 수만 명의 탈주자가 나왔다. 1962년에는 1일 평균 수만 명의 규모로 이민이 유입되었다. 이렇게 되면 중국 정부와 홍콩 정부도 문제를 느낄 수밖에 없다.

홍콩은 애당초 인구 정책도 이민 대책도 갖고 있지 않았는데, 끊임없이 이어지는 이민에 대해서 1974년 11월 대단히 기묘한 정책, 실로 야구와 같은 '터치베이스 정책抵壘政策'을 시작했다. 규칙은 간단하다. 홍콩으로 도망치고 싶으면 우선 중국 대륙과 접속되어 있는 경계선(육지에는 중국 수비병과 홍콩 경찰, 바다에는 상어)을 넘고, 산까이와 주룽 간의 경계선에 해당하는 '계한가界限街'(문자 그대로 '국경을 정한 길')를 넘어서 주룽 영역이라는 '루壘'를 밟게 되면 '세이프*safe*'다. 정식 신분 증명서를 받으면 홍콩인이 된다. 하지만 주룽에 도달하기 전에 체포되면 '아웃*out*'되어 대륙으로 환송된다. 물론 목숨을 건 게임이다. 이 정책은 1980년에 폐지되었는데, 1950년부터 1980년까지 최저로 잡아도 합계 200만 명 이상이 이 규칙을 따라 홍콩에 들어온 것으로 알려져 있다. 이 밖에도 홍콩에 친척이 있어서 정식으로 이민을 신청했던 자들도 있다. 사람들은 다양한 이유로 자유를 찾아 홍콩에 왔고, 인구 문제는 홍콩 정부를 압박했다. 대다수의 이민자는 홍콩에 정착해도 안정된 일도 지위도 없었기에 문자 그대로 하류 사회로서의 '이민 사회'에 들어가버렸다. 고국故國도 재산도 잃었지만 간신히 살아남았다는 것만도 다행으로 여기는 것이 보통이었다. 그 누구도 홍콩을 '자신들의 사회'라고는 인식하지 않았다.

문자를 쓸 수 있으면 그것이 생존의 기술이었다. 1950년대 이후에는 수많은 잡지 및 신문이 발행되었는데 문인들은 독자 시장讀者市場에 정치 평론 외에도 오락 소설로 역사물과 무협물을 써서 생계를 꾸려나갔다. 그 중에서 다양한 무공武功, 즉 검술劍術, 체술體術, 기氣의 '외공外功부터 치료 및 소독된 몸 속의 기운인 '내공內功'을 사용하는 인물이 등장하는 '무협'이 '강호江湖'라는 중국 역사 속의 서민 세계에서 회자되는 이야기가 가장 인기를 끌었다. 1980년대 이래 홍콩에서 여러 드라마, 영화, 게임으로 가장 많이 재현되었던 것은 진융金庸, *Jin Yong*의 작품이다.

'강호'의 출현

진융, 본명은 자량융查良鏞, *Louis Cha Leung-yung*이며 1924년 출생했다. 홍콩 신문 ≪명보≫의 창간자이기도 하고, '장회章回 소설(연재소설)'의 형태로 많은 장편 무협 소설을 썼다. 이야기의 전개, 훌륭한 인물, 다양한 기술 및 비법 등의 설정에 더하여 무엇보다도 그의 소설을 인기절정으로 만들었던 것은 고국의 모든 것을 버리고 '목숨의 위험을 무릅쓰고' 홍콩으로 도망쳐 왔던 독자들이 작품 속 상황에 공감했기 때문은 아니었을까? 천애고독天涯孤獨의 위험한 강호에서 살아가려면 자신의 기술을 믿을 수밖에 없다. 영웅 호걸은 서로 원한도 은혜도 있지만 무엇보다 신용과 명예가 우선이며 우정과 인정人情을 중시한다.

진융의 소설 세계에서 등장인물의 평가와 지위를 결정하는 것은 실력도 사회적 지위도 아니다. 예를 들면 걸식자의 조직 '개방丐幇'은 강호의 정보실로서 높이 평가받는 한편, 소림사少林寺파와 같은 전통적 조직과 유파流派에서는 '위군자僞君子'의 악인이 나온다. 악인은 비겁하게도 독을 사용하기 때문에 정신을 함양하여 단련하는 '내공(기공)'의 기술이 치료 및 독을 제거하는 수단이다. 무협은 강호를 유람하는 여행에 나서는데, 위험에 직면하면서도 사부師傅와 전설의 인물로부터 비법과 필살기를 하사받는다. 무력과 '외공(근력)'만으로는 결코 좋은 무협이 될 수 없다.

전후 홍콩 사회는 실로 강호 그 자체였다. 그 누구건 자유로운 한 개인으로 가난하지만 미지의 세계인 강호에서 모험하여 만났던 친구와 정보를 나누고 새로운 기술을 몸에 익히며 자신의 능력을 향상시켰던 것이다.

민족주의 담론은 결국 홍콩의 담론으로

무협 소설은 단순한 모험담이 아니다. 진융은 작품 속 허구의 인물을 실제 역사 무대에 등장시킨다. 그중에서도 가장 인기가 있던 것은 1950~1960년대에 연재되었던 '사조영웅전射鵰英雄傳', '신조협려神鵰俠侶', '의천도룡기倚天屠龍記' 3부작으로, 모두 다 중국어로 100만 자字에 가까운 장편이다. 이러한 것은 실제로는 대단히 한족漢族 중심의 '민족주의 담론'이다. 첫 번째 작품인 '사조영웅전'은 몽골의 침략에 대비하는 이야기이며, 속편 '신조협려(신조검협神鵰劍俠)'는 몽골의 침략에 저항하는 내용이다. 애정 소설로서도 읽힌다. 국가는 파괴되고 실종된 소용녀小龍女를 찾아나선 주인공 양과楊過가 16년 후 그녀를 결국 발견하여 결혼하고 함께 은거한다. 남녀의 치정 관계 이야기도 자주 나온다. 제3부 '의천도룡기'에서는 비법이 '의천검倚天劍'과 '도룡도屠龍刀'에 봉인되어 국가의 위기에 대비한다. 이야기의 최후에 몽골족을 쫓아내고 중국은 한족이 세운 명나라 왕조의 천하가 되는데, 주인공은 몽골로 떠난다.

이와 같은 시대 설정의 의미는 다양하게 해석할 수 있다. 앞에서 언급한 사학자 첸무도 '한족인가, 이민족에 의한 지배인가'라는 기준으로 중국사를 썼지만, 진융도 예외는 아니다. 다만 당시 홍콩의 문맥에서 읽는다면 '외래 정권'에 해당하는 것은 오히려 중국공산당으로, 홍콩으로 도망쳐 왔던 독자가 '망국의 백성'과 '망명자'이다. 이 책도 '유민 민족주의' 소설이라고 말할 수 있다. '강호'는 원래 '자유'지만, 감정적인 갈등이나 정치 항쟁으로 진흙탕처럼 되어, 주인공은 국가를 위해 목숨을 바치거나 세속을 떠나 은둔의 장소로 숨게 된다. 이때 은둔의 장소, 성역은 다름 아닌 '홍콩'이다.

진융의 소설은 발표 당시부터 해외의 중국어 독자에게 절대적인 영향력을 지니고, 다양한 TV 드라마 및 영화로 각색되어 현재는 중국 대륙에서도 읽고 볼 수 있다. 개혁·개방 이후의 중국은 민족주의적인 이야기를 받아들이는 데 거부감이 없다. 하지만 진융의 부친은 반혁명죄로 체포되어 중국에서 사망했다. 진융도 1960년대에 공산당을 지지하는 홍콩 좌파로부터 공격을 받아왔으며 1970년대까지 홍콩 정부의 보호 감시하에 놓여 있었다.

'녹정기'의 팔방미인

진융의 작품 중에서 홍콩 사람들에게 가장 친숙하며 또한 이색적인 것은 1969년부터 1972년까지 연재되었던 '녹정기鹿鼎記'이다. 시기는 홍콩 사회가 자립하고 홍콩의 이야기, 문화와 정체성이 확립될 무렵이다.

'녹정기'의 무대는 한족이 패배한 청조 시대이다. 청조는 당시 자유로운 언론을 봉쇄하는 '문자의 옥獄'을 집행했으며, 『명사明史』를 집필한 자 등 정치 비판의 혐의를 받았던 작가들은 투옥되거나 살해당했다. 폭정 아래에서 문인들은 은거할 장소를 탐색하고 도원향桃園鄉에 은둔하며 문명의 부흥을 기다리는 수밖에 없었다. 이야기는 연재 제1회부터 실재했던 3명의 명나라 유민이자 충신이었던 황종희黃宗羲, 고염무顧炎武, 여유량呂留良의 대화로 시작된다. 이 3명의 문사文士는 배 가운데에서 조용히 대화를 나누는데, 반란 모의를 했다는 혐의로 체포되기 직전에 반청反淸의 비밀결사 '천지회天地會'의 대大무협인 진근남陳近南의 도움을 받게 된다.

이 작품은 문화대혁명의 한가운데에서 집필되었는데, '지은이 후기'에서 진융은 자신의 선조도 '문자의 옥'으로 살해되었다고 기록하고 있다. 또한 이 이야기는 단일 민족주의의 과오를 반성하고 중화민족은 다민족이라는 새로운 플롯을 세웠다고 밝히고 있는데, 이러한 것은 그다지 중요하지 않다. 가장 중요한 것은 이 작품이 고정적인 스토리를 포기했다는 점이다.

주인공인 소년 위소보韋小寶는 무술을 알지 못하고 모친은 매춘 업소에서 일하고 있다. 우연히 만난 '반청'을 도모하는 무협을 따라 위소보는 베이징의 자금성紫禁城에 침입하는데, 환관宦官으로 위장하고 우연히 강희康熙 황제를 도와 그의 친구가 된다. 여기까지는 알겠는데, 그 이후의 '초고속 전개'는 이상할 정도이다. 주인공은 황제가 가장 신뢰하는 부하가 되어, 오직 관료를 경질하고 자신의 주가를 올린 뒤에 반정부 조직 '천지회'의 간부가 되어, 조직의 리더인 진근남의 제자가 된다(다만 게으름뱅이어서 무술은 몸에 익히지 않는다). 또한 비밀 종교를 적발하고, 남쪽으로는 오삼계吳三桂 및 동쪽 대만臺灣의 정성공鄭成功의 후계자를 토벌하고, 북쪽으로는 러시아와 전쟁을 하고 조약을 체결하는 등, 위소보는 제국의 변경을 돌아다니며, 차례로 공을 세운다. 그 어떤 반역 세력으로부터도 '반청의 영웅'으로 간주되면서 황제의 중신重臣으로 올라가게 된다. 7명의 처도 있다. 한 명의 주인공이 수많은 영웅에 둘러싸여 있고 세계를 구하기 위해 싸운다. 마치 일본의 '미소녀 게임'과 같은 부류의 이야기다. 인기 절정의 대작가가 이러한 것을 써버렸기 때문에 당시의 독자들(그리고 지금에서도)은 대단히 곤혹스러웠을 것이다.

위소보는 팔방미인이다. 특히 무술도 하지 못하며, 특정의 정치적 이념도 없다. 그가 중시하는 것은 우정과 신의이다. 거짓말도 많이 하는데, 이는 싸움을 피하기 위해서이며, 돈이 목적은 아니다. 돈은 친구에게 나누어주고 인맥 만들기에 사용한다. 훗날 홍콩 영화의 주요 장르 중 하나인 '스파이 영화'의 원조격이라고도 할 수 있다. 그가 뽐내는 장기는 어떤 사람에게도 듣기 좋은 말로 대응하는 것이다. 그의 말을 어떻게 해석할 것인가는 듣는 자의 마음대로이며, 위소보는 정보 조작의 명인인 것이다.

이것은 홍콩인의 '최초의 자화상'이라고도 할 수 있을 것이다. 진융도 80대에 들어서면서부터는 중국공산당 정권의 초대로 '홍콩 기본법 초안'의 작성에 관여했다. 그는 대만에도 베이징에도 정치적 영향력이 있는, 복잡한 배경을 갖고 있는 작가이다. 위소보는 중화문명의 변경을 두루 돌아다니며 중심의 정치 세력과 연계를 맺고 다른 정치 세력에 대해서도 듣기에 솔깃한 잇속 있는 말을 전하며, 그 자신은 '이득'을 취하는 일종의 중개역이라고 할 수 있다. 위소보는 무술은 할 줄 모르며, 의지할 수 있는 것은 황제의 권위와 강호의 신분이다. 글자도 제대로 쓰지 못하지만 말하기는 달변인 인물이며, 대단히 저속하지만 한편으로 우정, 돈, 여자를 중시한다.

물론 이야기는 그렇게 잘 진행되지 않는다. 황제에게도 사부에게도 행동이 들통나버렸기 때문이다. 결국 본인은 물론 처자식들도 은거하는데, 한참 세월이 흘러 황제의 부름을 받는다. 러시아와 외교한 경험이 있으며 반청 세력에 대해서도 자세히 알고 있다는 점에서 재능을 평가받았는데 또다시 다양한 정치 세력 사이에 서게 되어, 문제를 해결한 이후에 고향으로 돌아가 은거한다.

주인공 위소보의 '자유'도 '홍콩의 자유의 정체正體'라고 할 수 있지 않을까? 신념은 없지만 다양한 세력에 둘러싸여 그 사이를 중재한다. 강호는 중심으로부터 변경까지 펼쳐져 있으며, 중화문명에 한정되지 않고 외국에도 듣기에 솔깃한 잇속 있는 말을 건넨다. '홍콩의 자유의 정체'란 이와 같은 유연성과 상상력 및 발상이며 다양한 문화와 이야기에 대한 적응능력이 아닐까 한다.

3. 홍콩 미디어의 형성

1970년대의 전환

홍콩 사회는 단순한 '빌렸던 장소, 빌렸던 시간'의 피난소였지만, 1970년대부터 자기의식을 갖게 되었다. 1970년대의 식민지 '홍콩'은 '빈틈없이 관리되는 수용소'였다. 전술한 '터치베이스 정책'이 폐지되었던 1980년에 홍콩 사회는 자신의 경계를 명확하게 하고 자기 관리, 자기의식을 지닌 하나의 '홍콩 사회'로서 완성된다.

'자유'의 의미도 변화되었다. 애당초 자유란 압제와 기근으로부터 이탈하는 망명자와 난민이 '일시적인 피난'에 의해 '나쁜 인연을 끊는다'라는 의미였다. 어쩔 수 없이 목숨을 걸고 고국과 고향을 떠난 자들이 타인이

지배하는 식민지에서 빈곤한 생활에 내몰릴 것을 알면서도 미래에 도박을 걸고 문명의 변경 '홍콩'으로 망명해 왔다. 문인도 서민도 '영혼을 기탁할' 장소로서 정착했던 것은 아니었다.

하지만 전후 홍콩에서 태어난 세대에 의해 '홍콩 사회'가 서서히 정착된다. 1970년대가 되자 '자유'의 의미는 경제의 번영이 가져온 '개인의 성공'이나 '계급의 상승'과 결부되어간다. 그들이 요구하는 '자유'란 '입신立身 출세'이다.

홍콩의 '전후 베이비 부머'들은 이른바 홍콩의 '단괴團塊 세대'이다. 이 세대에 대한 정의는 다양한데, 사회학자 뤼다러는 『4대 홍콩인四代香港人』(2007)에서 이들이 1946년부터 1965년에 홍콩에서 태어나 성장한 세대라고 했다. 홍콩 사회의 인구 구조로 보면, 이 세대는 항상 주역이다. 즉, "이 세대의 문제는 결국 '우리의 문제'이며, 사회의 문제 설정의 초점이 되기도 한다."

이 단괴 세대가 홍콩인으로서의 자기 인식을 지니기 시작했다. 홍콩의 정체성을 밑받침했던 것은 뤼다러가 '홍콩 모델'로 명명했던, 1970년대에 확립된 홍콩의 여러 제도와 체제의 특징이었다. 경공업이 기초인 '공업화 사회', 정부가 경제의 자유를 존중하는 '적극적 불간섭' 정책, 관료에 의한 효율이 좋은 '행정관리형 정부', 민주주의는 아니지만 민의를 중시하는 '자문식 정치', 사회를 지탱하는 '중류中流 계급'의 출현, 정부가 대량으로 싼값의 주택을 제공하는 '주택 정책', 이러한 것은 모두 1970년대를 전후로 확립되어 그 이후 20년 동안 '홍콩의 성공' 요인으로 간주되었고 '홍콩의 기적'으로 믿어졌으며 '홍콩 모델'은 신화화되었다. 1970년대 이전의 정치 및 경제 난민에게 홍콩은 일시적인 피난소에 불과했다. 자유란 '생각하는' 것, '움직이는' 것의 자유였다. 하지만 전술한 것처럼 1970년대 이래 자유는 경제에 의해 정의되어 비즈니스와 교육의 결과로서 계급 상승이나 번영하는 경제와 안정된 생활을 의미하는 '생활 보수주의'의 한 가지 원리와도 같은 것이 되어왔다. 일반 홍콩인이 실감할 수 있는 자유란 공업화 사회가 가져온 '번영'과 '안정'이었다. 홍콩의 새로운 신화도 그리고 낡은 '홍콩 모델'에서 벗어나지 못한 이야기의 원점도 여전히 1970년대의 체험으로부터 시작되고 있다.

정체된 홍콩 모델

뤼다러는 1990년대 이래에 들어서 이 모델의 문제가 현저해졌다고 다음과 같이 지적한다(呂大樂, 2015).

① 경공업이 기초인 '공업화 사회': 조립 작업 등 노동 집약형의 수출 경공업이 주도하는 고도의 경제성장 시대는 중소기업과 영세 공장을 중심으로 한 분업과 유연성이 특징이었다. 하지만 1980년대 대륙의 개혁·개방에 의해서 공업가는 기술 혁신에 투자하기보다 공장을 북쪽의 광둥성으로 이전하는 것을 선택했다. 1989년을 경계로 홍콩은 금융, 회계, 부동산, 서비스업으로 옮겨 갔는데, 사회 구조는 포스트 공업화 경제에 적응하지 못했다.

② '적극적 불간섭' 정책: 홍콩은 '정치가 경제에 간섭하지 않는 자유주의 경제'로 이해되는 편인데, 실제로는 영국인 엘리트가 정치를 통해 상업에

서의 이익 분배에 성공했다. 하지만 1980년대 이후 새롭게 등장한 홍콩의 자본가들에 의해 이익 분배에 마찰이 발생했다.

③ '행정관리형 정부': 시민은 비민주적인 식민지 정부를 자신들의 정부라고 인정하지 않았는데, 그렇다고 반反식민지의 무력 투쟁도 할 수 없었고 생활은 개선되었기 때문에 행정 관료의 체계가 모든 문제를 행정적인 수법으로 해결한다. 식민지 정부의 정치적 정통성은 문제시되지 않았다. 하지만 반환 이후에는 표면상 '자신들의 정부'가 된 특별행정구 정부의 정치적 정통성이 문제가 되어, 행정적 수법에 의존하는 해결의 한계가 드러났다.

④ 자문식 정치: 홍콩 사회의 엘리트층을 자문위원회에 초대함으로써 식민지 정부의 투명성이 향상되었다. 하지만 반환 이후에는 이러한 정부가 선발하는 위원회의 대표성이 문제시되었다.

⑤ '중류 계급'의 출현: '타인의 생업을 방해하지 않는' 한, 개인의 성공에 의한 계급 상승은 질투를 사지 않는다. 경제 및 교육에서 공평한 기회가 주어져 '성공은 개인의 노력에 의한 것이다'라고 하는 신화가 정착되었다. 하지만 1990년대 후반에 들어서자, 중간 관리직의 수도 줄어들고 중류 계급의 안정성도 상실되었다.

⑥ 주택 정책: 정부는 주택 정책과 뉴타운의 개발에 주력했다. 하지만 공업화 사회를 기초로 했던 도시 계획은 1990년대에 들어서자 산업 형태와의 미스매치*mismatch*가 부상되었다.

앞 장에서도 논한 바와 같이, 정부는 사회와 일정한 거리를 유지했다.

시민은 '능동적·적극적' 자유를 추구하지 않고, '간섭받지 않을', '피동적·소극적' 자유를 누릴 수 있는 거처를 확보했다. 1970년대 후반부터 1980년대 전반까지 홍콩 사회의 형태가 기본법이라는 형태로 유지되었던 것에 대해 뤄다러는 '홍콩을 정체시킨' 발상이라고 평가했다. 그런데 실제로 그것은 시대에 뒤떨어진 것이었다.

얇은 홍콩 의식과 '무문제 정신'

1958년에 출생한 뤄다러는 홍콩의 단괴 세대의 일원으로 다소 반성의 뜻을 나타내면서 이 세대가 가진 심성의 사회적인 성립 조건을 분석했다. 왜 "홍콩은 말하기 어려운" 것인가, 그것은 "홍콩 의식이 얇기 때문이다"라고 뤄다러는 평한다.

'홍콩 의식'은 확실히 1970년대 이래에 발생했는데, 1980년대가 되어 홍콩이 앞으로 나아갈 길을 둘러싼 문제가 표면에 드러나자, 이 의식은 바로 '패퇴敗退했다'라고 한다. 단괴 세대는 중국으로의 반환 문제와 톈안먼 사건과 같은 위기에 직면하여 홍콩을 현 상태로 유지할 것인가, 자신들이 홍콩의 외부로 이민할 것인가라는 질문을 받고, 결국 개인과 사회의 사이를 절단해버렸다. 그들은 홍콩의 생활을 좋아했지만, 그것이 그 사회에 대한 의무를 수행하는 것, 어깨에 책임을 짊어지는 것을 의미하지는 않았다.

자신이 홍콩인이라고 자각하기 시작했다고 해도 홍콩의 미래 문제에 대해 홍콩인으로서, 게다가 '홍콩 정신'이나 '본토(로컬) 의식'에 기초해서 자신들이 무엇을 필요로 하고 있는지를 확실하게 표명하지 못했다. 환언하자면 일종의 자기모순의 상태에 있는 것이다(呂大樂, 2007).

홍콩인들은 이 자기모순을 어떻게 해결했을까? 핵심어는 '무문제無問題, *Mumontai*'• 였다.

같은 단괴 세대의 작가인 천관중陳冠中, *Chan Koonchung*(출생 1952년)도 마찬가지의 코멘트를 기록하고 있다. 그들은 자신이 태어난 시대의 특수성을 잊고 언제나 자기 본위이다. 또한 성공한 세대만이 교육 시스템을 통해 체득한 '캔두*can-do*(하면 된다) 정신'과, 투자 감각으로 사물과 현상을 양적으로 파악하고 낮은 비용으로 높은 수익을 추구하는 '항식영명港式英明(홍콩 스타일의 현명함)'을 갖추고 있다고 지적했다. 그들은 학교에서는 시험 성적, 사회에서는 돈을 각각 지표로 삼는다.

한편 그들은 효율을 중시하기 때문에 "원리 원칙에 대한 배려, 이상의 무게, 역사의 압력"을 전부 버리고 완벽한 것도 고매한 것도 추구하지 않는다. 일본에서 영화 제목이기도 하여 잘 알려져 있는 홍콩의 '무문제' 정신 그 자체인 것이다.

어느 미국 영화의 촬영이 홍콩 로케이션으로 이루어져, 스튜디오의 직공에게 테이블 주문을 받았다. 미국인 설계사는 매일 상황 진척을 문의했지만 홍콩의 직공은 "데드라인까지 할 수 있다"라고 답했다. 촬영 당일 테이블이 운반되어 왔다. 일견 보기에는 좋았지만 자세히 살펴보니 테이블의 안쪽에 페인트가 칠해져 있지 않았다. 미국인은 매일 확인했는데도 왜 끝까지 제품을 보여

• ———— 광둥어로는 '모우만타이冇問題, mou man tai'로 표기된다. _옮긴이 주

주지 않았는지, 게다가 안쪽에 칠이 되어 있지 않은 것에 대해 의견을 듣고자 했는데, 홍콩인은 시치미를 떼면서 결국 데드라인은 지켰고 촬영하더라도 테이블은 어쨌든 몇 초 분량이기 때문에 완벽을 추구하더라도 효과에 차이가 있는 것은 아니라고 대답했다. 그리고 이것이 필요 없다고 해도 시간적으로 이미 되돌릴 수 없는 일이라고 말하기도 했다. 바로 이것이 우리의 위대한 '캔두 정신', '항식영명', 그리고 생산성이다(陳冠中, 2005).

천관중은 "이 세대의 발상과 상상력은 협소하며 결국 주식과 부동산에 집중한다. 내일이 있지만, 부동산 가격이 내려가지 않는 한일 뿐이다"라고 평했다.

천관중은 '홍콩인'을 문화 개념으로서 정의하고, 이민이었던 사람들이 1970년대에 '홍콩인'으로서의 자기 인식을 갖기 시작했던 계기는 '정치 현실'과의 직면이라고 주장했다. 영국에 평소에는 못 가고, 대륙에는 아직 못 간다. 영국인으로 인식되지 않고, 대륙인으로는 불리고 싶지 않다. "별 도리가 없기 때문에 자신을 홍콩인이라고 부른다. 게다가 긍지를 갖고" 말이다(陳冠中, 2005).

홍콩은 '일시적인 피난소'에서 '쾌적한 수용소'가 되어, 거주자 등도 홍콩으로서의 자기 인식을 갖기 시작했다. 한정적이라고는 해도 자유로운 환경에서 사상의 제한이 없고, 생활도 '무문제'이다. 하지만 이러한 홍콩 의식은 여전히 얕다고 뤄다러는 말한다. 홍콩은 단순히 돈 버는 장소에 불과하다. 또한 이 의식에는 '중심'이나 '주체'가 없다. 반역 의식도 없고, 예로부터의 문화의 연장도 아니다. 자주 의식이 없는 것이다. 뭔가 일이 생기면 이민한다. 뭔가 일이 생기지 않으면 다시 돌아온다. 그 어떤 죄악감도 없다. 홍콩의 매력은 결국 "밤중에도 거리에서 완탕면을 먹는다"고 하는 정도의 소비 생활과 경제적인 자유밖에 없다.

천관중은 그 이후 그들 세대가 대표하는 홍콩의 정의란 '방법론으로서의 홍콩'밖에 없다고 주장했다(2011년 중국 문학자 및 민속학자인 천윈陳雲은 '주체론으로서의 홍콩'을 정리해서 새로운 정치사상으로서의 '홍콩 성방론城邦論'을 썼는데, 이것은 다른 이야기이다). 일종의 '노하우'로서의 홍콩의 자유란 목적도 주체도 없는, 수단의 유연성과 적응성을 추구하는, 일과성一過性의 심성을 지칭하는 것일지도 모른다.

'보급 문화'와 홍콩 정체성

그런데 1970년대부터 1990년대 전반까지는 '홍콩 문화'의 황금기이기도 했다. 홍콩인은 이상할 정도로 드라마와 음악, 영화를 통해서 자신들의 일을 말하고 싶어 한다. 그런데 홍콩 문화에 단일한 이야기는 없다. 홍콩은 이곳저곳으로부터 문화를 가지고 들어와, 하나의 이야기에 구애받는 일도 없이 그 '혼종성'이 오히려 강조된다. 다양한 것을 빌려서, 섞어서, 전개하는 것이다.

홍콩인과 홍콩 문화의 정체성은 '자신은 누구인가?'라는 질문보다 '자신은 타인과 다르다'라고 하는 차이성의 표명으로 드러난다. 홍콩인의 이미지를 확립하기 위해서 우선은 중국과 거리를 유지하며 홍콩인은 중국인과 어떻게 다른가, 타자와 자기 사이에 보이지 않는 선을 그었다. TV 드라마와 영화, 음악 등의 홍콩 대중문화가 이 선을 끌어내고 있다. 미디어 사회학자인 마제웨이馬傑偉, *Eric Kit-wai Ma*의 분석을 살펴보자. 마제웨이는 홍콩의 '문화적 정체성'과 민족주의를 주제로 30년 가깝게 미디어 분석을 계속하고 있다. 마제웨이는 특히 홍콩 미디어에서 나타나는 '중국 대륙인 이미지'에 주목했다. 마제웨이는 홍콩의 보급 문화를 보고 중국과 선을 그음으로써 홍콩에 자기의식이 싹텄다고 평했다. 미디어에 등장하는 중국인에는 '흉악한 범죄자'도 있는가 하면 '도시 생활에 익숙해지지 않는 아저씨와 아주머니' 등도 있었다. 1979년의 TV 드라마 〈망중인網中人, *The Good, the Bad and the Ugly*〉의 등장인물인 '아찬阿燦, *Ah Chan*'• 은 시골뜨기로 머리가 나쁘고 성공하고 싶어 하지만 홍콩 사회에 동화되는 것에 실패하여 관중을 실소하게 만든다. 익살꾼 역할이지만 결국에는 다른 대륙인의 유혹에 넘어가 범죄를 저지르고 감옥에 가는 비극적인 인물이다. '아찬'의 이미지는 폭넓게 공유되어 '홍콩에서 생각하는 중국인'의 대명사가 되기도 했다. '아찬'은 '물정을 모른다', '오만하다', '정보에 어둡다' 등의 뉘앙스를 갖고 있다.

마제웨이는 홍콩의 대중문화를 살펴보고, 중국에 하나의 선을 그음으로써 홍콩에 홍콩 의식이 싹텄다고 평했다.

<대시대>

1980년대에 들어서면서부터 중국인의 이미지는 민족적 '스테레오 타입'보다도 중국공산당에 대한 공포감을 정치적으로 비유해서 표현하는

• ——— 청찬程燦, Ching Chan을 지칭한다. _옮긴이 주

<그림 4-2> 홍콩 TVB에서 1992년 방송된 <대시대>

정사오추鄭少秋, Adam Cheng, 류칭윈劉青雲, Sean Lau Ching-wan 주연. 2015년의 재방송도 화제를 불러일으켰다.

예가 많았다.

'홍콩 신화'를 가장 선명하게 묘사해냈던 것은 1992년에 40회 연속 방영된 TV 드라마 〈대시대大時代, *The Greed of Man*〉이다. 2015년에 재방송되었는데, 아직 인기가 수그러들지 않고 있다. 1989년 톈안먼 사건의 충격으로 중국 정치에 대한 두려움과 홍콩의 '자본주의 의식' 등을 가장 예리하게 그려낸 작품이다.

저녁 7시 30분의 황금 시간에 방송되었던 제1회는 주식에 대실패한 딩세丁蟹, *Ting Hai*가 아들 4명과 높은 빌딩에서 몸을 던져 자살하는 장면으로 시작한다. 자식들을 한 명씩 던져버리고 최후에 딩세 스스로도 몸을 던지는데 죽지 않는다. 이 최악의 '결말'을 앞부분에 두어 시청자들을 놀라게 만들었다. 딩세(악역) 일가와 팡덴보方展博, *Fong Chin-bok*(주인공) 일가 간의 30년에 걸친 싸움이 도서법倒敍法(역사적인 시간의 흐름과는 반대로 거슬러 올라가면서 기술)으로 묘사된다.

딩세와 4명의 자식들은 품격도 없고 은혜를 모르며 위법 행위로 팡씨 일가를 고통스럽게 한다. 팡씨 일가는 주인공 이외에 모든 인물이 죽는다. 딩세는 살인을 저지르지만 스스로를 '군자君子'로 믿고, 도덕적인 설교로 자신과 가족의 악행을 은폐하고 변명으로 일관한다. 딩세 역의 정사오추는 장기간 무협 드라마에서 정의로운 영웅 역을 맡았었고, 이 같은 갭은 '위군자僞君子' 이미지를 강조한다. 한편 팡씨 일족은 서양적인 취미를

<표 4-1> <대시대>에서 팡씨와 딩씨 두 가족의 비교

팡씨 가족	딩씨 가족
정의	악역
서양화	중국화
풀뿌리 계층	흑사회黑社會(마피아)
준법	위법
문명	야만
성실	부정부패
도리를 중시함	폭력

자료: 馬傑偉·曾仲堅(2010: 286).

갖고 있고 이성과 법률을 지키는, 오늘날 홍콩인의 이미지이다. 이 작품에 중국인의 스테레오 타입은 등장하지 않지만 '중국화'의 정치적 비유가 잠재되어 있다고 마제웨이는 분석했다. 마제웨이는 작품 중 '중국화'와 '서양화'의 이미지를 〈표 4-1〉처럼 비교했다.

톈안먼 사건에서는 '부친' 격인 노인이 '아들' 격인 학생과 시민을 학살했다. 하지만 부친은 죽지 않았다. 〈대시대〉 제1화의 시작 장면은 톈안먼 사건의 정치적인 비유로서 독해해야 한다고, 마제웨이는 말한다.

딩셰의 4명의 자식은 딩샤오셰丁孝蟹, 딩이셰丁益蟹, 딩왕셰丁旺蟹, 딩리셰丁利解이다. 이들의 이름은 대단히 촌스러운데 '셰蟹(게)'는 중국 국기를 상징한다. 오성홍기의 큰 별과 그 주위에 작은 별 4개는 셰(게)의 몸체와 4개의 다리로도 보이는 것이다.

이 드라마가 방영되었던 1992년에는 앞 장에서 소개했던 패튼의 민주화로 '애국=전제專制=중국화' 대 '민주=자유=서양화'의 도식이 부상했다. 이 드라마는 정확히 그러한 심정의 변화를 비유로서 묘사해내고 있다. '중국화'란 민족의 스테레오 타입이 아니라 자유가 없는 위험한 전제 체제의 비유이며 '서양화'가 가져온 자유와 민주화 자체가 전제 체제에 대항할 수 있는 것이다.

하지만 어떠한 수단으로 위험한 전제에 대항할 것인가? 이 드라마에서는 '주식시장'으로 대항한다. 즉, 홍콩의 '자유'의 정체, 그리고 최대의 홍콩 신화는 자본주의이다. 주인공은 일개 사무원에서 투자가가 되기까지 성실하게 노력을 거듭하며 성공하는데, 이것은 홍콩인에게 극히 전형적인 계급 상승의 패턴이다. 드라마 〈대시대〉 제8회에서는 신화적인 장면이 사용된다. 선인仙人이며 조력자인 '예텐葉天, *Yip Tin*'이 등장하여 주인공을 안개에 둘러싸여 있는 산속의 폐가, 그리고 증권거래소로 이끌고 가서 그의 '운명'을 자각케 한다. 자칭 은퇴한 투자가인 예텐은 그 이름대로 '하늘天'을 표현하며, 주인공의 가업도 천직도 투자가라고 계몽시킨다. 주인공은 직감을 지니고 전 재산을 시장에 투입하여 가문의 적이 주식으로 파탄나게 만들고 복수한다.

이 드라마에서 중국화의 저주에서 벗어나고, 진정한 자유를 수중에 넣게 만드는 것은 주인공의 투자 재능보다도 자본주의의 힘, 그리고 '천명天命'이다. 리자청(제2장)을 위시한 홍콩의 자본가들을 떠오르게 하는 인물들도 최후에 등장하며, 주인공에게 '운運'을 빌려준다. 마제웨이는 이 드라마 자체가 '홍콩 신화의 정체'라고 말한다. 자본 투자는 홍콩인의 천직이며, 성공한 사람은 신성한 힘을 가지고 있다. 이 드라마는 1990년대 홍콩의 불안한 정세를 누그러뜨리는 스토리였던 것이 아닌가 하고, 마제웨이는 결론을 짓는다.

재키 찬은 홍콩 사람인가?

홍콩 영화와 음악을 좋아하는 사람은 일본에 지금도 많은데, 그들 사이에서 가장 인기가 있는 것은 1980년대의 작품이 아닌가 싶다. 그런데 과연 그러한 것이 '홍콩'의 문화인가?

여기에서 주목되는 인물이 앞에서도 언급한 재키 찬이다. 본명은 청룽이지만 일본에서는 브루스 리와 마찬가지로 외래어 이름인 재키 찬으로 널리 알려져 있다. 두 가지 이름(청룽, 재키 찬)으로 데뷔했던 1978년의 액션 영화 〈사형조수蛇形刁手, *Snake in the Eagle's Shadow*〉와 〈취권醉拳, *Drunken Master*〉에서 그는 시골뜨기이지만 사부의 지도를 받아서 노력 끝에 중국 전통을 지키는, 풀뿌리 같은 인물이다. 하지만 1983년의 〈프로젝트 A*A*計劃〉의 무대는 풀뿌리의 중국 전통에서 이탈하여 홍콩 식민지 초기로 옮겨 간다. 이 영화는 중국, 영국, 홍콩에서 활약하는 홍콩인 경찰관의 이야기이다. 1980년대 후반이 되자, 재키 찬의 이미지도 국제화되어 간다. 예를 들면 1985년에 출시된 〈폴리스 스토리警察故事〉에서는 홍콩 경찰이 세계를 무대로 대활약하는 것이다(石琪, 2001.2.5).

1990년대에 들어서 반환 문제가 부각되자, 이 홍콩인의 정체성도 모호해져 간다. 반환 이후인 1998년의 작품 〈Who Am I?我是誰?〉에서의 재키 찬은 영화 제목대로 자신이 누구인지를 알지 못한다. 2001년의 〈엑시덴탈 스파이特務迷城〉에서는 스파이를 동경하는 고아가 우연히 휘말려든 사건 때문에 한국, 이스탄불을 순회하며, 최후에는 자신이 '중국인'인지도 모른 채 끝난다(石琪, 2001.2.5). 대히트한 오락 액션이었지만, 각본가 안서岸西, *Ivy Ho*는 이 작품에 다양한 문화 이론과 영화 비평 이론이 교묘하게 녹아들어 있다고 말한다. 이스탄불의 이미지에는 『오리엔탈리즘*Orientalism*』으로 저명한 에드워드 사이드*Edward Said*의 이론을 그대로 적용했다. 또한 '스파이' 영화는 홍콩 영화의 단골 장르로 그 자체가 홍콩 정체성의 문제와 깊게 관련되어 있음은 말할 필요도 없으며, 그 이상의 '홍콩의 이야기'는 제공할 수 없다고 선언하는 '메타 비평' 영화인 것이다. 홍콩의 이야기는 역시 '엑시덴탈'한 '우연'의 산물로밖에는 말할 수 없다.

현실에서 재키 찬은 중국 대륙에도 진출하여 홍콩인이라는 신분에 구애받을 이유가 없어졌고 자칭 중국인, 다시 말해 '청룽成龍'은 말 그대로 중국의 상징인 용이 되었다. 전임 아이돌 가수로 지금은 '일본인 아주머니'가 된 아그네스 찬*Agnes Chan*이나 재키 찬이 정치적인 코멘트를 하면 홍콩인, 특히 젊은 세대는 강하게 반발한다. 그들은 아그네스와 재키의 생활 방식에 '더 이상 홍콩인의 감각이 없다'라고 느끼기 때문이다. 재키는 1980년대의 감각이다. 홍콩 사회는 변했지만 그들은 변하지 않았다. 1980년대에 홍콩인의 의식이 정착되었던 것은 확실하지만 그 의식은 얕았다. 홍콩 영화가 개혁·개방 이후의 중국에 진출하자, 1980년대 스타인 그들은 1990년대 이래 변화한 홍콩 사회의 감각으로부터 동떨어지게 되었던 것이다.

하지만 재키 찬뿐이 아니다. 단괴 세대의 홍콩인 가운데 아직 '홍콩인'이라고 스스로 인식하는 사람의 비중은 어느 정도일까? 홍콩 영화를 대표하는 여러 명의 감독과 스타들은 중국에 진출하자마자 중국을 받아들이고 중국에 녹아들었으며, 홍콩의 자유에 강하게 구애받는 아랫 세대가 괴리감을 느끼게 하는 말을 한다. 그들이 변한 것이 아니라 홍콩이 변했으며 차세대가 변했을 뿐이다. 재키 찬이 어떤 사람인지 그 누구도 알 수 없게 되었다.

홍콩인의 정체성은 확실히 1970년대부터 강하게 의식되어 왔는데, 그것은 '얕았다'. 그 정체성도 유동적이며 애매하다. 주인공은 왜인지는 몰라도 스파이가 많다. 이러한 스파이 영화에 대해서 문화학에 정통한 뤄융성은 이처럼 분석했다. 스파이는 항상 다른 문맥에 놓여 자의식의 차원에서 번뇌한다. 고정된 이야기는 없다. 해외에서도 높은 평가를 받는 영화감독 왕자웨이王家衛, *Wong Kar-wai*의 작품에는 대단히 아름다운 영상과 인상에 남는 대사가 존재하지만, 스토리는 항상 지리멸렬하다.

물론 이러한 홍콩 사회의 의식과 문화 정체성의 역사도 얕다. 하지만 홍콩 문화의 저류는 항상 움직이고 있는 것이다.

제5장

우산혁명

: 일어선 관객들

1. 벽, 거인, 계란
2. 생활 공간과 정치 공간의 연결
3. 진중 점령구가 보여준 미래상
4. 몽콕: 자유와 민주를 위한 '투쟁'
5. 각성한 관객들

진중 점령구에서 스마트폰을 들고 있는 집회 참가자들(2014년 9월 29일).
자료: MaxImn/Wikimedia Commns(CC-BY2.0).

1. 벽, 거인, 계란

시스템과 개인

여기에서는 우산운동, 좀 더 정확히 말하자면 민주화 운동의 트렌드 색상이 된 노란색 우산이라기보다는 다양한 색깔이 어우러진 우산들의 운동에 대해서 논해보도록 하겠다. 2014년 9월 28일, 우산을 펼친 시위대를 향해 경찰이 최루탄을 발사하는 장면은 전 세계의 미디어에 의해 일제히 보도되었다. 그중 특히 최루 가스를 뒤집어쓴 자가 있었다. 미국 ≪타임≫의 표지를 장식했던 통칭 '우산맨'이다. 사실, 사방팔방으로부터 풍겨 오는 가스에 우산은 그 어떤 도움도 되지 못한다. 홍콩의 자유에 간섭을 강화하는 중국을 상징하는 이 안개는 서서히 다가오고 있으며 정체불명이다. 오리무중이면서 홍콩인은 단지 '하나의 우산'으로 저항할 수 있을까? 왜 우산운동은 ≪타임≫을 위시한 '서양' 미디어에 크게 보도되었을까? 홍콩 시민이 그들의 새로운 상징이 된 '우산'으로 지키고자 했던 가치는 도대체 무엇이었을까?

<그림 5-1> ≪타임≫ 표지를 장식했던 '우산맨'

자료: ≪타임≫(아시아판, 2014년 10월 13일).

중국의 압도적인 군사력과 성장하는 경제, 적어도 많은 사람이 그것을 믿고 홍콩 정부도 그러한 이미지를 선전했다. 톈안먼 사건이라는 트라우마를 안고 있는 홍콩 사회는 '천조天朝'라고도 불리는 이 대국大國 중국을 앞에 두고 승산이 없는 것처럼 보인다.

일본의 작가 무라카미 하루키村上春樹가 이스라엘의 예루살렘 문학상 수상식(2009)의 연설에서 사용했던 '벽과 계란'의 비유는 우산운동에 자주 인용되었다.

> 강하고 큰 벽이 있는데, 거기에 부딪혀서 깨져버린 계란이 있다고 한다면, 나는 항상 계란의 측에 서겠습니다.

또한 무라카미 하루키는 "그 벽은 이름을 갖고 있습니다. 그것은 '시스템'이라고 불리고 있습니다"라고 하면서, "벽이 우리를 지켜주고 있지만 또한 우리를 살해하며 타인을 살해합니다"라고 덧붙였다. '시스템'은 중국어로 번역하면 일본어와 마찬가지로 '제도'가 되며, 전제 정치와 중국 공산당에 대한 비유가 된다.

우산운동이 한창이던 당시 베를린의 벨트 문학상 수상식(2014)의 연설 마무리 부분에서도 무라카미 하루키는 홍콩의 젊은이들에게 함성을 보내면서 격려했다. 홍콩의 단괴 세대는 소비 사회의 아이러니로서 무라카미 하루키를 읽었지만(오늘날의 중국 대륙에서도 이와 같은 독서 방식이 주류일 것으로 생각된다), 자유의 혼으로 가득 차 있는 '계란'이라고 하는 자기 인식을 하기 시작한 현재의 홍콩인들에게 무라카미 하루키는 정치적 이상과 가치의 응원자로 변신했다.

홍콩에서 인기가 있는 일본의 만화 〈진격의 거인進撃の巨人〉도 우산운동에서 자주 비유적으로 사용되었다. '정체불명의, 사람을 잡아먹는 거인'을 막기 위해 사람들은 '벽'을 구축하며 평화로운 일상을 지키는데, 결

국 거인에 의해 파괴되었다. 소년병은 '입체 기동장치'로 날아올라 거인과 싸운다. 여기에서도 '벽'이 비유로 사용되고 있다. '점령중환'의 리더 중 한 사람도 (이 만화를 읽었는지는 알 수 없지만) '홍콩을 지키는 벽'이란 자유와 법치라고 말했다(戴耀廷, 2015.8.18, 8.25).

그렇다면 '계란'들은 '벽'을 향해 돌격하며 쓸데없이 희생을 치르게 되었던 것인가? 물론 우산운동 중에, 그리고 사태가 수습된 이후에 일부 '계란'은 도망치기도 했다. 하지만 그들은 우산운동에서 쓸모없는 자기희생을 치르지 않았다. 또한 톈안먼 사건 직후에 홍콩의 장래를 비관하여 해외로 이민 갔던 세대와는 달리, 그들은 '벽의 바깥'으로 도망치지 않았다. 생활 속으로 다시 잠입하여 정면으로 투쟁하기보다는 자신이 추구하는 가치를 다양한 방법으로 증명하고자, 거인 앞의 소년병들처럼 활약하고 있는 것이다.

2014년의 이 사건에는 다양한 명칭이 있다. 계획 단계에서는 '점령중환'이었다. '점령중환'의 계획 단계에서는 '도로에 연좌하여 체포를 기다리는' 자기희생으로 도덕심에 호소한다는 것이었다. 최루탄 발사 이후에 구미 미디어는 '우산혁명'이라고 명명했다. 실제 '혁명'이라는 무력 항쟁은 아니었고 머리와 몸을 사용한 '운동'이라는 것이 실태였다. 따라서 필자(장위민) 등은 '우산운동'이라는 호칭을 지지한다. 일반적으로도 이 명칭으로 정착되었다.

민주화 운동으로서 우산운동의 발생에 대해서는 제3장에서 그 개략概略을 설명했는데, 이 장에서는 홍콩에 머물고 있는 필자(장위민)의 당사자적인 시각에서 우산이 상징하는 '자유'의 진의를 판별해보고자 한다.

이 3개월 동안에 홍콩의 거리 전체에 갑작스럽게 출현했던 표출된 말들을 인류학의 시각에서 '다양한 문화의 기호와 그 생태계'로서 파악하고 필자의 현지 조사, 당사자들의 회고와 당시 보도를 종합적으로 참조하여 그러한 것이 무엇을 의미하는지, 급격하게 변화하는 홍콩의 문화와 사상에 주목해보도록 하겠다.

2. 생활 공간과 정치 공간의 연결

'비' 아래의 코미디

79일간 계속된 '시가지 점거=우산운동'은 그 누구도 상정하지 못했던 규모에 도달했다. 이 운동을 어떻게 평가해야 할까? '민주화를 추구하는 정치 운동'인가, '경제와 질서의 파괴 활동'인가. 그것은 무엇을 기준으로 삼는가에 따라 결정된다. 또한 이 운동의 '승패' 결과를 논하는 자도 많다. 하지만 친베이징파가 말하는 '경제에 대한 악영향'이나 민주파가 기대했던 '정치적 효과'보다 오히려 문화 방면에서 의의가 컸다고 필자는 생각한다. 우산운동이 가져온 영향은 '홍콩의 혼'에 미친 영향 면에서 더욱 중요했다고 할 수 있다.

홍콩에서 가장 인기 있는 스탠드업 코미디의 원조 황쯔화黃子華, *Dayo Wong*는 우산운동의 한가운데에서 이루어졌던 쇼에서 이 운동을 이야깃거리로 다루었다. 다소 길지만 인용하고자 한다. 그의 대사는 홍콩인의 심성을 응축하고 있기 때문이다.

<그림 5-2> 황쯔화의 스탠드업 코미디 DVD

나는 1년 반이나 전부터 이 쇼를 준비했는데 또다시 이러한 사회적 대사건과 조우하게 되다니! (인용자 주: 지난번 2년 전의 쇼는 '반反국민교육 운동'이 한창이었다) 뭔가 말하지 않으면 안 될 것 같군요. (관중 박수) …… 행정장관도 전임 보안국장保安局長(친베이징파 소속 행정회 멤버, 입법회 의원인 예류수이葉劉淑儀, *Regina Ip Lau Suk-yee*)도 말하고 싶은 대로 실컷 지껄이고 있답니다. "우산은 무기이다"라는 말이 흔하다고 합니다. 정부의 입장에서 경찰들을 변호하는 것은 이해 못할 일도 아니지만, 그렇다고 "경찰은 프로이다"라고 하는 소리를 납득할 수는 없습니다. "경찰은 최루탄 발사의 프로이다"라는 핑계 따위는 통하지 않는 것이 아니겠습니까? 애당초 몇 차례 발사했던 적이 있었나요? (관중 폭소) 수십 년이나 평화로웠던 홍콩에서 몇 차례 최루탄을 발사했던 적이 있었단 말입니까? 수십 년이나 요리를 하지 않았던 요리사였다면 이러한 것은 역시 말할 수 없을 것입니다. 나의 견지에 볼 때, "프로의 경찰들이지만 최루탄에 관해서는 '아마추어'이다"라고 말한다면 무문제입니다. (관중 박수) 마찬가지로 "시위대는 프로가 아니며 서로 아마추어에 불과"했기 때문에 무문제입니다. 그렇지 않습니까? (박수 갈채)

바로 이러한 시대이기 때문에 '최신催神(최루탄의 신, 우산맨을 지칭함)'까지 나타나게 된 것입니다. 최루탄이 발 아래에 날아오더라도 2개의 우산을 들고 "So What?"이라고 하며 쿨하게 뛰어오릅니다. 톈안먼 사건 때는 전차 앞에

홀로 서 있던 '탱크맨'이 있지 않았습니까? 그 자는 배짱이 있었다고 할 수도 있는데, 바로 '최신'이 인류의 한계를 넘었던 것입니다. 녀석에게 독가스는 효과가 없었습니다. 2개의 우산에 해독 장치가 부착되어 있었던 것은 아닌가요? 완전히 선인을 보는 것 같았습니다.

나와 같은 연장자年長者의 세대, 특히 머리가 굳은 사람들은 이번의 홍콩을 직시해야 합니다. 최루탄도 마피아도 두려워하지 않는 인간이 상당히 많이 나타났다는 바로 이 현실을 말입니다.

우리는 무엇을 증명했습니까? (그것은) 용감하고 평화주의를 신봉하며 선량한 홍콩인이 여기에 있다는 것입니다. 이처럼 세계에 호소할 수 있는 것은 없을 것입니다. '지智, 인仁, 용勇' 중에서 인과 용의 미덕은 증명이 끝났습니다. 앞으로는 우리의 지혜가 시험받게 되는 때입니다(黃子華, 2014.10.7).

생동감으로 넘쳐나는 경미한 '개그 토크'였다. 광둥성의 광저우와 마카오에서도 상연되었는데, 정치 검열이 있기 때문에 이 '덤' 부분은 일반에 공개되지 못했다. 황쯔화는 "만약 한 개의 달걀이라도 벽 앞에서 부서졌다면 이 쇼는 계속될 수 없다"라고도 말했다. 우산운동 중에는 웃음의 장래도 걱정하지 않을 수 없었던 것이다. 바로 그렇기 때문에 그의 개그는 홍콩의 멋스러움을 충분히 발휘했다. 정치라고 하는 비일상과 일상의 생활을 잇는 슬픔과 기쁨도 혼합시키는 그는 '제로*zero* 연대' 이래의 홍콩 대중문화와 정치 문화의 새로운 대표적 존재가 되었던 것이다.

이 일상과 비일상이 혼합되어 있는 현실을 이해하는 것은 우산운동뿐만 아니라 홍콩의 정치와 문화를 이해하는 데 불가결한 것이라고 생각된다. 황쯔화는 캐나다에 있는 대학의 철학과를 졸업하고 1990년대에 홍콩으로 돌아와 TV 업계에 들어갔다. 홍콩 사회의 배금주의拜金主義를 역설적으로 깔보는 독특한 센스는 TV 드라마에서도 이채로움을 발산했다. 드라마 〈남친여애男親女愛, *War of the Genders*〉(2000) 에서는 '샤오창小强, *Siu Keung*'이라는 이름의 바퀴벌레를 사육하는 남성을 연기했는데, 그가 맡은 배역의 참신한 '공민 감각'이 공감을 불러냈다. 홍콩 반환 직전에 그의 쇼는 전적으로 정치 문제를 다루고 중국 반환에 대한 역설적인 언급도 주저하지 않았다. 필자는 20세 당시에 이 쇼를 라이브로 보았는데, 정치학의 최초 강의에 해당하는 것이었다.

재키 찬 등 홍콩의 대스타들은 중국 시장에 의존하게 됨에 따라 홍콩에서는 인기가 추락했다. 황쯔화처럼 홍콩다움을 명확하게 제시하는 스타가 존재감이 높아지는 것은 당연한 일이다. 정치의 화제를 기피하지 않고 이상과 가치를 도외시하지 않는 그의 인기는 쇠락하지 않는다.

생활과 정치를 잇는 도구 '우산'

우산운동이 단번에 확산되었던 것은 도시의 정보 생활이 정치 활동과 공간적·시간적으로 연계되었던 순간이기도 했다. 진중의 정부 본청사를 둘러싼 학생과 시위대가 경찰에 포위되어 '무허가 집회' 죄로 체포되었던 2014년 9월 28일은 때마침 일요일이어서 경찰의 기자회견이 오후 1시경이었던 것도 중요했다. 낮까지 잠을 자거나, 혹은 친구들과 차를 마시던 홍콩인들은 그 시간에 TV 중계를 통해서 학생과 시민이 경찰에게 폭행당하는 영상을 보았다. 응원하러 가고자 뜻을 모았지만 최루 스프레이는 눈이 아프기 때문에 우산 등을 들고 지하철을 타고서 현장으로 향했던 것이다. 어떻게 그런 무방비 상태로 나간 것인지 이상하게 여길 독자도 있겠지만 '비폭력으로 일관한다'라고 하는 '점령중환'의 선전이 널리 퍼졌기 때문에 경찰이 최루탄을 발사할 것이라고는 아무도 생각하지 못했다. 정치 활동에 바로 참가할 때 갑작스럽게 비가 내려도 유용한 '접는 우산'을 들고 갔다는 것이다.

일본처럼 '일상생활'이 '비일상으로서의 정치'와 괴리되어 있는 '생활보수주의' 스타일은 홍콩에서도 드물지 않다. 홍콩에서 이 두 가지가 혼합되기 시작한 것은 중국으로의 반환 이후이다. 특히 젊은 세대가 윗 세대와 마찬가지의 생활 수준을 유지하기가 어려워지기 시작하여, 이상과 가치를 추구하는 젊은이의 목소리가 높아졌던 것은 인터넷과 스마트폰이 생활에 침투하기 시작했던 제로 연대가 아니었을까?

'접는 우산', 스마트폰 등의 일상 용품이 정치 활동의 도구가 되었던 것이다.

영국 식민지 시기 최후의 총독이었던 패튼은 후일 다음처럼 회고했다.

> 중국이 고도 경제성장에 의해 세계의 주목을 모으는 것은 좋은 일이지만 중국의 정치 구조는 그 경제력에 걸맞지 않는다. 단지 한 개의 우산 때문에 불안해지게 되는 것이라면 (그 현실을) 상상할 수 있을 것이다. (지금) 베이징에서는 우산을 펴기만 하면 경비원조차 위축되어 버린다. 정치적 리스크를 회피하기 위해 우산을 펴지 않고 비를 맞고 있는 중국공산당의 정치국원政治局員들을 전적으로 동정한다.

물론 우산이란 미래를 좌우하는 하나의 이념을 표현한다. 즉, 그 어떠한 법의 통치를 받을 것인지를 남자도 여자도 스스로 결정한다고 하는 이념이다.

(우산과 같은) 일용품이 이처럼 근본 이념을 상징하게 된 것은 생각하지도 못했던 일이다.

홍콩은 이미 법 아래의 존엄과 자유에 대해서 새로운 장章을 스스로 쓰기 시작했다(傘下的人, 2015: 6)•

돌아다니는 자유로운 운동

점거의 최초 계기를 되짚어보도록 하겠다.

2014년 9월 28일 오후 4시경, 학생들을 지원하러 왔던 시민들이 차도에 넘쳐났고, 시민들은 학생들을 포위했던 경찰의 봉쇄선을 돌파하려고 했기 때문에 경찰의 최루 가스 공격과, 우산 방어진 간의 공방이 벌어졌다. 오후 5시 58분, 최초의 최루탄이 발사되었다. 시민들은 일단 일제히 흩어졌는데, 일부는 결국 이곳저곳에서 돌아왔다. 폭도로 간주될 경우에는 경찰이 폭력을 행사하는 데 구실을 제공하기 때문에, 시민들은 손을 들고 항복하는 듯한 자세로 때로는 도망치고, 때로는 기동대의 앞을 가로막아 서면서 평화주의로 일관했다. 대량의 시민을 전원 체포하는 것은 불가능하며 보도 카메라를 앞에 두고 시민들에게 발포하는 것도 불가능하기에, 경찰은 최루탄을 난사하는 수밖에 없었다.

게릴라 전술이라고 한다면 듣기에는 좋지만 홍콩인다운 약자弱者 전술

• ———— 펑딩캉(패튼 전 총독)이 집필하여 수록된 추천사 내용이다. _옮긴이 주

이다. 한 사람 한 사람의 목숨과 신체의 안전이 중요하며, 위험해지면 일시적으로 피하고, 쓸데없는 희생은 필요 없지만 굴복하지 않는다. 무장 저항한 것이 아니라 끈질긴 대중의 근성으로 저항한 것이, 우산운동이 장기간에 걸쳐 폭넓게 진행되고 아울러 한 사람의 사망자도 나오지 않았던 이유 중 하나이다.

이리하여 하루 저녁 중에 전투도 아니고 철퇴撤退도 아닌 기이한 광경이 반복되었다. 경찰은 정부기관이 가장 밀집되어 있는 진중역金鐘驛을 봉쇄하고 서쪽 방면의 금융가인 중환을 지키는 방어선을 구축했다. 이것이 역효과를 초래했다. 저지당한 시민들은 노면 전차와 지하철을 따라서 동쪽의 완차이灣仔, *Wanchai*, 퉁뤄만으로 갈 수밖에 없었다. 시민들이 TV 중계를 보면서 계속해서 응원하러 왔지만 시위대는 밤에는 총격이 우려되므로 '해산'하라고 스마트폰을 통해 호소했다. 그래서 수만 명 규모의 방황하는 개인들이 확산되었고, 지하철과 '빨간 미니 버스'로 집으로 돌아갈 수밖에 없었다. 하지만 귀가하기 전에 친구들과 후식으로 차를 마시는 홍콩인의 습관 덕분에 심야에는 도시 교통의 허브이자 서민의 중심지인 몽콕으로 시민들이 유입되어 이곳도 점거하게 되었던 것이다.

87발의 최루탄이 발사되었고 미디어에서 그 장면이 반복적으로 흘러나간 탓에 사태는 수습되기는커녕 확산되었다. 이러한 일련의 사건의 격화에는 매스컴의 중계 영상뿐만 아니라 스마트폰도 한몫했다. 누구나 카메라맨이 된다. 이 영상과 화상은 페이스북과 채팅 사이트를 통해서 확산되었다. 비폭력 시위가 난폭하게 다루어지고 있는 장면은 동정과 공감을 불러일으켰고, 최루탄은 문자 그대로 일반 시민들이 눈물을 흘리게 만들었다. 정치적 관심이 높지 않았던 홍콩의 단괴 세대도 한국 드라마를 좋아하는 모친 세대도 격노했다. 일반 시민을 노하게 만들고, 사회의 불만을 단번에 선동하면서 파문을 확대시키고자 했던 것이, 애당초 조직적으로 수행된 단기 계획이었을 것임에 틀림없는 이 운동을 장기화하게 만들고 개인의 주체적인 움직임을 확대시켰다.

이름이 없는 운동

여기에서 '점령중환'이라고 불렸던 운동은 그 이름과는 커다란 차이가 나는 양상으로 전개되기 시작했다.

> 몽콕에 돌연히 나타난 정체불명의 무리가 그저 조용히 앉아 있던 사람들을 도발하며 "너희가 '점령중환'을 하려면 중환에서 하라!"고 말했다. 그러자 주변에서는 "너희도 '점령중환'에 반대하려면 중환에서 하라!"고 반론했다. 도발자는 어떻게 반응하면 좋을지를 알지 못하고 조용히 사라졌다.
>
> 농담처럼 들릴 수도 있지만, 상황을 잘 표현해주고 있다. '점중占中'은 원래 미디어가 붙인 호칭에 불과하다. 이 호칭으로는 현실을 파악하지 못한다. 애당초 이 점령은 학생들의 미시적인 레벨의 움직임에서 확산되었던 것으로 '점령중환'과도 일선을 그었다. 한편 '점령중환' 참가자는 엘리트주의적이며 중년 및 장년 중심의 사회적 지위도 있는 자들이다. 그들은 계획에 다양하고 엄격한 규칙을 부여하며 도덕심에 호소하는 방법을 취했다. 하지만 경찰에게 억압받는 학생들을 지키고자 달려들었던 시민들의 눈에 그들의 '점령중환' 방법은 문학 소년의 자기희생 놀이로 보인다.

오히려 '점령중환'도 이 무명의 운동에 '참가'했던 것뿐이다. 이 운동에 이름 등은 없다. 능동적인 계획이 아니라 돌발 사건을 계기로 하는 집합적인 감정의 폭발이다(鄭立, 2014.10.5).

흐르고 관통하는 운동

'점령중환'의 주최자는 도로 봉쇄로 경제를 마비시키고자 했고, 이에 대처하는 홍콩 정부 및 베이징 정부도 그렇게 하지 못하도록 단속하고자 했다. "도로 봉쇄는 방해가 된다"는 것이 정부 측에도 운동 참가자 측에도 공통의 전제였다. 주최자는 이 전제를 가지고 정부에 압력을 가하고자 했으며, 정부는 미혹迷惑 행위를 이유로 해서 단속을 하고자 했다. 도시는 물류 공간이며, 그 흐름을 봉쇄하는 행위는 정치, 경제에 대한 도전으로 이해되었던 것이다. 하지만 전술한 바처럼 이 운동의 본질은 그 정보 공간의 확대라는 점에 있다. 실제로는 양자가 예상했던 조직적인 움직임보다 개인의 '유동성'이 두드러졌다.

운전사가 경로를 선택하는 '빨간 미니 버스'가 분주히 돌아다니고, 학생은 점령구에서 공부하고, 회사원은 출근하지 않고 재택 근무를 하며, 대륙의 관광객은 점령구를 관광하는 것이 실태였다. 이렇게 된다면 '봉쇄가 경제에 타격이 된다'라고 하는 시나리오는 이미 우스갯소리인 것이다.

홍콩 사회의 이러한 유연성은 '시장경제에 적응한 자유롭고 자립적인 개인'의 힘에서 비롯된 것이었다. 자유로운 경제인(호모 에코노미쿠스)이라는 의미에서는 대륙에서 홍콩을 방문한 중국인 관광객도 상당히 자유롭다. 필자는 어느 날 아침 몽콕에서 베이징어를 구사하는 일행을 발견했다. 그들은 길 위에서 잠자는 홍콩인 시위대만 있는 점령구를 견학하며 기념 촬영까지 하면서 이렇게 말했다. “폭동이라고 들었지만 실제로는 그렇지 않네요. 중국과는 비교가 되지 않는군요. 방화도 없고 말이죠.”

운동 기간 중에 몽콕의 소매점과 레스토랑들의 매상은 확실히 영향을 받았지만 홍콩 경제에 더욱 심각한 영향을 미치는 것은 대륙 관광객을 상대로 하는 귀금속점, 브랜드숍, 약국 등이 증가함으로써 비싸지고 있는 임대료이다. 유동성, 유연성이 있다면 점령이 생활을 위협하는 일도 없다.

오히려 문제로 떠오른 것은 중류 및 상류 계급으로 신분 상승의 기회를 꿈꾸던 홍콩 청년들이 이 운동 때문에 통학을 방해받아 성공할 수 있는 기회를 상실할지도 모른다는 점이었다. 운동의 영향으로 주변 지구의 학교가 장기간 휴교에 내몰리게 되었기 때문이다. 실제로 홍콩의 차세대에게는 경제 성장에 의한 계급 상승도, 안정된 생활에 대한 갈망도 없는 상황인데, 그렇다면 그들은 미래에 대해서 무엇을 추구했던 것일까?

3. 진중 점령구가 보여준 미래상

자유의 착지점

정부 본청사의 소재지이며 사건의 발단지이기도 했던 홍콩섬 진중 점령구에서 사람들은 텐트를 치고 노상 생활을 시작하여 무미건조했던 공간을 다양한 문화의 상징으로 변화시켰다.

우선 ‘진중촌金鐘村’의 발생을 살펴보도록 하겠다. 최루탄이 발사된 지이튿날인 9월 29일과 그다음 날인 30일은 월요일, 화요일로 정부가 가장 회피하고자 했던 사태, 즉 평일의 도로 봉쇄가 발생했다. 홍콩 정부의 상층부와 베이징 사이의 혼선 때문인지는 몰라도 경찰 역시 일시 기능 정지 상태가 되었다. 10월 1일은 중화인민공화국의 건국 기념일인 '국경절' 휴일이었는데, 이날은 불꽃 대회도 중지되었다.

9월 29일부터 10월 1일까지 진중으로 기념 촬영을 하러 몰려들었던 관광객은 수십 만 명 규모였는데, 점령에 '참가'하여 홍콩섬의 점령 지역은 중환까지 확대되었다. 당시 홍콩에 체류 중이던 일본의 문예 평론가 후쿠시마 료타福嶋亮大는 이 사건에 대해 '경험의 변질'이라고 평가했다. 홍콩에서 최루탄이라는 경험은 일종의 영웅담이 되어, 정치 운동은 갈수록 일종의 체험 관광 상품처럼 되었고, 전날의 '전장戰場'은 한순간에 관광 명소가 되었다는 것이다(福嶋亮大, 2014.10.25).

동시에 사람들이 텐트를 쳤던 진중 점령구는 생활의 장 '진중촌'으로 변했다. 학생 단체도 '점령중환'의 발기인들도 모두 여기에서 기자회견을 했기 때문에 전 세계의 매스컴이 '진중촌'에 주목했다. 특히 서양인 기자의 눈에는 '진중촌'에서 "정치 운동 중인 학생들이 공부하고 있다", "환경보호를 철저히 하고 있다"는 것이 기묘한 광경으로 비추어졌던 것 같다. 수험 공부와 숙제를 하고 있는 학생들이 이곳저곳에 보였으며,

<그림 5-3> 고속도로의 한가운데에 출현한 자습실

학생들 머리 위로 "누구라도 배트맨이 될 수 있다"라는 현수막이 걸려 있다.
촬영: 장위민(2014년 10월 13일).

<그림 5-4> 증축을 거듭하며 확장된 길거리 자습실

촬영: 장위민(2014년 11월 19일).

'촌'의 생활 인프라로서 10월 8일 고속도로 한가운데에 '길거리 자습실遮打自修室'이 갑자기 만들어진 것이다. LED 라이트와 급수기도 설치되고 차례로 확장 및 증축되어 최종적으로는 100명 정도를 수용할 수 있는 규모가 되었다. 자원봉사자 강사도 있었으며, 디저트도 도착했다. '혁명 상태' 아래에서 이 정도로 학업에 배려를 쏟는 것은 홍콩이 얼마나 '학력 사회'인지를 알 수 있는 증거인데, 정치 공간을 일상생활의 연장으로서도 사용하게 되었다고 볼 수 있다. 계급 상승을 위해서 학업을 장려하는 모습도 홍콩의 '핵심적 가치'를 상징한다.

또한 진중촌에는 대량의 물자가 유입되었다. 중국의 쇼핑 사이트에서 구입한 텐트, 각자가 가지고 온 가구, 이케아*Ikea*에서 구입한 저렴한 일용품, 폐점 처리된 레스토랑에서 반입된 의자들, 자원봉사자가 보내온 식사 등이 그것이다. 광둥 요리에 빠질 수 없는 중화 수프 '노화탕老火湯'도 디저트도 있었다(진중촌 해산 전야에 '최후의 만찬'은 '이세에비 중화면'이었다). 점령구의 한가운데 '촌'에 거주했던 '점령중환' 발기인 3명(제3장 110쪽 참조) 중 한 사람인 사회학자 천젠민은 필자에게 이렇게 말했다. "대부분은 누군가가 가져온 식사를 먹고 있다. '촌'에서는 계속해서 회의만 열린다. 바깥에 나갔던 것은 가장 먼 곳에 위치한 도로 맞은편의 패스트푸드점에 한 차례 간 것이다." 의료 자원봉사자, 시민들이 보내준 물과 식사, 작업실, 학습실 등, 생활을 위한 기본 조건이 어쨌든 갖추어졌다.

'촌'의 생활

텐트 2000여 개가 설치된 '진중촌'에서는 인구 조사도 이루어지고, 구글맵도 만들어졌다. 항상 사람이 숙박하러 들어오는 것은 아니다. 학생 단체의 핵심 멤버나 열성적인 시민 외에 일주일에 몇 차례 정도 얼굴을 내미는 샐러리맨도 많았다. 비어 있는 텐트는 등록할 경우에 사용할 수 있으며, 어떤 일이 있으면 텐트의 주인은 TV 중계를 보고 달려올 수도 있다. 한 채에 수천 엔 정도인 저렴한 텐트이기 때문에 철거되어도 애석할 것은 없다.

점령구의 한가운데에는 다양한 '촌'이 있었다. 필자의 여동생은 환경보호를 주장하는 사람들의 '촌'에 있었으며, 예능인들의 텐트, 중학생 및 고등학생 단체인 학민사조의 '촌'도 있었다.

'학민사조'의 전임 대변인 저우팅周庭, *Agnes Chow Ting*은 대학에 입학한 지 얼마 안 되었지만, 이 운동을 위해서 1학기를 휴학하고 줄곧 진중의 텐트에서 숙박했다. 샤워는 정부의 스포츠 센터에서 했다고 한다. 저우팅은 말한다. "숙박을 하면 감각도 바뀌고, 그곳이 생활 공간이 되었다. 하루에 수차례 열리는 회의와 기자회견을 제외하면 대체로는 이웃 사람과 교류하거나 청소를 하는 등 생활 감각을 느끼게 되는 것이었다고 생각한다."

우산운동의 우상적 존재였던 저우팅은 '촌'에서는 '와이파이를 빌리는 소녀'라고도 불렸다. 휴식 시간에는 주민들에게 무료 와이파이를 빌리고 만화를 보았다고 한다.

자발적으로 노상 생활을 하려는 참가자들에 의해 '촌'의 기능도 형성되었다.

> 이 운동이 가져온 것은 '공민(에 의한) 항쟁' 모델의 변화라고 생각한다. 사람들의 참여 규모가 올라가면 운동의 사이에 (무엇을 해야 할 것인가) 계속해서 생각하지 않으면 안 된다. 점령구가 확대된 이후부터는 이곳저곳의 구역에서 역할 분업도 진행되었다. 운동은 결과적으로 성공하지 못했지만, 이러한 경험을 향후에 어떻게 살릴 것인가는 조직의 리더 나름이다(장위민의 인터뷰).

이 운동은 '우산운동'을 가리키는데, '학생을 지키자'는 슬로건이 보여주는 바와 같이, 학생들은 운동 지지자들에게 참가의 대의명분을 제공해주는 존재였던 것이다.

예를 들면, '방어 담당' 그룹(방선조防線組)이 몇 개의 팀이 되어 점령구의 방어는 매우 확실했다. 애니메이션 축제의 기획 담당자 예진룽葉錦龍 *Yip Kam Lung Sam*은 그 멤버였다. 폭도의 공격을 방지하기 위해 자전거로 정찰하며 무선으로 연락을 취하면서 사회의 속사정에 밝은 '지휘관'들이 상황을 판단했다고 한다. 예진룽에 의하면, 방선조에는 엘리트 학생보다는 일하고 있는 직장인이 많았고 이들은 직업도 출근 시간도 다양했다.

자유의 유토피아

학생들의 학습실이 있으며, 예술 작품의 갤러리가 있는 진중의 이미지는 '중류층의 민주주의'이다. 한편 그중에서도 '학민사조의 촌' 옆에는 '오렌지촌橙村'이라는 이색적인 촌이 있었다. 31세의 리더 청터우橙頭의 생업은 트럭 운전사이다. 청터우는 이렇게 말한다.

나의 오렌지색 스카프가 시위대의 표식이 되었다고 합니다. 어느 여성이 촌을 만들려고 한다고 말했는데, 때마침 오렌지색 수건으로 촌의 깃발을 만들었습니다('오렌지촌'이라는 명칭의 유래임). '촌민村民'은 처음에는 몇 명이었고, 최대 30명이었습니다. 가장 젊은 사람은 18세 미만, 가장 나이가 많은 사람은 65세였습니다. 촌민 중 10여 명은 중졸자이고 그들의 직업은 다양해서, 운송업자, 이발사, 카메라맨, 사무직, 중소기업의 사장 등이었습니다. 부근의 금융가에서 일하는 샐러리맨도 저녁 식사를 함께했습니다. 여기서 만났던 사람이 다분히 일생에서 만나게 되는 사람의 절반이나 되었을 것입니다. ……

우리 촌민은 가장 사이가 좋습니다. 촌이 진압당했을 때 모두 차를 마시면서 중계를 보며 눈물을 펑펑 흘렸습니다. 그 이후에도 계속 교류하는 이들이 있습니다. ……

오렌지촌이란 과연 무엇인가? 말하자면 그것은 유토피아입니다. 사람들은 서로 도움을 주고받고, 누군가에게 말을 하기를 원하며 물건을 교환하기를 바랍니다. 그 힘은 큽니다. 이 운동은 다양한 것을 가르쳐주었습니다. 예를 들면, 정보를 어떻게 판단할 것인가 등을 말입니다. 다음에 점령이 일어나 오래 일도 쉬고, 점거로 나의 저금이 없어지게 된다고 해도 말이죠. 이곳으로 돌아오게 되면 가슴이 아픕니다. 점령 당시의 다양한 일들이나 촌의 텐트, 모두의 얼굴이 떠오르는군요. (우산운동의) 1주년에는 얼굴을 내밀려고 합니다. 모두 다시 만났으면 합니다(何雪螢, 2015.9.24)

'오렌지촌'은 중류층도 아니고 대학생도 아닌 이들이 중심 세력이었는데, 진중 중에서도 단합력이 가장 뛰어났던 촌이다. '학민사조의 촌'에 있었던 황즈펑은 청터우의 인터뷰를 읽고 "나는 오렌지촌과 다른 촌으로부터 다양한 것을 배웠다"라고 말했다. "많은 사람이 '민간 사회(공민 사회)'에 대해 갖고 있는 이미지가 매우 협소한 것을 깨닫게 된 것이 무엇보다도 컸다"라고 했다. 점령구를 견학 왔던 사람은 "민주 운동을 하고 있는 것은 중류층"이라는 이미지와 다른 오렌지촌의 멤버들을 보고 당혹스러워했는데, 자신도 중류층 출신인 황즈펑은 그런 강한 선입관을 한탄했다.

미래를 향한 이륙

'촌'에서의 생활 모습에 대해서도 주목했으면 한다. 비어 있는 땅을 경작하여 꽃과 야채를 심는 사람도 있는가 하면, 재활용 실험을 행하는 사람도 있었다. 발전용 풍차를 세웠던 것은 환경보호 단체가 아니라 페이스북에서 열차 지연 정보를 퍼날랐던 자원봉사자들이었다. 그런데 풍차를 세우자, 때마침 가을 바람이 강해서 '촌민'의 휴대전화나 전자 기기를 충전할 수 있었다. 마라톤에서 캠페인을 펼치는 응원대도 있는가 하면, 건담의 프라모델이나 레고 장난감으로 디오라마*diorama*(풍경화나 그림으로 된 배경에 축소된 모형을 설치하여 특정한 장면을 만들거나 배치하는 것)를 만든 애니메이션 팬도 있었다. 운동의 상징인 '노란색 우산'은 토산품이 되었고, 그 수제 공방에는 매일 밤 행렬이 줄을 섰다. 점거구에서 사용하는 계단과 테이블을 만드는 공방도 있었다. 어느 날 밤에는 홍콩의 명물 '건축 족장足場(높은 곳에서 공사를 할 수 있도록 임시로 설치한 가설물)의 대나무 세트' 기술자들이 몰려들어 대나무와 쓰레기통으로 높은 바리케이드를 만들었다. 또한 조리용 랩으로 이음새를 잇고, 방어를 위한 다양한 '망網'을 만들었다. 이런 것들은 모두 장인의 기술과 취미를 총동원하여 민주라는 이름 아래 글로벌 미디어를 통해서 전 세계에 공개되는 공공의 행위였다.

<그림 5-5> 대나무와 쓰레기통으로 구축한 바리케이드 주위의 망

촬영: 장위민(2014년 10월 13일).

진중 지구는 참가자가 이미지화하는 이상적인 생활의 실험장이 되어, 문화를 만들어내는 장소가 되었다. 확보한 장소를 어떻게 사용할 것인가, 무엇을 하고 싶은가, 무엇을 만들고 싶은가? 자유의 실천과 아이디어의 실험을 통해서 뭔가 새로운 문화를 만들어내고, 미래의 비전을 형성하는 힘, 그것을 세계의 미디어에 선보였다.

이러한 문화와 비전을 세계에 호소하기 위해 자습실과 도서관 외에 사진 갤러리와 교원 조합의 강의도 이루어졌다. '우산'을 테마로 한 예술품과 예술 장치, 조각 등도 그 수를 셀 수 없을 만큼 늘어섰다. 노상에 분필로 다양한 문자와 그림을 그렸고 식물을 심기도 했다.

<그림 5-6> '우산맨' 상像

촬영: 장위민(2014년 10월 27일).

문방구에서 구입할 수 있는 포스트잇이

<그림 5-7> 다양한 색상의 포스트잇이 빽빽하게 붙어 있는 레논 벽Lennon wall

촬영: 장위민(2014년 10월 4일).

붙어 있는 '홍콩판 레논 벽連儂牆香港'(〈그림 5-7〉)도 유명했다. 체코의 반反정부주의자들이 존 레논*John Lennon*의 가사를 딴 정치적 슬로건을 쓰고 민주화를 요구했던 벽의 이름을 딴 것이다. 운동 참가자들은 포스트잇에 자신이 소망하는 바를 써서 정부 본청사 계단의 벽에 빽빽하게 붙였다. 인터넷을 통해서 세계 각지에서 도착한 응원 메시지를 프로젝트빔으로 빌딩 벽에 투영하는 자도 나타났다. "누구라도 배트맨이 될 수 있다"라는 영문의 배너도 부각되었다. 세계를 자신들이 창조하는 풍경의 제한 지역 내에 최대한 편입시키고자 하는 작전이다.

도시학과 예술을 전공하는 자들은 이러한 창조물들이 철거되기 전에 보존하고자 자원봉사자를 모집하여 레논 벽의 포스트잇을 본딴 '우산 관련 예술품'과 '구조물'의 아카이브까지 만들었다. 향후 세계 각지에서 전람회를 개최하고 미래에 대한 기억으로 잇고자 하는 것이다.

'자유로운 바다와 하늘로'

진중 점령구에서 사람들은 자주 노래를 불렀다. 스마트폰 화면의 불빛을 흔들면서 흡사 콘서트 장소와 같은 장면을 연출했다. 진중 점령구의 분위기를 잘 표현했던 노래는 비욘드*Beyond*의 「해활천공海闊天空, *Boundless Oceans, Vast Skies*」이다. 비욘드의 이 곡은 일본어 버전도 있다. 작사자이면서 작곡자인 황자쥐黃家駒, *Wong Ka Kui*는 곡이 완성되자마자 일본의 버라이어티 프로그램에 출연하러 갔다가 사고로 사망했다. 하이라이트의 부분은 다음과 같다.

> 내 멋대로 방임하며 자유를 사랑하는 내 인생을 용서해주기 바란다
>
> 原諒我這一生 不羈放縱愛自由
>
> 다만 실패할 것이 두려울 뿐이다 (안 돼!)
>
> 也會怕有一天會跌倒 *(Oh No!)*
>
> 이상을 버리는 것은 누구라도 가능하다
>
> 背棄了理想 誰人都可以
>
> 지금 가령 당신과 둘만 남는 날이 오더라도 두렵지 않다
>
> 哪會怕有一天只你共我

중국어로는 '불기不羈'나 '방종放縱' 모두 '자유'를 의미한다. '기羈'는 고삐를 의미하며 '불기'는 그 고삐를 절단하는 것이다. 어떻게 말하든지 긍정적인 뉘앙스라고는 말하기는 어렵지만 '자유'의 이상을 위해 실패하더라도 당신이 이 '고삐가 풀린 나'를 인정해준다면 아무것도 두렵지 않다는 노래이다. 발표 당시에는 방임을 추구하는 젊은이의 노래로 여겨졌지만 점차 '자유라는 이상의 추구'가 주목받게 되었다. "나는 오늘 차가운 밤중에 계속 내리는 눈을 보았다, 멀리 방황하는 얼어붙은 마음을 감싸 안으면서", "이 하늘과 바다의 사이에서 우리는, 변할 수 있을 것인가?(변하지 않는 사람도 있을 것인가?)"라는 가사는 오늘날 홍콩의 심정 그대로이

다. 1993년의 이 곡을 시대가 흘러 이제서야 이해했다고 말할 수 있다.

4. 몽콕: 자유와 민주를 위한 '투쟁'

서민의 거리 '몽콕'

외국으로 끊임없이 미디어를 통해 보도된 우산운동은 진중구가 중심이며 서양적·예술적·평화적인 이미지, 논리 정연한 민주의 주장과 감동적인 장면이 많다.

한편 몽콕은 진중처럼 주목받지는 않았지만 진중과 지하철로 10분 정도의 거리이기 때문에 양방을 왕래하던 사람도 많았는데 '혼란과 혼돈 그리고 음탕하고 난잡한 장소'로 묘사되었다. 여기에는 나쁜 장소, 서민의 거리라는 몽콕의 이미지를 이용해서 봉쇄를 해제하려는 정부의 계획도 있었을 것이다. 하지만 몽콕 특유의 분위기가 가져온 자유와 민주주의, 정보 사회의 새로운 힘도 확실히 살펴볼 수 있다. 몽콕의 길거리 문화는 홍콩 문화가 지닌 혼종성의 한 가지이기도 하다.

두 필자는 인텔리들의 진중보다도 서민의 거리인 몽콕의 분위기를 좋아한다. 장위민이 20년 이상 산 곳은 몽콕에서 도보 10분 거리에 위치한 곳이며, 구라다 도루의 거주지와 직장도 몽콕과 분위기가 비슷한 도쿄 이케부쿠로池袋 부근이다. 외부인이 본다면, 몽콕은 어쨌든 '기이한' 거리인데, 일본인의 '홍콩 이미지'도 아마 '몽콕스러운 것'이 아닐까?

예를 들면 몽콕과 주룽성채의 디자인 등은 애니메이션 감독 오시이 마모루押井守를 비롯해 일본의 콘텐츠 제작자들이 좋아하는 테마이다. 신비로운 요소를 반영하고 있는 폐허, 음탕하고 난잡한 분위기를 자아내는 잡거 고층 빌딩, 매춘가, 홍콩 마피아인 삼합회三合會가 활약하는 영화에 나올 것 같은 문신 행색의 난봉꾼 형님들도 우산운동이 한창인 몽콕에 자주 모습을 드러냈다.

몽콕에는 일본의 애니메이션 관련 상품 숍이 집중적으로 입주해 있는 '시노센터信和中心' 빌딩도 있고, 홍콩에서 일본 하위문화의 발신지이기도 하다. 관광객을 상대로 하는 레이디스 마켓을 필두로 독특한 센스의 취미용품 숍이 줄지어 있다. 그중에서 금붕어와 새 등을 파는 펫숍, 컴퓨터 용품점, 스포츠 운동화 시장, 꽃 시장, 교과서를 취급하는 고서점, 패션 전문점과 완구점이 줄지어 있는 안쪽 길이 있다. 학술서와 교양서도 잡거 빌딩에 있는 점포에서 구입할 수 있다. 디저트 가게와 소수 민족 요리점도 상당히 많다. 지하철, 전차, 버스, '빨간 미니 버스'의 첫 출발지이자 종점이며, 24시간 교통수단이 운행되는 교통의 요지이다. 전 세계적으로 가장 인구 밀도가 높은 지구로서(1km^{2}에 13만 명), 교통량도 많고 '도회 속의 도회'이다.

휴대전화의 전파를 수신하기 쉬운 몽콕의 십자로가 확산된 시위대의 중심지가 되었던 것은 우연이기도 필연이기도 했다. 9월 28일 밤 '고등논단高等論壇, *Golden Forum*'이라는 채팅 사이트의 호소로 사람들은 홍콩섬에서 신시진新市鎭, *New Town*으로 향하는 중계점인 몽콕으로 속속 모여들었고 고층 쇼핑몰 앞에서 배회했다. 11시를 지나서 일정한 인원이 모였기 때문에 서로 알지 못하는 사람들끼리 일제히 도로에 나서서 연좌를 시작했다.

<그림 5-8> 몽콕의 탄막 버스(게시판 버스).

촬영: 장위민(2014년 9월 30일).

몽콕의 점거 구역은 진중에 비해서 텐트는 별로 펼쳐져 있지 않았다. 정부가 우선 이곳을 해산시킬 것이라는 정보가 입수되었고 운동의 주최 측도 서민의 생활을 배려해서 몽콕에서 철수할 것을 호소했다. 하지만 애당초 교통과 정보의 결절점結節点인 이 장소에서 특별히 숙박할 필요도 없었다. 사람들은 항상 곳곳에서 몽콕으로 모여들었기 때문이다. 바리게이트도 만들어졌는데, 진중의 '촌' 형태와 비교해보면 연좌와 보행자 천국이라는 양상이었다. 교차점의 중앙에는 연설할 수 있는 무대가 마련되어 있고, 정치적 입장을 불문하고 그 누구라도 몇 분 동안 연설할 수 있었다. 혼란 중에 방치되었던 버스 몇 대는 전단(삐라) 게시판으로 이용되었다. 홍콩섬의 고급 브랜드숍 거리와는 달리, 주룽에서는 폐점 시간이 넘은 은행 등에 광고 전단이 붙고 개점 때까지 떼지 않는 것이 일반적이었다. 이 '탄막彈幕 버스(게시판 버스)'에서도 몽콕의 전단 문화의 '서민적 민주주의'를 살펴볼 수 있다. 진중의 텐트에서 숙박했던 자도 수십 명 정도였으며, '지나가는' 참가자나 견학자가 운동의 중심에 있었다.

적은 누구인가, 아군은 누구인가?

몽콕을 점거했던 자들은 경찰들에 의해 해산되는 것 외에, 친베이징파 조직의 법정 신청으로 민사 해산령을 받았고, 중국공산당을 지지하는 민족주의적 성향의 노인들로부터 매도당했다.

10월 3일에는 중년배의 폭도 집단과 '흑사회'가 학생과 시위대를 습격했으며 이는 후에 2004년의 영화 제목이기도 한 '몽콕흑야旺角黑夜'로 불렸다. 오후 중에 조직된 집단이 텐트와 바리케이드를 파괴하는 등, 다양한 방해가 이루어졌다.

일을 마치고 응원하러 온 20~30대의 젊은이들이 나타나자 습격자들은 대체로 사라졌지만 소동은 계속되었다. 두 필자도 이 장소에 함께 있었는데, 이날 상황은 상당히 긴박했다. 군중 속에서 누가 민주화 운동의 지지자이고 누가 반대자인지, 외견상으로는 알 수가 없었다. 경찰도 홍콩인들 사이에 자주 발생했던 언쟁을 방관했다. 정부와 베이징의 지시인지는 명확히 알 수 없지만, 몽콕의 위험한 이미지를 이용해서 민간이 '자발적'으로 점령 반대 운동을 일으키게 만들어 학생 조직과 '점령중환'의 리더들을 철수시킨다는 계획이 있었던 것 같다.

'먼저 손을 쓰면 지는 것'이라고 하는 암묵적인 규칙도 있어서 습격자 측도 집단 폭행을 가하지는 않고 거의 개인 단위로 차례로 도발해왔던 모양이다. 젊은 지지자들은 인원수에 의지하여 적극적으로 습격자들을 포위하고 함께 매도했다. '흑사회'에서 온 것처럼 보이는 인물도 많았는데, 보도에 의하면 그들 중에는 운동을 소란하게 만들지 않는 자도, 힘으로 방해하지 않고 움직이지 않는 자도 있었다. 경찰은 습격자들을 체포하지 않고 뒷길까지 연행했던 용의자들도 풀어주었던 것 같다. 점령 참가자들이 그러한 모습을 비디오에 담아서 공표한 이래 '경찰은 흑사회와 한편인가?'라고 하는 의혹이 제기되었다. 후에는 경찰관 몇 명이 진중의 시위대에게 폭행을 가하는 모습도 비디오로 보도되었다. 경찰의 신용은 그 이후에도 회복되지 못했고 '흑경黑警'으로 불리는 일이 비일비재하다.

'흑사회'라고 하는 마피아의 스테레오 타입과, 하류 계층의 나쁜 인상이 미디어를 통해서 흘러 나가, 행정장관도 TV에서 "몽콕은 위험하다"라고 호소했다. 이리하여 몽콕에 대한 부정적인 이미지가 만들어졌다.

하지만 필자가 연일 체험하고 관찰한 바에 따르면 가까운 인테리어 업자와 솜씨 좋은 장인 할아버지가 바리케이드용 계단을 설치한 후에 조용히 사라지고, 수송업자가 화물차로 도로 봉쇄를 거들기도 했으며, '흑사회'의 보스들이 탈 법한 개조된 고급차 무리가 바리케이트를 지켰다. 풀뿌리 서민들을 비롯해 사회에서 좋은 이미지를 갖고 있지 못한 흑사회 중에서도 젊은이들의 운동을 지지하는 사람은 확실히 존재했던 것이다.

주룽인

몽콕에서는 자리를 잡고 있던 점령자보다도 지나가는 참가자 쪽이 압도적으로 많았고, 그 연령층은 20~30대가 중심으로 사회 계층의 폭이 넓고, 자유업자도 많았다. 바리케이트로 봉쇄된 주룽을 종단하는 대로인 '네이선 로드' 점령구는 최대 북쪽에서 남쪽까지 0.75km, 교통 봉쇄는 1.5km의 범위에 달했다. 주간에는 보행자 천국, 밤에는 텐트 숙박지로, 참가자들은 걷거나 연좌하고 책을 읽거나 게시판에 붙어 있는 글들을 보고 각 연설 지역에서 사람들의 말을 듣고는 했다. 가끔 점거에 반대하는 자가 한 명 오면, 수십 명이 그의 주장에 장시간 귀를 귀울이거나 조용히 논의를 했다. 한번인가는, 대화에 응하지 않는 반대자가 계속해서 주장을 전개하는 도중에 휴대전화의 착신음 「생일 축하합니다*Happy birthday to you*」가 울려 퍼지는 사건이 있었다. 그 이래 반대자가 의견을 주장하기 시작하면 주변의 모든 사람이 「생일 축하합니다」를 노래하는 항의 방식도 정착되었다. 이러한 유연한 방식으로 반대자와도 커뮤니케이션을 취했던 것이다.

전술한 정리鄭立, *Cheng Lap*는 주인공 역할인 진중구의 홍콩섬 사람들의 "온건하고 평화롭고 문명적이며 질서 있고 서양적인 특질"과 비교해서 조연 역할인 몽콕의 주룽인九龍人을 "영화 속의 홍콩, 리샤오룽도 건달도 있는, 아니 좀 더 정확히 말하면, 열혈남아• 스타일이며 서민적이며 또한 가장 다채롭고 멋진 홍콩이다"라고 평했다.

계급에 대한 시선

10월 17일 아침, 경찰은 갑작스럽게 몽콕 점령구의 해산에 나서, 순간적으로 봉쇄는 해제되었다. 이날은 금요일로 그다음 날이 휴일이기 때문에 밤에는 만 명 단위의 사람이 넘쳐나며, 네이선 로드를 중심으로 공방전이 벌어졌다. 밀집한 상업 빌딩, 상점, 은행이 길을 따라 연이어 있는 거리이기 때문에 경찰은 최루탄도 물대포도 사용하지 않았다. 경찰은 곤봉을 휘두르면서 시위대를 진압했는데, 시위대는 결국 퇴각했고 점거가

• ——— 1988년 홍콩에서 제작된 영화 〈몽콕카문旺角卡門, As Tears Go by〉의 한국어 제목이 〈열혈남아熱血男兒〉였다. _옮긴이 주

재개되었다. 11월 25~26일의 제2차 해산 시 경찰은 수레차에서 최루액을 발사했고 사람들은 이곳저곳을 뛰어다녔다.

정부와 경찰뿐만 아니라 대학생과 운동 조직원들도 몽콕에 가는 것은 '위험하다'는 인상을 갖고 있었다. 시종일관 우산운동을 지지했던 베테랑 기자 어우자린區家麟, *Allan Au*은 그의 회고록 『산취傘聚』에서 자신의 기분을 솔직하게 기록했다.

> 경관이 수려한 진중구는 실로 대학 캠퍼스다. 한편 몽콕은 '용과 뱀이 서로 섞여 있는' 혼란 속에 질서가 있다. 할아버지, 할머니, 건달, 각종 인터넷파派, 좌익도 우익도 있어서 우산을 지지하는 자와 반대하는 자의 대혼전大混戰도 자주 일어났다.
>
> '(몽콕에는) 집회 (주최자)가 없으며 군중이 있을 뿐이다'라고 써 있는 삐라가 첫날부터 붙어 있었다. '직접 민주'라고 말하면 듣기에는 좋지만 그 군중이 '오합지중烏合之衆'인지 여부가 문제다.
>
> 보증해도 좋은 '점령중환'의 리더 3명은 보통의 '군중'을 전혀 '신뢰하지 않는다'. 그들이 믿는 것은 '정보를 충분히 제공받은' 사람들이다. 그들은 1년에 걸쳐 '사랑과 평화', '공민항명公民抗命(시민에 의한 저항)', '세계 표준' 등에 대해서 논의해왔던 것이다.

'난중유서亂中有序', 어우자린은 몽콕에도 질서가 있다고 믿고 싶어 했다. 하지만 이 어구에서 엿보이는 것은 혼란에 대한 우려였다.

홍콩의 지식인과 중류층, 대학생들은 몽콕의 이러한 이미지를 상당 부분 공유하고 있다.

2015년 가을, 우산운동의 1주년에 어느 기자가 몽콕의 참가자를 인터뷰한 기사 내용을 소개해보도록 하겠다. 인터뷰에 응답한 사람은 '파이어 *Fire*'라고 불렸던 21세 청년이다. 중학교를 졸업한 이후 다양한 아르바이트를 했다. 지금은 휴대전화 판매상이다. 그는 '학생을 지키는 것은 의무'라고 느끼고 시위에 나서게 되었는데, 진중에서는 익숙하지 않아 몽콕으로 이동해서 점거에 참가했다.

> 매일 업무가 마감된 이후 밤 10시에 미니 버스를 타고 다푸大埔, *Tai Po*에서 몽콕으로 가서 노상에서 잠을 자고 첫차로 집에 돌아와 샤워를 한 뒤 12시에 출근한다. 그러한 것을 74일 동안 했다. "몽콕이 없다면 나는 존재하지 않는다. 나는 진중에 익숙하지 않다." ……
>
> 진중 점령구의 중앙 무대의 발상은 부자인 중류층의 민의 조사에서 지지를 얻게 될 것이다. 하지만 그들(중류층)은 말로 지지할 뿐이며 시위에는 나서지 않는다. 젊은이들을 배신할 뿐이다. ……
>
> 만약 학생들이 다시 점거에 나선다면 우리에게 희망을 주게 될 것이다. 우리에게는 리더가 필요하다. 그렇게 된다면 다시 한 번 믿고 할 것인데, 우리를 후회하게 만들지 말기를 바란다. ……
>
> 이렇게 될 것이라고는 정말 생각하지 못했지만 (홍콩을) 자랑스럽게 생각한다(林怡廷, 2015.9.22).

운동 주최자들이 몽콕에 차별적인 시선을 갖고 있는 것에 대해 파이어는 불신감이 있는 듯하다. 주최자들이 '무저항주의'나 '조직'에 구애받는 것은 '강호의 호걸'에 해당하는 그들의 관점에서 볼 때 '동료와 약자를 버리는 것'으로 느껴졌던 것이다. 그들에게 민주주의란 결코 서양다움을 연출하는 중류 계층의 생활 방식이 아니라 사회의 서민에게 돌아가야 하는 것, 그리고 몽콕에서 자신의 몸으로 보여주어야 하는 것이다.

필자는 구區의회 의원인 친구와 여러 날 밤 동안 몽콕을 순회했다. 그는 마이크를 들고 '투쟁'의 현장을 이리저리 뛰어다녔다. 누가 적인지 아군인지 알 수 없는 상황에서 그는 후방을 향해 "적을 내쫓지 마라", "도발을 진지하게 받아들이지 마라"라고 외쳤는데, 학자라든지 정치가의 입장과 별 차이가 없었다. 대학생이 서투른 사회 이론을 펼치던 연설에 대학생이 아닌 젊은이가 귀를 기울이고 있는 광경도 인상에 남았다. 한 명의 개인으로서 몽콕에서 운동에 '참가'했던 심야에는 홍콩 사회와 문화의 저변에서 흐르는 소리들을 직접 들을 수 있었다.

제3장에서 소개한 마웨의 '스스로 지키는 시민 사회'에서 '공민'은 이성과 교양을 지니고 숙의熟議가 가능한, 민간 NGO를 위시한 중간 단체의 연대를 상정했다. 하지만 몽콕의 '서민'은 그것과는 달랐다. 진중에 있는 운동의 지도자와 학생들은 여기에서 말하는, '예상하지 못했던' 서민이 주도하는 운동에 대해서 어떻게 대행하면 좋을지와 관련하여 커뮤니케이션 과정에서 애로 사항이 있었던 것이다.

토의 민주주의 vs. 투쟁 민주주의

필자의 견해로, 진중이 대표하는 것은 이성이 있는 공민에 의한 '토의 민주주의'인 데 반해서, 몽콕이 대표하는 것은 감정적으로 고양된 대중이 전개한 이른바 '투쟁 민주주의'이다.

식민지화 이래, 홍콩의 민주화를 둘러싼 논의는 '자유 사회'에서의 대의제 민주정치를 지향하는 것이었다. 하지만 반환 이후에는 베이징에 의한 선거 제도의 제한과 이익 유도 정치가 현저해졌고 '대의제 민주주의'는 영혼 없는 공허한 제도가 아닌가 하는 의심이 확산되었다.

'점령중환'의 리더이자 사회학자인 천젠민은 독일의 철학자 위르겐 하버마스*Jürgen Habermas*가 제기했던 '숙의 민주주의'와 민간 사회의 강화를 통한 '민주주의의 활성화'를 시도해보고자 했다. 이것은 '점령중환'이 상정했던, 전제 정치에 대항하는 민주화의 미래 청사진이다. 이 도식에 따를 경우, 교양과 소통 기술이 없는 서민은 우선 '자유민주적인 시민'이 되고자 노력하지 않으면 안 된다. 하지만 이러한 의미에서는 천젠민도 고래古來 중국의 '문인'인 것처럼 보인다. 과거의 '도덕 교화'는 '서양식 민주주의'로 변했는데, 그 상하 관계의 구조는 변하지 않는다. 현재 진행 중인 '중국화'의 정체는 중국공산당이 통치의 피라미드 구조를 유지하고 정치적 엘리트가 민족의 이익을 대표하고 외국 세력을 방지하는 것이라고 주장한다. 문제는 누가 '서민'인가, 그들의 이익을 대표하는 것은 누구인가, 그 '이익'이란 무엇인가 하는 것이다.

이에 반해서 몽콕의 '투쟁 민주주의'는 '토의 민주주의'나 '중국화'와는 별도의, 완전히 다른 형태의 민주주의가 아닐까? 여기에서 말하는 '투쟁 민주주의'는 엘리트 정치에 대항하는 포퓰리즘이라고 할 수 있다. 그것은 파시즘과 공산주의에 열광하는 대중을 상기시킨다. 이러한 포퓰리즘은 제2차 세계대전 이후의 대의제 민주주의가 기피해왔던 형태이다. 하지만 민주주의는 예절이 바른 훌륭한 시민들에 의한 논의만으로는 실현이 어렵다. 때로는 군중이라고 할 수 있는 관객의 주목을 모으고 공동체의 일체감과 가치관에 호소할 필요도 있다.

몽콕에서 군중은 누구나 연설하며 전단을 붙이고 구경을 하고 비상시에는 외부로터의 공격에 대해서 함께 저항하는 장소를 만들었다. 관객도 스스로 참가하여 고양과 자극을 이끌어낼 수 있는, 투쟁 민주주의인 것이다. 진중이 그리스의 콜로키움(학회, 회합)이라면 몽콕은 로마의 콜로세움(투기장)이다. 진중의 시선은 미래와 세계로 향한다. 몽콕의 시선은 어디까지나 공동체 내부를 향하며, 인터넷의 힘을 빌려 대중적으로 만민에게 열려 있었다. 우산운동은 양자가 병존하는 모습이었다.

서민 문화 수호전

진중의 '갤러리'에는 대다수의 전단이 영어로 써 있었던 반면에, 몽콕에는 엄청난 달필達筆의 한시漢詩풍 배너와 슬로건이 무질서하게 붙어 있었다. '만약 몽콕이 실제로 혼란의 반란지라고 했을 경우, 길거리의 귀금속 점포가 영업 중이었다는 것은 대단히 기이한 일이다*MK*若是九反地 金鋪照開眞係奇', 또는 사자산獅子山의 정상에서 거대한 배너를 붙였던 사건을 토대로 '사자도 진정한 보통 선거를 바라고 포효하고 있으니 행정장관도 지구가 회전하고 있는 것을 방해하지 말라獅子咆哮眞普選 *CY*咪阻地球轉' 등의 한시풍 배너가 붙었다. CY는 렁춘잉•을 의미하고, MK는 Mong Kok(몽콕)의 머리글자에 해당한다. 이는 광둥어와 영어의 알파벳이 모두 혼합된 홍콩 문화의 핵심을 대단히 잘 나타내고 있다. 배너의 노란색은 우산운동의 색이기도 하며, 과거 황제에게만 허용되었던 색이기도 하다.

<그림 5-9> 몽콕의 광둥어와 영어 알파벳이 모두 들어간 한시풍 배너

촬영: 구라다 아키코.

한시는 중국의 엘리트 문화로 여겨지기 일쑤인데, 홍콩에서는 오히려 서민의 것이다. 홍콩의 교육에서 엘리트 문화란 영어 문화이며, 중국의 서도書道는 오히려 간판 만드는 직공에게 전승되고 있다.

점거구에서는 민간 신앙을 기초로 한 표현도 두드러졌다. 그중 바리케이드 안쪽에 설치되었던 관우關羽의 사당이 눈길을 끌었다.

<그림 5-10> 몽콕 점령구에 출현한 관우의 사당

아래에 "신령을 모독하는 자는 천벌을 받는다"라고 적혀 있다.
촬영: 장위민(2014년 11월 20일).

관우는 '흑백양도黑白兩道'라고 일컬어지는 '흑사회'와 경찰이 함께 숭배하는 신이다. 바리케이드 안쪽의 관우 동상

• ———— 1954년 홍콩에서 출생했고, 제4대 홍콩 행정장관(2012년 7월 1일~2017년 6월 30일)을 역임했다. 그의 후임인 제5대 홍콩 행정장관(2017년 7월 1일~)은 캐리 람林鄭月娥, Carrie Lam Cheng Yuet-ngor이다. 렁춘잉은 현재 중국인민정치협상회의 전국위원회 부주석 및 상무위원(2017년 3월 13일~)이다. _옮긴이 주

은 '이름 모를 지나가던 아주머니'가 구입해 와서 설치한 것이다. 누군가가 고명한 스님을 초빙해 '개광의식開光儀式(신을 소환하는 의식)'까지 집행했다. 그 이후 홍콩에서 가장 유명한 자칭 '정치적으로 중립'을 표방하는 풍수 전문가 "제대로 된 의식을 실시했기 때문에 괜찮지만 철거할 때는 주의를 요한다"는 '전문가 의견'을 피력했다. 경찰은 철거할 때 지휘관을 전원 여성으로 꾸렸으며 이들은 반환 이전의 '황가경찰皇家警察, *Royal Hong Kong Police*' 문장紋章이 부착된 모자를 쓰고 있었다. 그런데 이 문장에는 악한 기운을 피하는 '황기皇氣'가 있다. 여성 경찰을 동원했던 것은 민간 신앙을 숭배한 대책이다. 민간 신앙에서 비롯된 질서가 운동 내부에 현저했던 것에 경찰도 대응하지 않을 수 없었던 것이다.

필자는 서양 미디어의 취재를 받아 "관우의 정의正義는 구미의 정의*Justice*와 어떻게 다른가?"를 설명했다. 몽콕에 나타난 다양한 기호는 홍콩 서민 문화의 지역적인 문맥에 크게 의존하고 있으며 홍콩이라는 공동체의 바깥, 즉 세계를 향해서 호소하기보다 홍콩 내부를 향했던 것이다.

다소 낭만적인 표현이지만, 중국의 『수호전』이 묘사한 '강호'와 '호걸'들의 서민 세계는 홍콩의 이러한 장소에 아직 남아 있는 것이 아닐까?

현실에 존재하는 영웅

'점령중환'의 계획에서는 무저항을 관철하고, 공격을 받았을 경우 즉각 중지할 예정이었지만, 몽콕에서는 저항했다. 하지만 투쟁이라고는 해도 자신의 의사와 존엄을 걸고 우산과 보호용 장비밖에 사용하지 못했다. 몽콕이 다시 점거되었을 때 노상에 나타났던 '우산의 무덤'은 이 '전수방위

專守防衛'의 의사 표명이었다. 또한 입장 차이가 나는 상대라고 해도 공격하지 않고 위험하더라도 인원수로 대응할 뿐이었다. 동원된 깡패나 난폭한 노인 애국자에 대해서도 학생들과 민주주의를 지지하는 흑사회의 두목은 몸을 내던져 반격도 하지 않고 가로막고 섰으며, 수하手下들에게 밤에 순회하도록 시켰다.

5. 각성한 관객들

충돌하는 '민족주의'

보통 선거를 요구하는 '노란색 우산' 진영의 점거에 반대하며 홍콩 정부와 경찰을 지지하는 측은 청색 우산을 내세웠다. 이 양자는 무엇을 위해서 다투었을까? 이들은 표면상 정부의 보통 선거 법안에 대한 옳고 그름을 둘러싸고 싸웠지만, 실제 그 투쟁의 배경에는 중국과 홍콩의 서로 다른 두 가지 '민족주의'의 충돌이 존재했다.

민족주의 연구자인 리아 그린펠드*Liah Greenfeld*는 '네이션*nation*'이라는 문화 개념은 항상 변화한다고 지적한다. 애당초 '네이션'은 라틴어의 '유년기 아동'이나 '일반 서민'이라는 의미의 용어에서 유래한다. 16세기 영국에서 '엘리트'와 '인민'의 의미와 결부되어 그로부터 근대성과 민족주의가 생겨났다. 권리와 자유를 보장받은 개인이 민주 국가, 예를 들면 영국과 미국은 공민 내셔널리즘에 의해 국민 통합을 실현하고 있다. 한편 후발국인 독일, 러시아, 일본은 그 기준을 반전시켰다. '국가'는 권리를 지닌 개인이 계약을 맺은 공민의 집적이 아니라 피와 전통에 기초한 민족의 내면적 '각성'에 의한 것이라는 민족 내셔널리즘이 후발국들에서는 주류가 되었다. 그리고 개인의 자유를 최대한으로 이끌어내는 공민 내셔널리즘과 달리 민족 내셔널리즘에서는 '외국 세력'으로부터 민족을 지키는 정치 엘리트가 인민과 민족의 이익을 대표하며 사람들은 '정부에 종속되면 될수록 민족의 해방과 자유로 연결된다'라고 해석하는 것이다.

개혁·개방과 톈안먼 사건 이래 중국 대륙의 일당 독재체제는 한층 더 '중화민족 내셔널리즘'을 향해 달려가고 있다. 2012년에 홍콩이 직면했던 '국민 세뇌교육'(그리고 그것에 대항하는 반애국교육 운동)에서는 친베이징파의 언설에 그러한 민족 내셔널리즘이 현저해졌다.

중국 정부, 홍콩 정부, 그리고 우산운동의 반대 진영은 시종일관 우산운동이 미국 등의 '외부 세력에 의한 소란'에 의해 일어나게 되었다고 인식했다. 민족 내셔널리즘의 신봉자들은 사회 문제의 원인을 '일부 우매한 국민이 외부에 속았다', '민족 내부의 배반자가 존재했다'라고 설명한다. 그들은 '운동을 호소하는 사람들은 외국으로부터 자금 원조를 받고 있다'라는 의혹을 내세우며 점령구에 있는 대량의 물자와, 점령구에서 이루어지는 대규모의 동원이 조직적인 뒷받침 없이는 있을 수 없다고 공격했다. 실제로 자원봉사자들에게 무료 식사를 제공했던 한 사람은 몽콕에 있는 '차찬청'의 사장이었지만 말이다.

한편 우산운동의 참가자들은 개인의 자유의 획득에 집착하고 개인의 존엄을 요구한다. 영국 식민지 시대 이래 법률, 언론 자유, 경제, 교육 등의 각 제도는 항상 '개인' 단위였다. 또한 홍콩에서 중류층이 증가하고 교육이 중요해져서 학교와 교육의 장에서는 표면적일지라도 아이들의 '개인의 자주성'이 존중되고 가족 회의나 교실에서 이루어지는 논의를 중시하게 되었다.

또한 홍콩 정부가 도입했던 대학 입시 과목 '통식교육通識教育, *liberal studies*'은 '자유와 민주주의' 및 '애국 민족주의' 등의 이데올로기를 유도하지 않는다. 학생에게 자료를 제시하고 분석하게 하며, 입장을 불문하고 자유롭게 논의하게 한다. 학생은 다양한 정보와 자료로부터 자신과 다른 입장을 이해하고, 이치에 맞는 논의로 입장을 표명하는 것을 요구받는다. 이러한 교육을 받은 세대에게 단괴 세대의 정치 엘리트들이 중국 정치의 '정치적 입장'을 우선하고 또한 교양 없는 실언과 불투명한 행동 방식을 반복하는 것이 부조리하게 보였던 것은 당연하다.

즉, 홍콩 사회의 양익兩翼에는 '공민'과 '민족'이라는 두 가지 내셔널리즘이 충돌하고 있는 것이다. 홍콩으로의 통합을 지향하는 '공민' 내셔널리즘과 중국으로의 통합을 추구하는 '민족' 내셔널리즘이다.

'침묵하는 대중'이란 누구인가?

애당초 홍콩 사회의 전체 구성원이 두 가지 내셔널리즘의 어느 한쪽에 동원되었던 것은 아니다. 탈식민주의의 주체성론主體性論을 전개하는 뤄융성의 관점에서 보자면, 우산운동에서 '공민 각성'이라고 언급되는 현상은 주체성을 깨닫게 되는 첫걸음에 불과하다. 사회 전원의 각성을 지향하는 사회운동으로서는 충분하지 못한 것이다. 진정한 주체성을 획득하는 데 최대의 적은 중국 정부와 중화민족 내셔널리즘보다 오히려 '시니시즘

(견유주의犬儒主義)'과 같은 '기회주의' 쪽이다(羅永生, 2015). 그런데 사회학자인 뤼다러는 쌍방으로부터 거리를 두고 있는 홍콩의 '침묵하는 대중'도 역할을 수행하고 있다고 말한다.

> 젊은 세대와 분노했던 우산의 지지자는 톈안먼 사건의 트라우마를 발설하고 있는 윗 세대를 '겁쟁이'라고 평가하고, 이상을 위해 노력(또는 희생)을 지불하지 않은 사람들이라고 보고 있다. 실제로는 홍콩 정부가 점령 운동에 대해서 강경책을 사용하지 않은 이유도 여기에 있다. 윗 세대가 반드시 점령에 동의하지 않았던 것도 그들이 무력 진압을 절대로 용인하지 않았음을 의미한다. 대단히 역설적인 것은 점령자의 시각에서 바라본 이러한 윗 세대의 '소심함', '겁먹은 모습', '신경질에 가까운 의심암귀疑心暗鬼(무력 진압을 항상 두려워하는 것)는 홍콩 사회에서 '민의'라고 하는 방파제가 되었으며, 경찰의 무력 행사를 상당히 억제했다(呂大樂, 2014.11.14).

뤼다러는 불간섭 정신과 아이러니, 기회주의적인 태도는 민주와 자유에는 직접 공헌하지 않지만, 전제적인 정부를 견제할 수 있는 '기능'을 수행하고 있다고 말한다.

'점령중환'의 리더인 천젠민은 필자의 질문에 다음과 같이 답했다.

> (시위의) 학생 등이 보고 있는 것은 점령구에 숙박하고 있는 수천 명과 인터넷에서 목소리를 내고 있는 수만 명이지만, 내가 보고 있는 것은 그뿐만이 아니라 이 운동에 조금이라도 참가했던 사람들과, 적극적으로 공감하고 있는

관객들이다. 관객이란, 민주를 지지하지만, 점령이라는 형태에는 반드시 찬동 하지 않는 사람들이다.

사회운동 이론에서 '침묵하는 대중'은 이른바 '공감하는 관객'이라고 불리는 이들을 일컫는다.

이것은 우산운동이 길어진 하나의 원인이기도 하다. '언제 끝나게 되는가'는 어느 진영에도 두통의 씨앗이었다. 학련과 학민사조는 성과 없이 자발적으로는 퇴장하지 않는다고 생각했는데, '점령중환'의 발기인들과 민주파 의원들은 행동이 격화되는 것은 반드시 피해야 한다는 입장이었다. 정무장관政務長官의 주변은 화담和談에 적극적으로 응할 의사가 있었다고 한다. 10월 21일, 정무장관과 학생 대표 간의 대화가 이루어졌지만 정부는 여전히 타협안을 제시하지 않았고 학생도 퇴장에 응하지 않았다.

어쨌든 민의=관객의 눈이 행위자들의 행동을 속박한다. 결국 '침묵하는 대중'이란 누구인가? '민의', '민간 사회', '침묵하는 대중'이란 누구인가, 자유 및 안정과 전제의 경계선은 어디에 있는 것인가, 그것은 반드시 명확하지는 않다. 바로 그렇기 때문에 정치의 무대에 올라가 있는 연기자들은 관객의 눈을 항상 주의하게 된다.

관객과 연기자의 경계선

정부도 운동 참여자 측도 모두 탈취해야 한다고 생각하고 있는 '민의'란 이와 같은 '침묵'하는, '중립'적인 정체불명의 대중이라고 할 수 있다. 이러한 인식은 이 운동에 어떠한 영향을 미쳤을까? 전술한 뤼다러의 말을 들어보면 마치 그 자신은 홍콩 사회의 일원이 아닌 것처럼, 사건을 객관적으로 분석하는 '절대적인 관객'의 태도를 취하고 있다고 느끼는 독자도 있을 것이다. 하지만 이와 같은 '중립'적인 태도가 극단적인 파국을 막는 벽이 된다고 뤄다러는 주장한다.

항상 민의 조사에 유의하면서 '공감하는 관객'의 움직임에 주의를 기울이는 운동의 리더 천젠민도 견해에 따라서는 '관객' 중의 한 명이다. 무대 위에서 정치적 책임 주체로서 행동하고 있는 연기자는 정부뿐이다. '점령중환'의 리더마저도 정부의 선부른 속임수에 항의하는 관객의 대표에 불과하다.

한편 우산운동의 참가자들은 두 필자를 포함해서 운동의 중심 장소에서 있었을 뿐이었지만 실로 자신이 주역인 듯한 착각을 느꼈다. 최루 가스를 휴대 카메라의 영상에 담고, 인터넷에 유포함으로써 관객의 이목을 최대한 모으고 스스로 정치적 무대의 주역이 된 것처럼 느끼게 된다. 여기에서는 정치적인 연기자(정치 책임을 지는 능동적인 주체)와 관객(정치 책임이 없는 수동적인 객체)의 경계선이 애매해진다.

'점령중환'의 당초 계획은 이와 같은 '무책임한 주역'을 미리 배제하는 것이었다. 참가자가 체포되어 법적 책임을 진다고 하는 '자기희생'의 극劇을 연기함으로써 정치에 무관심한 관객인 홍콩 시민의 마음을 움직이고자 했던 것이다. 그들은 불법 집회의 발동 일시를 명확히 하지 않았기 때문에 10월 1일에 '피로연으로 유도한다'라는 암호로 계획을 알렸는데, 실제로 9월 28일에 수십 만 명의 관객이 자의적으로 연회에 몰려든 것은 '점령중환'에게도 정부에게도 예상 밖의 일이었던 것이다.

홍콩이라는 무력한 정치 환경에서 책임을 지지 않는 정부와 정치가들 등은 말도 안 되는 것이다. 또한 30년이나 운동을 했고, 아직까지 같은 연기를 하고 있을 뿐인 민주파 정치가와 사회운동가들에게도 퇴장을 바랄 수밖에 없다. 이리하여 관객은 제멋대로 무대로 올라오고 '문맥=의미 환경'을 바꿈으로써 새로운 정치 환경을 만들어냈다. 정치는 옛날과 달리 정부와 정치가들이 생각하는 시나리오대로 움직이지 않는다. 그리고 관객이 그 누구라도 연기자가 될 수 있게 됨으로써 게임의 규칙과 맥락도 바뀌었다. 바로 이것이 홍콩 우산운동이 이끌어낸 '자유의 힘'의 근거가 아닐까?

우산운동에 대한 찬성 여부와, 그 사람이 접촉하고 있는 미디어에는 상관 관계가 있다. 매스컴을 통해서만 정보 수집을 할 수 있는 세대와, 페이스북을 사용하는 세대는 운동에 대해서 결정적으로 태도가 다르다. 뤄다러는 필자에게 다음과 같이 말했다.

> 나의 모친은 TV를 보면서 이러한 비유를 사용했다. 우산운동은 '4명 마작'이라고 말이다. 서민이 2명, 또 한 명은 우산운동 측 사람으로 줄곧 국사무쌍國師無雙(나라에서 견줄 사람이 없을 정도로 빼어난 선비)의 역할을 노리고 있다. 이것은 물론 무리이지만, 남아 있는 한 명인 정부는 어쨌든 줄곧 계속해서 실수를 하고 있다. 그래서 이 마작은 재미가 없다.

뤄다러의 모친처럼 TV를 보고 이것저것 논평하는 대중의 민의도 다소는 정치에 영향력을 미친다. 무력 진압은 절대 받아들 수 없다고 하는 '민의'는 확실히 정부를 속박했다.

그러나 그 이상은 기대할 수 없다. 이에 반해 우산운동에서는 소셜 미디어가 가져오는 감각의 확장에 의해 누군가가 어떤 기준으로 '정치에 참가한다'는 정의 그 자체가 또한 변했다.

중국을 보는 세계와 역사

그렇다면 중국 정부에 대해서는 감시의 시선이 발동했을까?

톈안먼 사건에서 학생 운동을 무자비하게 진압했던 중국 정부는 2014년 우산운동에는 군대를 출동시키지 않았다. 그것은 무슨 이유 때문이었을까?

유명 인터넷 평론가인 정리의 사이트에 어느 대만 사람이 우산운동이 무력 진압될 가능성에 대해서 질문했다. 정리의 대답은 다음과 같다. 베이징의 중앙정부가 군대를 출동시킨다면 단괴 세대가 축적했던 자산과 가치도 상실된다. 홍콩의 신용은 "전쟁, 폭동, 지진이 없으며, 그리고 동아시아에서 가장 법치가 건전한 장소이고 재산권과 상업의 자유가 지켜지고 있다"는 것이다. 홍콩에서 가장 돈이 되는 자원은 '평화와 안전'이다. 중국인에게도 홍콩은 '도피처'로서 자산과 국적을 이전하기에 이상적인 곳이다. 동시에 가장 큰 걱정은 정체불명의 세력이 이 도피처를 파괴하는 것이다.

정리는 다음과 같이 말한다.

> 해방군의 전차戰車를 두려워하고 있는 것은 학생이 아니라 1997년 이래 자

산을 축적해왔던 사람들이다. 해방군이 출동하는 것은 이론적으로 있을 수 없다. 물론 '당사자는 이성적이다'라고 하는 전제가 무너지지 않는 한이지만 말이다(鄭立, 2015).

2014년 당시의 홍콩도 우산운동이 바로 전쟁 위기의 일선一線을 넘는 것은 아니기 때문에 일종의 게임을 하는 듯한 감각으로 자유롭게 움직였던 것이다. 게임이라고 해도 위험이 수반되는 '진지한 게임'이다. 보편적인 가치인 자유, 민주, 인권을 위해서 투쟁한다고 말하면 듣기에는 좋지만, 그것이 가능했던 것은 경제와 자산을 인질로 삼고, 정치권력과 군사력을 무력화했기 때문이다.

어떤 세력도 균형을 유지할 필요가 있는 것이다. 그리고 앞으로 홍콩인들은 이 '게임의 규칙'을 지키면서 가능한 한 유연하게 자신이 움직일 공간을 탐색하고 규칙의 재설정(민주화)을 지향하는 것이다. 다양한 제한 가운데에서 홍콩 사회의 유동성과 적응성을 최대한 이끌어내는 상상력이 필요해진다.

"이것은 단지 시작일 뿐이다"

이 운동의 최대 관객은 누구인가? 중국 정부는 물론이지만 그것 이상으로 세계와 역사이다. 운동의 평가도 홍콩의 장래도 이러한 관객 나름이다.

1996년 출생한 황즈펑은 일국양제와 기본법의 기한이 다가오는 2047년, 그리고 그때 50세가 되는 자신을 향해서 '홍콩 시민에 의한 자결 운동'과 '민간에 의한 공민 투표의 틀'을 준비하기 시작했다. 그는 우산운동에 대해 다음과 같이 회고했다.

> 결국 역부족이었다. 수십 만 명이 연좌 농성을 한다면 상대방이 타협할 것이라는 발상은 낙관적인 것이었다. 200만 명 규모를 지향하고자 한다.

'천조'에 해당하는 중국은 근대 서양과 어깨를 나란히 할 정도가 된 이후에도 민족 내셔널리즘의 자세에서 불편한 '개인의 권리'와 '법치'를 제한하고자 해왔다. 하지만 실제로 그것은 좀처럼 실현되지 않고 있다. 어떤 진영이 더욱 관객을 끌어들일 것인가는 홍콩의 미래를 결정한다. 누가 이 천조를 감시하고 견제할 것인가는 이 책의 독자를 포함해 세계의 관객과, 중국 역사의 정치 용어로 말하자면 인지人知를 초월하는 '천명'이 아닐까?

연중 열기를 뿜어내는 무더운 대도시 홍콩에서는 실외의 빈 공간에서 정치 활동을 하기가 쉽지 않다. 하지만 우산운동은 여름이 지나가고 겨울이 오기 전의, 마침 좋은 시기에 행해졌다. 서늘한 바람이 불고 비도 별로 내리지 않았다. 2014년 9월은 정치 변동을 가져온다고 하는 윤달이기도 했다. 10월 8일에는 월식이 있었으며, '혈월血月'이라고 부르는 붉은 달을 천문 애호가들도 점령 지역에서 관측했다. 천명을 신봉하는 중국의 발상에서 천변天變은 사회 변동의 증거이다. 홍콩의 독특성, 정보, 생활 공간만이 아니라 지리적·인적人的 장점 등의 다양한 요인도 '우산의 기적'을 만들어냈던 요소이다.

맺음말: 홍콩의 자유, 아시아의 자유

진화하는 홍콩의 자유

일반적으로 가장 잘 알려져 있는 홍콩의 산은 빅토리아 피크일 것이다. 센트럴에서 케이블카로 급사면을 올라가서 산 정상에서 '100만 달러의 야경'을 즐기는 것은 홍콩 관광의 단골 코스이다. 이 빅토리아 피크와, 바다를 끼고 마주보고 있는 것이 '사자산'이다. 주룽의 시가지를 내려다보는 울퉁불퉁한 바위의 표면이 마치 울부짖는 사자의 얼굴처럼 보인다.

사자산은 홍콩인들에게 빅토리아 피크 이상으로 홍콩을 상징하는 산이다. 1970년대의 TV 드라마 〈사자산 아래獅子山下, *Below the Lion Rock*〉는 가난했던 당시 홍콩의 서민들이 목숨을 걸고 살아가는 모습을 묘사했으며, 작사 황잔黃霑, *James Wong*, 작곡 구자후이顧嘉煇, *Joseph Koo*, 노래 뤄원羅文, *Lo Man*으로 이루어진 홍콩 '황금 트리오'의 테마송은 세대를 초월하여 누구라도 알고 있는 명곡이다.

그 '사자'의 옆 얼굴에 2014년 10월 23일 아침, 갑자기 거대한 노란색의 현수막이 나타났다. 그 현수막에 보이는 "나는 보통 선거를 진심으로 원한다我要眞普選"라는 다섯 글자와 우산 그림은, '홍콩 스파이더맨'을 자칭하는 14명이 한밤중에 내건 것으로, 우산운동의 상징이었다. 아침에 일어나서 여느 때처럼 산을 올려다본 홍콩인들은 처음 보는 풍경에 할 말을 잃었다. 정부가 헬리콥터를 날리고 직원들이 산을 기어올라, 결국 그 현수막은 철거되었다. 사자는 예전의 표정을 되찾았지만 이날을 경계로 사자가 상징하는 바는 완전히 다른 것이 되어버렸다. 사자산에서 아래로 드리워진 현수막의 영상은 우산운동을 지지하는 사람들에 의해 인터넷에서 대대적으로 확산되었다. '사자산 정신獅子山精神, *Lion Rock Spirit*'은 괴로움을 견디고 침묵하며 노력하는 모습을 의미했다. 하지만 이제 민주를 추구하는 노력으로 그 의미가 바뀌게 된 것이다.

사자는 항상 같은 얼굴로 주룽을 내려다보고 있다. 그런데 그 사자의 입에서 현재 표출되고 있는 말은 비유적으로 말하자면 '우산운동' 이전의 것과 같은 것이 아니다. 마찬가지로 이 책이 추적해왔던 홍콩의 '자유'도 시대와 함께 그 의의가 변해왔던 것이다.

우선 홍콩인들에게 부여되었던 것은 '피난소 속의 자유'였다. 과거 영국은 물론 강권 통치를 행했지만, 역설적으로 강력한 권력이 존재했기 때문에 방임 사회임에도 불구하고 일정한 질서가 유지되고 그로써 자유의 공간이 출현했던 것이다.

전후 대륙의 전란과 빈곤, 정치적 박해를 피해, '일무소유一無所有', 즉 한 푼도 지니지 않은 채 목숨을 걸고 홍콩에 도착한 난민들은 정보의 자유를 이용하여 살아남기 위한 방법을 강구했다. 그들에게는 '생존하는 자유'가 부여되었다. 홍콩의 항구는 '태풍 쉼터避風塘, *Typhoon shelter*'의 기능을 수행했다. 난민들에게도 홍콩은 대륙의 태풍으로부터 몸을 숨기는 피난소였던 것이다. 제4장에서 언급한 신아서원의 교가校歌 제1절["곤핍아다정困乏我多情"(가난해도 나는 보호받고 있다)]처럼, 안전이 제공되는 것은 난민들에게 커다란 선물이었다.

다음으로 피난소의 사람들은 '돈 버는 자유'를 사용했다. 홍콩은 자유무역항이며 그 역사적 국제 네트워크는 영국이 정비한 법 제도와 금융 시스템에 의해 밑받침되고 모든 사람에게 열려 있었다. 소규모 자본, 재주와 지각 능력, 그리고 벗과 친척 등의 지원이 있다면 사람들은 다양한 비즈니스를 자유롭게 행하고 한순간에 부를 축적할 수 있는 기회가 있었다. 난민들은 최소한의 의식주를 확보한 이후 각각의 능력을 발휘하여 그 나름대로의 '자아실현'을 이루고, 거기에서 행복과 만족을 찾아냈다. 이러한 자본주의적인 자유는 사회주의 중국에서 제공되지 않았던 것이다.

그것에 이어서 꽃피었던 것은 '문화의 자유'이다. 중국 대륙에서 '문화대혁명'의 태풍이 불어닥쳐, 계급 투쟁과 영웅적 인물을 강조하는 '혁명 규범극'밖에 상연이 허락되지 않았던 시대에 홍콩의 문화는 이데올로기, 즉 고정된 이야기로부터의 자유를 누렸다. 중국적인 전통문화, 서양식의 고급문화, 그리고 일본의 대중문화까지 모든 문화가 홍콩에 유입되어 함께 뒤섞이고 소화되어 그 결과로서 홍콩에 독특한 문화가 꽃피었다. 치열한 경쟁 사회인 홍콩에서 바쁜 나날을 보내고 있는 사람들에게도 이러한 문화를 즐기는 자유가 제공되었다.

지금 홍콩에서 논의되고 있는 것은 '자기 결정의 자유'라고 여겨진다.

생존하는 자유, 돈 버는 자유, 문화의 자유는 그 어느 것이나 강한 권력의 비호 아래 제공되었던 자유다. 그것을 진정한 자유라고 할 수 있을까? 특히 반환으로 사회와 경제, 사상 면에서 중국이 간섭하는 영향력을 확대하자 홍콩의 젊은이들은 '부모'인 것처럼 연기하는 중국에 강하게 반발하기 시작했다. 우산운동의 지도자와 학생들이 연설과 의견 발표 등에 사용했던 무대 배경에는 '명운자주命運自主'라는 네 글자가 붓글씨로 크게 써 있었다. '명운자주'는 문자 그대로 자신의 운명을 자신이 직접 결정하는 자유를 나타낸다.

우산운동이 홍콩의 '공민 각성'을 불러일으켰다고 말한다. 하지만 우산운동이 있은 지 얼마 지나지 않은 현재에는 '자기 결정의 자유'에 눈을 뜬 사람들이 아직 홍콩의 다수파라고 말할 수 없다. 안전하게 생활하고 부유하게 즐거운 일상을 보낸다면, 그 이상 어떤 불만이 있겠는가 하는 의문은 낡은 세대에게 상당히 보편적인 것이라고 할 수 있다. 그와 같은 보수적인 발상의 배경에는 일종의 체념이 도사리고 있다. 홍콩은 영국과 중국이라고 하는, 거대한 권력에 계속 지배를 받고 있으며 반환 및 민주화 등의 문제에서 위로부터의 결정을 계속 강제받고 있고 '자기 결정의 자유'는 '현실적'인 사람들의 눈에는 완전히 꿈 같은 이야기로 비추어진다.

그러나 포기하지 않는 사람들에게는 '상상의 자유'가 있다. '일국양제'의 기한으로 간주되는 2047년에 홍콩은, 그리고 중국은 어떠한 상황일까? 중국공산당의 일당 통치, 중국 경제의 확대, 그러한 조건이 30년 후에 바뀌지 않는다고는 그 누구도 장담할 수 없다. 미래를 상상한다면, '현실'은 금세 픽션이 되며, 픽션이 현실이 되는 것도 결코 '꿈 같은 이야기'

는 아니다. '일반 대학생'인 황즈펑이 일순간에 홍콩 정치의 주역이 되고 ≪타임≫의 표지에도 실린다. 돈과 완력이 없더라도 인터넷을 사용한다면 그 누구라도 당사자가 되며, 잘 해낸다면 전 세계를 움직이는 것도 가능하다. 우산운동의 점령구에서는 홍콩의 정치·경제 권력자들이 일고一顧조차 하지 않는 유기 농법과 친환경 발전, 상부상조의 '촌'을 만드는 것도 가능했던 것이다.

홍콩에서는 앞으로도 자유를 둘러싼 논쟁이 끊이지 않을 것이다. 정치 권력과 대기업의 재력을 이용하여 '돈 버는 자유'와, 권력에 농락당하는 것을 거부하는 '자기 결정의 자유'는 모순되는 것이기 때문에, 대립과 논쟁이 발생하는 것은 당연한 일이기도 하다. '자유'를 둘러싸고 세계에서 가장 농밀한 논쟁이 전개되고 있는 곳이 홍콩이라고 할 수 있다. 바로 이곳으로부터 세계의 그 누구도 알지 못했던 '자유'의 형태가 언젠가 발생할지도 모른다. 홍콩은 항상 변화한다. 그리고 홍콩의 자유도 계속 진화하고 있는 것이다.

자유의 사용 방식

이 책에서는 이제까지 홍콩의 정치와 사회의 자유 현상에 대해 살펴보았는데, 이와 같은 홍콩의 자유 상황은 일본에 어떠한 시사점을 주는 것일까?

'우산운동'을 보도하는 일본 언론의 주된 논조는 '중국화'로 자유의 공간이 협소해져 위협받고 있는 민주주의에 항의하기 위해 홍콩 시민은 일어났지만, 목적을 달성하지 못하고 불완전한 민주주의 아래에서 압력을 계속 받고 있다는 것이라고 할 수 있다. 아시아의 노포老舖 민주주의국가인 일본과 비교해서 민주화가 '늦었던' 홍콩을 바라보는 일본의 시선이 일종의 '위로부터의 눈길'처럼 느껴진다.

하지만 '우산운동'에서도 중심적인 역할을 수행했던 '학민사조'의 멤버 저우팅은 처음으로 일본을 방문하고 나서 페이스북에 다음과 같이 적었다.

> 일본은 상당히 완벽한 민주 정치의 제도를 갖고 있지만, 사람들의 정치 참가 정도, 특히 젊은이의 그것은 상당히 낮다. 일본에 와서 나는 처음으로 진정한 정치적 무관심이 무엇인가를 알게 되었다. 민주주의국가에서 자신 스스로가 '자주적일 수 있다, 자주적이어야만 한다'고 의식하지 않는 것은, 얼마나 아이러니한가? "'민주'와 '선거 제도'가 꼭 동일한 것이라고 볼 수는 없다"라고 말하는 자도 있지만, 실로 그 말 그대로이다. 언젠가 우리(홍콩인)가 민주를 수중에 넣는다고 해도 모든 정치적 선택을 의원 등의 대리인에게 맡겨버리는 것은 실제로 의미가 없는 것이다.

건전한 선거 제도만 있다면 그것으로 충분한 것인가? 대의제 민주주의가 건전하다면 민의는 항상 정책에 올바르게 반영될까? 일본의 여론 조사에서 총리를 지지하는 이유의 1위는 '달리 적당한 인물이 없다'이다. 선택지가 없는 선거는 홍콩에 도입되려고 했던 '친베이징파 A', '친베이징파 B', '친베이징파 C'만으로 선출되는 '가짜 보통 선거'와, 어느 정도 본질적인 차이가 있다고 할 수 있을까?

선거가 없는 시기의 민의를 위정자가 눈으로 볼 수 있는 형태가 시위이다. 물론 시위는 선거와 달리, 참가자 수를 정확하게 셀 수 있는 틀이 없고, 어느 정도 대규모의 시위라고 해도 총인구의 과반수가 참가할 수는 없다. '시위=민의'라고 하는 해석은 오히려 민주주의에 반하는 것으로 '침묵하는 다수파'의 '목소리 없는 목소리'를 들으라고 하는 주장도 보편적으로 제기된다. 하지만 시위 현장에 있는 사람 말고도, 시위에 공감하지만 현장에는 갈 수 없는 사람이 다수라고는 상정할 수 있다. 또한 만약 주장에 찬동하는 자가 소수파였다고 하더라도 시위에 나서서 행동하는 사람의 호소는 대부분의 경우 침묵하거나 주장에 무관심한 자들의 그것보다 절실한 것이며, 혹은 다수파가 소수파의 어떤 권리와 의사를 부당하게 짓밟고 있다는 점에 대한 강한 항의일지도 모른다. 항의하는 권리를 부정하는 것은 다음에 만약 자신이 권리를 침해받았을 때 항의의 목소리를 낼 권리를 포기하는 것과 마찬가지다. 이런 점을 고려하지 않고 시위 현장의 인원을 총인구에서 차지하는 비율로 판단하고 그것을 근거로 시위하는 이들의 주장을 무시하는 것은 민주주의를 표면적으로 이해한 것에 지나지 않는다고 말할 수 있을 것이다. 시위는 '권리'이며, 여기에서 발휘되어야 할 것은 다수결의 '민주'보다도 권리를 침해받지 않을 '자유'인 것이다.

홍콩인들은 자유의 권리를 행사하는 차원에서 얼마 전에 했던 것처럼 시위를 일으킨다. 한편 일본에서는 대규모의 항의 시위가 발생하고 여론조사에서는 반대가 다수를 차지한다고 보도되는 가운데 안보법안이 국회에서 가결되었다. 홍콩 시민의 견지에서 보자면, 이것은 불가사의한 광경이다. '민주적'인 정치 체제 아래에서 살고 있는 일본인들이 과연 '자유'로운 것일까? 무역 확대를 위해서 홋카이도北海島는 농업의 희생을 강요받고 있다. 안보를 이유로 오키나와沖縄는 군사 기지를 강요당하고 있다. 더 나아가 말하자면, 대미對美 관계가 국내 여론보다 우선시되는 일본에서 어느 정도의 '자기 결정의 자유'가 있을까?

일본은 제도 면에서 충분한 자유의 공간이 보장되고 있는 반면, 홍콩의 자유는 과거에는 영국의 식민 통치를 상대했고 현재는 중국공산당이라는 강권을 상대하고 있어 대단히 취약한 것, 불완전한 것으로도 보인다. 하지만 홍콩 시민은 이제까지 부여된 자유의 공간을 마음껏 활용해왔다. 자유를 사용하는 것이 홍콩의 활력이며, 그로써 홍콩 자체가 독자적인 존재로서 생존해왔던 것이다.

일본 헌법은 집회와 표현, 언론의 자유를 보장한다. 하지만 주위의 분위기를 읽어보면, 강한 주장을 행하여 돌출되는 것을 피하고자 하는 경향이 강한데, 자유의 권리가 충분히 발휘되고 있다고 말할 수 있을까? 사용할 수 없는 권리는 의미가 없으며, 사용되지 않는 자유는 결국 녹슬고 퇴보한다.

일본도 홍콩이 '자유를 사용하는 방식'을 배워야 하는 것이 아닐까?

옮긴이 후기

홍콩의 근현대사를 간략하게 논하자면, 1842년 난징조약의 체결로 홍콩섬이 영국에 할양되었고, 1860년 베이징조약을 통해 주룽이 영국에 할양되었으며, 1898년 홍콩경계확장협약香港境界擴張協約에 의해 산까이 등을 영국이 조차하게 됩니다. 그 이후 1941년 일본이 홍콩을 점령했고, 1945년 홍콩이 영국령으로 다시 복귀하게 되었으며, 1979년 영국의 홍콩총독이 처음으로 중국으로의 '홍콩 반환' 문제를 제기했고, 1982년 중국·영국 양국 간에 홍콩 관련 교섭이 개시되었으며, 1984년 중국·영국의 공동성명을 통해 중국으로의 홍콩 반환이 결정되었습니다. 그리고 1997년 7월 1일, 일국양제하에서 향후 50년간 '고도의 자치'를 인정하는 조건 아래 중국으로의 홍콩 반환이 실현되었습니다.

그 이후 홍콩은 제1대·제2대 둥치화(임기 1997년 7월 1일~2005년 3월 12일)•, 제2대·제3대 도널드 창(임기 2005년 6월 21일~2012년 6월 30일), 제4대 렁춘잉(임기 2012년 7월 1일~2017년 6월 30일)을 거쳐 제5대 캐리 람(임기 2017년 7월 1일~2022년 6월 30일) 행정장관 시기를 맞이하고 있습니다.

입법회의 변천 과정을 통해서 홍콩의 현대 정치와 민주주의의 흐름을 거시적으로 고찰하면 아래의 표와 같습니다. 구체적으로 1984년 이후 지금까지 ① 입법평의회, ② 임시 입법회臨時立法會, ③ 입법회 등의 3단계를 거쳐 발전해왔으며, 제7대 입법회 의원 선거가 2020년에 거행될 예정입니다. 직접 선거를 통해서 입법회 의원 중 일부가 처음으로 선출된 것은 영국 총독 치세하인 1991년이었으며, 그 이후 점차 선거구의 직접 선거를 통해서 선출되는 의원 수가 1991년 18명에서 2012년 35명으로 증가하

홍콩 입법회 '의원 선출' 방법의 변천(1984~2016)

	입법평의회					임시 입법회	입법회					
연도	1984	1985	1988	1991	1995	1997	1998	2000	2004	2008	2012	2016
총독	1	1	1	1	-	-	-	-	-	-	-	-
관직의원官職議員*	16	10	10	3	-	-	-	-	-	-	-	-
총독의 위임	30	22	20	17	-	-	-	-	-	-	-	-
추선위원회 선출	-	-	-	-	-	60	-	-	-	-	-	-
선거위원회 선출	-	-	-	-	10	-	10	6	-	-	-	-
직능단체 선출	-	12	14	21	30	-	30	30	30	30	35	35
선거단 선출	-	12	12	-	-	-	-	-	-	-	-	-
선거구 직접 선거	-	-	-	18	20	-	20	24	30	30	35	35
합계	47	57	57	60	60	60	60	60	60	60	70	70

* 일정한 직책에 취임한 고관高官이 자동적으로 입법평의회에서 의석을 획득하는 방식.
주: 차기 제7대 홍콩 입법회 의원 선거는 2020년에 예정되어 있다.
자료: 倉田徹, "民主化に對する中國中央の態度", ≪外務省調査月報≫, No.4(2004), p.3 등을 토대로 필자(이용빈) 작성.

• ——— 퉁치화는 1997년부터 2002년 6월 30일까지 제1대 행정장관 임기를 마친 이후, 2002년 7월 1일부터 제2대 행정장관에 연임되었으나 2005년 3월 12일 건강상의 이유로 사임했다. 그 이후 도널드 창(임기 2005년 3월 13일~2012년 5월 24일)과 헨리 탕唐英年, Henry Tang(임기 2005년 5월 25일~6월 24일)이 각각 행정수반 서리行政首班署理를 맡았으며, 도널드 창이 제2대 행정장관 보궐선거에 당선되어 승계했다. _옮긴이 주

는 추세에 있습니다.

여기에서 주목할 것은 입법회 의원 선거 및 구의회 의원 선거를 둘러싼 홍콩의 '정당 정치'가 더욱 분화되고 다원화되고 있다는 점입니다. 특히 2014년 '우산운동'을 통해 길거리에서 시위를 주도했던 청년들이 주축이 된 여러 정치 세력이 입법회 의원 등에 당선되어, 홍콩의 정치와 민주주의의 향배에 영향을 미치는 새로운 정치 행위주체로서 대거 등장하고 있습니다. 다시 말해, 시위를 통해 일정한 정치 세력이 형성되고 정당으로 변모하면서 그 세력 범위를 확대하기 위한 지속적인 대중 동원이 이루어지고 있는 것입니다.

예를 들면, 2016년 9월 4일에 실시된 제6대 홍콩 입법회 의원 선거에서 △친정부파에 속하는 민건련民建聯(民主建港協進聯盟), 경민련經民聯(香港經濟民生聯盟), 공련회工聯會(香港工會聯合會), 자유당自由黨, 신민당新民黨, 노련勞聯(港九勞工社團聯會), 신세기논단新世紀論壇 등이 총 70석 중 40석을 차지했고, △범민주파의 민주당民主黨, 공민당公民黨, 공당工黨, 사민련社民連(社會民主連線), 인민역량人民力量, 공공전업연맹公共專業連盟, 가공街工(街坊工友服務處), 교협教協(香港教育專業人員協會), 민협民協(香港民主民生協進會), 신민주동맹新民主同盟 등이 24석을 차지했으며, △본토파本土派의 청년신정青年新政, 열혈공민熱血公民, 홍콩중지香港衆志, *Demosistō*, 소려민주교실小麗民主教室, 토지정의연맹土地正義聯盟이 6석을 확보했는데, 이러한 정치적 다원화는 2014년 우산운동의 결과로 볼 수 있습니다.

특히 2019년 2월 13일 '범죄인 송환법' 개정안 공표가 이루어진 이후, 3월 31일 '범죄인 송환법'을 반대하는 범민주파의 항의 시위가 최초로 이루어졌습니다(참가자 수 1만 2000명). 그 이후 4월 28일 항의 시위(참가자 수 13만 명), 6월 9일 항의 시위(참가자 수 103만 명), 6월 16일 항의 시위(참가자 수 200만 명)로 그 규모가 확대되었습니다.

중국으로의 홍콩 반환일인 7월 1일에 홍콩 청년들이 입법회를 점거하고 파괴하며 항의 시위를 벌였고, 7월 9일 홍콩 행정장관은 "범죄인 송환법 개정안은 사망했다"라고 언급합니다. 한편 7월 20일 친중파 성향의 홍콩인들이 홍콩 정부와 경찰에 대한 지지 집회(참가자 수 30만 명)를 개최하기도 했습니다. 하지만 7월 21일 범민주파 시위대가 중국 정부의 홍콩 파출기관에 항의 집회를 계속해서 전개했고, 7월 28일 홍콩섬 중심부에서 경찰에 대한 항의 집회(참가자 수 28만 8000명)를 개최합니다.

또한 8월 3일 시위대의 행진(참가자 수 12만 명), 8월 4일 산까이에서의 항의 시위(참가자 수 15만 명)가 벌어집니다. 8월 5일 35만 명이 참가한 총파업이 실시되어 홍콩의 교통이 혼란 상태에 빠지고, 8월 8일 홍콩 법조계가 경찰의 폭력 행위에 대한 진상 규명을 위한 독립조사위원회 설치를 요구하며 항의합니다(참가자 수 3000명). 8월 12일 홍콩 국제공항에서 항의 활동이 이루어져 저녁 이후의 항공편 전체가 결항되는 사태도 발생했습니다.

한편 8월 17일 친중파 성향의 '홍콩수호대연맹'이 홍콩 정부의 조치를 지지하는 대규모 집회를 개최했고(참가자 수 47만 6000명), 같은 날 범민주파의 '홍콩교육전업인원협회(약칭 교협)'가 항의 시위(참가자 수 2만 2000명)에 나섰습니다. 8월 18일 범민주파의 평화적인 항의 시위(참가자 수 170만 명), 8월 23일 홍콩 회계 분야 종사자들의 항의 시위(참가자 수 5000

명)가 벌어졌습니다. 8월 30일 홍콩 경찰이 민주화 운동 활동가 및 범민주파 입법회 의원을 체포했으며, 8월 31일 경찰의 허가를 받지 않은 상태에서 대규모 시위가 발생해 시위대와 경찰이 충돌했습니다.

9월 1일 항의 시위대는 홍콩 국제공항의 입구 주변을 봉쇄했고, 9월 2일 총파업 및 학생의 동맹휴업이 예고되었습니다. 이러한 흐름 속에서 9월 4일 캐리 람 홍콩 행정장관은 TV 담화를 통해 '범죄인 송환법' 개정안의 완전 철회를 전격적으로 공표합니다.

이는 2019년 2월 13일 홍콩 정부가 '범죄인 송환법' 개정안을 제기한 이후 9월 4일 공식적으로 그 철회를 표명하고 대화를 통한 해결을 천명한 것입니다. 2014년 79일 동안 이어진 '우산운동' 이후 가장 오랫동안 계속되고 있는, 이른바 '반송중反送中(범죄인 송환법 반대) 운동'은 2019년 11월 24일 제6대 홍콩 구의회 의원 선거(총 479개 의석)가 예정되어 있는 가운데 향후 많은 우여곡절을 겪게 되리라 여겨집니다. 또한 이를 계기로 하여 홍콩인의 다양한 정치적 의견과 요구가 여러 차원에서 꾸준히 분출되고 향후 점진적으로 재구성되리라 예견합니다.

이러한 맥락에서 일본의 대표적인 홍콩 전문가와 홍콩의 연구자가 공동으로 집필한 이 책은 '홍콩의 정치와 민주주의'의 발전 궤적과 주요 쟁점을 통시적으로 살펴보고 공시적으로 관찰하는 데 매우 유용합니다. 또한 이 책을 통해 구미 학계와 일본 학계의 홍콩 연구의 흐름을 학술적 차원에서 전반적으로 파악할 수 있을 뿐만 아니라, 정책적 측면에서 홍콩을 심도 있게 이해할 수 있습니다.

특히 최근 들어 복잡한 양상을 드러내고 있는 미중 관계의 흐름 속에서 홍콩의 과거를 이해하고 아울러 홍콩의 현재를 파악하며 그 미래를 제대로 가늠하는 것의 중요성은 아무리 강조해도 지나침이 없을 것입니다. 또한 일국양제의 틀 아래에서 장기적으로 수렴될 홍콩의 미래는 동북아시아의 향배와 밀접한 연계가 있다는 측면에서, 궁극적으로 한반도가 앞으로 나아갈 길과 불가분의 관계라고 할 수 있으며, 이에 따라 홍콩의 정치와 민주주의에 대한 학술적 연구와 정책적 관심은 그 어느 때보다 절실하다고 할 수 있습니다.

이번에 이 책을 번역하면서 세 가지 측면을 중시했습니다. 첫째, 일반 독자들이 쉽게 이해할 수 있도록 인명과 지명에 중국 표준어와 광둥어를 병기하여 정확성과 실용성을 추구했습니다. 둘째, 생소한 용어와 구체적인 설명이 필요한 사항에 대해서는 '옮긴이 주'를 넣었습니다. 셋째, 본문에서 언급되고 있는 인물 또는 사건에 대해 홍콩과의 관련성을 부기로 달아 독자들의 이해를 돕고자 했습니다.

이 책이 세상에 나올 수 있도록 물심양면 지원해주신 한울엠플러스(주)의 김종수 사장님, 그리고 출간을 위한 제반 작업에 힘써주신 한울엠플러스(주)의 모든 분들에게 진심으로 감사의 말씀을 전합니다. 모쪼록 이 책을 통해 독자들이 홍콩의 과거와 현재를 입체적으로 이해하고 향후 발전 궤적과 방향을 심층적으로 파악함으로써, 미래의 역동적인 '한반도 시대'를 거시적으로 조망하고 적극 대비하는 데 조금이라도 도움이 될 수 있기를 진심으로 바랍니다.

2019년 9월

이용빈

주요 참고문헌

서론

星野博美. 2006.『轉がる香港に苔は生えない』. 文春文庫.

제1장

ヴォーゲル, エズラ·E. 2013.『現代中國の父·鄧小平(下)』. 益尾知佐子·杉本孝 譯. 日本經濟新聞出版社.

クラドック, パーシー. 1997.『中國との格闘: あるイギリス外交官の回想』. 小須田秀幸 譯. 筑摩書房.

劉蜀永 主編. 2009.『簡明香港史(新版)』. 香港: 三聯書店.

愛みち子. 2009.『香港返還と移民問題』. 汲古書院.

倉田徹. 2009.『中國返還後の香港: '小さな冷戰'と一國二制度の展開』. 名古屋大學出版會.

제2장

Carroll, John M. 2007. *A Concise History of Hong Kong*. Hong Kong: Hong Kong University Press.

Chiu, Stephen Wing-Kai. 2004. "Unravelling Hong Kong's Exceptionalism: The Politics of Laissez-Faire in the Industrial Takeoff." 羅金義·李劍明 編.『香港經濟: 非經濟學讀本』. 香港: 牛津大學出版社.

Kuan, Hsin-chi. 2003. "Power Dependence and Democratic Transition: The Case of Hong Kong." Sing, Mind (ed.). *Hong Kong Government & Politics*. Hong

Kong: Oxford University Press.

Lau, Siu-Kai. 1984. *Society and Politics in Hong Kong*. Hong Kong: The Chinese University Press.

Lo, Shiu-hing. 1997. *The Politics of Democratization in Hong Kong*. PalgraveMacmillan.

Miners, Norman. 1995. *The Government and Politics of Hong Kong*(fifth edition). Hong Kong: Oxford University Press.

Ure, Gavin. 2012. *Governors, Politics and the Colonial Office: Public Policy in Hong Kong*. Hong Kong: Hong Kong University Press.

Wilson, Lord. 1996. "Learning to live with China." *Sally Blyth and Ian Wotherspoon (ed.). Hong Kong Remembers*. Hong Kong: Oxford University Press.

パッテン, クリス. 1998.『東と西』. 塚越敏彦·岩瀬彰·渡辺陽介 譯. 共同通信社.

江關生. 2011.『中共在香港: 上卷(1921-1949)』. 香港: 天地圖書.

邱永漢. 1992.『邱永漢ベスト・シリズ11 香港·濁水溪』. 實業之日本社.

邱永漢. 1997.『1997香港の憂鬱』. 小學館.

呂大樂. 2012.『那似曾相識的七十年代』. 北京: 中華書局.

葉健民. 2014. "'六七暴動'的罪與罰: 緊急法令與國家暴力." 趙永佳·呂大樂·容世誠 合編.『胸懷祖國: 香港'愛國左派'運動』. 香港: 牛津大學出版社.

李彭廣. 2012.『管治香港: 英國解密檔案的啓示』. 香港: 牛津大學出版社.

周奕. 2002.『香港左派鬪爭史』. 香港: 利文出版.

許家屯. 1996.『香港回收工作(上·下)』. 青木まさこ·趙宏偉·小須田秀幸 譯. 筑摩書房.

제3장

Ma, Ngok. 2007. *Political Development in Hong Kong: State, Political Society, and Civil Society*. Hong Kong: Hong Kong University Press.

區家麟. 2014.『傘聚』. 香港: 天窓出版社.

羅永生. 2015.『誰も知らない香港現代思想史』. 丸川哲史·鈴木將久·羽根次郎 編譯. 共和國.

新力量網絡. 2012.『2012年度香港特區政府管治評估報告』. 香港: 新力量網絡.
趙睿·張明瑜 主編. 1997.『中國領導人談香港』. 香港: 明報出版社.

제4장

Abbas, Ackbar. 1997. *Hong Kong: Culture and the Politics of Disappearance*. University of Minnesota Press.
Greenfeld, Liah. 2013. *Mind, Modernity, Madness: The Impact of Culture on Human Experience*. Harvard University Press.
Mathews, Gordon. 2000. *Global Culture/Individual Identity: Searching for Home in the Cultural Supermarket*. London: Routledge.
强世功. 2008.『中國香港: 文化與政治的視野』. 香港: 牛津大學出版社.
金庸. 2005.『射鵰英雄傳』(金庸武俠小説集) 全5卷. 金海南 譯. 德間文庫.
金庸. 2006.『神鵰劍俠』全5卷. 岡崎由美 外 譯. 德間文庫.
金庸. 2008.『倚天屠龍記』全5卷. 林久之 外 譯. 德間文庫.
金庸. 2008-2009.『鹿鼎記』全8卷. 岡崎由美 外 譯. 德間文庫.
唐君毅. 2006(1974).『說中華民族之花果飄令』. 香港: 三民書局.
羅永生. 2014.『誰も知らない香港現代思想史』. 前揭.
羅永生. 2014.『植民國家外』. 香港: 牛津大學出版社.
羅永生. 2015.『勾結共謀的植民權力』. 李家眞 譯. 香港: 牛津大學出版社.
馬傑偉. 1996.『電視與文化認同』. 香港: 突破出版社.
馬傑偉·曾仲堅. 2010.『影視香港: 身份認同的時代變奏』. 香港: 香港中文大學亞太研究所.
牟宗三. 1970. "水滸世界."『生命的學問』. 台北: 三民書局.
牟宗三. 1984. "中國文化大動脈中的終極關心問題."『時代與感受』. 台北: 鵝湖出版社.
牟宗三·唐君毅. 1992.『寂寞的新儒家』. 台北: 鵝湖出版社.
福嶋亮大. 2013. "滅亡の生み出す文化: 中國の場合."『復興文化論: 日本的創造の系譜』. 青土社.
四方田犬彦·也斯. 2008.『往復書簡 いつも香港を見つめて』. 岩波書店.

石琪. 2001.2.5. "談成龍片的演變." ≪明報≫.
小思. 2002.『香港故事』. 香港: 牛津大學出版社.
也斯. 1995.『香港文化』. 香港: 香港藝術中心.
呂大樂. 2007.『四代香港人』. 香港: 進一步.
呂大樂. 2007.『唔該, 埋單: 一個社會學家的香港筆記』. 香港: 牛津大學出版社.
呂大樂. 2015.『香港模式: 從現在式到過去式』. 香港: 中華書局.
王宏志. 2000.『歷史的沈重: 從香港看中國大陸的香港史論述』. 香港: 牛津大學出版社.
王德威. 2007. "香港情與愛: 香港'回歸'後的小說敍事與欲望."『後遺民寫作』. 台北: 麥田出版.
李歐梵. 2002. "香港文化的'邊緣性'初探".『尋回香港文化』. 香港: 右津大學出版社.
李小龍. 2010.『李小龍: 生活的藝術家』. 約翰·力圖 編, 劉軍平 譯. 香港: 三聯書店.
李越民. 2012.「構建一所現代型大學: 香港中文大學的個案硏究」. 香港中文大學硏究院碩士(社會學)論文.
鄭立(脚本). 2016年公開予定. ≪光輝歲月≫(https://1988.lakoo.com/glossary/chenglap).
周愛靈. 2010.『花果飄零: 冷戰時期植民地的新亞書院』. 羅美嫻 譯. 香港: 商務印書館.
陳冠中. 2005.『我這一代香港人』. 香港: 牛津大學出版社.
陳冠中. 2008.『下一個十年: 香港的光榮年代?』. 香港: 牛津大學出版社.
陳冠中. 2012.『中國天朝主義與香港』. 香港: 牛津大學出版社.
陳冠中. 2015.『建豐二年: 新中國烏有史: 陳冠中小說』. 香港: 牛津大學出版社.
陳雲. 2011.『香港城邦論: 一國兩制, 城邦自治, 是香港生死攸關之事』. 香港: 天窓出版社.
陳雲. 2013.『香港遺民論』. 香港: 次文化堂.
陳雲. 2014.『香港城邦論II: 光復本土』. 香港: 天窓出版社.
陳海文. 2002.『啓蒙論: 社會學與中國文化啓蒙』. 香港: 牛津大學出版社.
湯禎兆. 2008.『香港電影血與骨』. 台北: 書林出版.
平野聰. 2014.『'反日'中國の文化史』. ちくま新書.

• 우산운동 자료

Chan, Kin-man(陳健民). 2015. "Occupying Hong Kong: How Deliberation, Refenredum and Civil Disobedience Played Out in the Umbrella Movement." *International Journal of Human Rights*, August.

區家麟. 2014.『雨傘』. 香港: 天窓出版社.

戴耀廷. 2013.『佔領中環和平抗爭心戰室』. 香港: 天窓出版社.

戴耀廷. 2015.8.18. "進撃的中共巨人(上)." ≪蘋果日報≫.

戴耀廷. 2015.8.25. "進撃的中共巨人(下)." ≪蘋果日報≫.

羅永生. 2015.『在運動與革命之間讀書』. 香港: 進一步.

福嶋亮大. 2014.10.25. "特別レポート: 香港デモ見聞錄." ≪REALKYOTO≫(ウェブマガジン)(http://realkyoto.jp/article/report_hongkong_demo_fukushima).

福嶋亮大. 2015. "世界の思潮: 香港のストリートから考える." ≪アステイオン≫, 82號. サントリー文化財團.

福嶋亮大·五野井郁夫·東浩紀. 2015. "東アジアでデモは可能か." ≪ゲンロン通信≫, 16+17號.

傘下的人. 2015.『被時代選中的我們』. 香港: 白卷出版社.

新婦女協進會. 2015.『雨傘女子說』. 香港: 進一步.

呂大樂. 2014.11.14. "中間意見重登社會議程." ≪明報≫.

余非. 2015.『'佔中'透視』. 香港: 三聯書店.

李鴻彥. 2014.『毎一把傘』. 香港: 有種文化.

林萬榮(編著). 2015.『消失了的七十九天』. 香港: 以賽亞出版社.

林怡廷. 2015.9.22. "旺角少年, 不被理解的戰鬪." ≪端傳媒≫.

張彧暋. 2014.11.7. "香港雨傘運動: リトル·ピープルの宴會にようこそ." ≪ほぼ日刊惑星開發委員會≫(ウェブマガジン), vol.196.

張彧暋. 2014.9.2. "東アジアのネット受容を探る: 社會學者·張彧暋に'香港的インターネット'事情を聞いてみた." ほぼ日刊惑星開發委員會(ウェブマガジン), vol.149.

張彧暋·區諾軒·阿SAM. 2015.1.10. "黃之鋒とのインタビュー." ≪火焼萬世橋≫

(ネットラジオ).
張彧暋·區諾軒·葉錦龍. 2015.4.4. "周庭とのインタビュー." ≪火燒萬世橋≫(ネットラジオ).
張彧暋·區諾軒·葉錦龍. 2015.5.2. "張秀賢とのインタビュー." ≪火燒萬世橋≫(ネットラジオ).
佔領區上的抗爭者. 2015.『街道上·帳篷人』. 香港: 進一步.
鄭立. 2014.10.5. "是'雨傘革命', 不是'佔領中環'." ≪鳴人堂≫(https://opinion.udn.com/opinion/story/6777/402712).
鄭立. 2015. "香港雨傘革命會被解放軍鎭壓嗎?".『有沒有XXX的八卦』. 香港: 逗點文創結社.
周庭. 2015.10.23. "(私の視點)香港民主化: 自らの將來を決める力を アグネス·チョウ." ≪朝日新聞≫.
陳健民. 2015.『抗命的倫理』. 香港: 花千樹出版.
陳寶珣. 2015.『沒島戀曲』. 香港: 牛津大學出版社.
何雪螢. 2015.9.24. "金鐘村民, 困住記憶的烏托邦"(https://theinitium.com/article/-hongkong-umbrellamovementtrauma02).
香港浸會大學人文及創作系學生. 2015.『傘沿: 雨傘運動訪問集』. 香港: 水煮魚文化.
黃子華. 2014.10.7. "唔黐線唔正常." 黃子華棟篤笑〈唔黐線唔正常〉劇透.

• 이론

Greenfeld, Liah. 1993. *Nationalism: Five Roads to Modernity*. Harvard University Press.
Mouffe, Chantal. 2000. *The Democratic Paradox*. Verso(葛西弘隆 譯. 2006.『民主主義の逆說』. 以文社).
アーレント, ハンナ. 2009.『完譯 カント政治哲學講義錄』. ロナルド·ベイカ 編. 仲正昌樹 譯. 明月堂書店.
馬傑偉. 2007.『後九七香港認同』. 香港: VOICE.
徐承恩. 2015.『鬱躁的城邦: 香港民族源流史』. 香港: 圓卓文化.

小熊英二. 2015. "'日本型'近代國家における公共性."『アウトテイクス: 小雄英二論文集』. 慶應義塾大學出版會.
與那覇潤. 2013.6.26. "『中國化する日本』の教訓: 新しい日中關係のために"(http://blines.news.yahoo.co.jp/yonahajun/20130626-00025576).
呂大樂·吳俊雄·馬傑偉 合編. 2011.『香港·生活·文化』. 香港: 牛津大學出版社.
中村元哉. 2015. "香港'雨傘運動'の歷史的射程." ≪歷史學硏究≫, 4月號.
增田四郞. 1994.『都市』. ちくま學藝文庫.

맺음말

張敏儀. 2003.3.5. "獅子山下, 羅文, 財政予算." ≪信報≫.

지은이

구라다 도루 倉田徹

- 도쿄대학東京大學 교양학부 졸업(1998)
- 도쿄대학 대학원 박사후기 과정 수료, 박사(2008)
- 홍콩 주재 일본 총영사관 전문조사원 재직(2003~2006)
- 가네자와대학金澤大學 조교수 역임
- 현재 릿쿄대학立敎大學 법학부 정치학과 교수
- 현대 중국·홍콩 정치 전공
- 저서: 『중국 반환 후의 홍콩: '작은 냉전'과 일국양제의 전개中國返還後の香港: '小さな冷戰'と一國二制度の展開』(2009, 산토리 학예상 수상), 『홍콩을 알기 위한 60장香港を知るための60章』(공저, 2016), 『동아시아의 정치사회와 국제관계東アジアの政治社會と國際關係』(공저, 2016), 『홍콩의 과거, 현재, 미래: 동아시아의 프런티어香港の過去·現在·未来: 東アジアのフロンティアー』(편저, 2019) 외

장위민 張彧暋, Cheung Yuk Man

- 홍콩중문대학香港中文大學 대학원 사회학연구과 박사과정 수료(사회학 박사)
- 홍콩중문대학 사회학과 강사 역임
- 현재 리쓰메이칸대학立命館大學 국제관계학부 조교수
- 역사, 문화사회학, 민족주의론, 일본연구 전공
- 저서: 『변경의 사상: 일본과 홍콩에서 생각한다辺境の思想: 日本と香港から考える』(공저, 2018) 외

옮긴이

이용빈

- 인도 국방연구원IDSA 객원연구원 역임
- 이스라엘 크네세트, 미국 국무부, 미국 해군사관학교USNA 초청 방문
- 중국공산당 중앙당교中央黨校, 홍콩중문대학香港中文大學 학술 방문
- 중국 '시진핑 모델習近平模式' 전문가위원회 위원(2014.11~)
- 홍콩국제문제연구소香港國際問題研究所 연구원
- 논문: 「請君三思, 還是請君入瓮」(2010) 외
- 저서: *China's Quiet Rise: Peace through Integration*(공저, 2011) 외
- 역서: 『시진핑』(2011, 2012년도 아시아·태평양출판협회APPA 출판상 수상), 『중국의 당과 국가』(2012), 『중국 외교 150년사』(2012), 『현대 중국정치』(2013), 『중국법의 역사와 현재』(2013), 『현대 중국의 정치와 관료제』(2016), 『미국과 중국』(근간) 외

홍콩의 정치와 민주주의

지은이 | 구라다 도루·장위민
옮긴이 | 이용빈
펴낸이 | 김종수
펴낸곳 | 한울엠플러스(주)
편집 | 배소영

초판 1쇄 인쇄 | 2019년 10월 15일
초판 1쇄 발행 | 2019년 10월 22일

주소 | 10881 경기도 파주시 광인사길 153 한울시소빌딩 3층
전화 | 031-955-0655
팩스 | 031-955-0656
홈페이지 | www.hanulmplus.kr
등록 | 제406-2015-000143호

Printed in Korea.
ISBN 978-89-460-6808-7 03300

* 책값은 겉표지에 표시되어 있습니다.